古典文獻研究輯刊

二四編

潘美月・杜潔祥 主編

第 15 冊

先唐雜傳地記輯校
——地記輯校乙編
（第十冊）

王琳主編　張帆帆、王琳輯校

國家圖書館出版品預行編目資料

先唐雜傳地記輯校──地記輯校乙編（第十冊）／王琳主編
張帆帆、王琳輯校 -- 初版 -- 新北市：花木蘭文化出版社，
2017〔民 106〕
目 2+218 面；19×26 公分
（古典文獻研究輯刊 二四編；第 15 冊）
ISBN 978-986-485-005-1（精裝）
1. 藝文志 2. 唐代
011.08　　　　　　　　　　　　　　　　106001915

古典文獻研究輯刊
二四編　第十五冊　　　　　　ISBN：978-986-485-005-1

先唐雜傳地記輯校──地記輯校乙編（第十冊）

編 校 者　王琳主編　　張帆帆、王琳輯校
主　　編　潘美月　杜潔祥
總 編 輯　杜潔祥
副總編輯　楊嘉樂
編　　輯　許郁翎、王筑　美術編輯　陳逸婷
企劃出版　北京大學文化資源研究中心
出　　版　花木蘭文化出版社
社　　長　高小娟
聯絡地址　235 新北市中和區中安街七二號十三樓
　　　　　電話：02-2923-1455／傳眞：02-2923-1452
網　　址　http://www.huamulan.tw 信箱 hml810518@gmail.com
印　　刷　普羅文化出版廣告事業
初　　版　2017 年 3 月
全書字數　403157 字
定　　價　二四編 32 冊（精裝）新台幣 62,000 元　　　　版權所有·請勿翻印

先唐雜傳地記輯校

——地記輯校乙編

（第十冊）

王琳主編　　張帆帆、王琳輯校

作者簡介

　　張帆帆，山東濟寧人。山東大學文學院中國古代文學專業博士研究生。研究方向爲魏晉南北朝文學與唐宋文學。發表《魏晉南北朝區域人物傳探論——兼與胡寶國先生商榷》《六朝揚州地記之物類記述及其文學性探論》《「以類相從」與「見微知著」——關於兩部中古賦史的比較》《〈武陵記〉數種及其輯本考論》等論文數篇。

　　王琳，內蒙古包頭人。山東師範大學文學院教授，中國古代文學專業博士生導師。兼任山東省古典文學學會副會長。主要從事漢魏晉南北朝文學之教學與研究，兼及歷史地理和區域文化研究。出版《六朝辭賦史》《兩漢文學》《齊魯文人與六朝文風》等著作多種，發表《六朝地記：地理與文學的結合》《李陵〈答蘇武書〉的眞僞》《魏晉南北朝子書撰作風貌的階段差異》等論文多篇。主持承擔國家及山東省人文社科研究課題多項。有關論著獲中國出版集團優秀圖書獎及山東省社科優秀成果獎多項。

提　　要

　　中國中古時期史學昌盛，作品繁榮，類型豐富，史部著述漸趨獨立。雜傳類與地理類書籍是本時期史部著述中尤爲活躍而且富有時代意義的兩種類型，但它們在流傳過程中亡佚嚴重，《隋志》所著錄雜傳、地記，在兩《唐志》著錄中減少了大約一半，至《郡齋讀書志》《直齋書錄解題》《玉海》《宋史藝文志》《文獻通考經籍考》等南宋、元代諸書目所著錄則所剩寥寥無幾。傳世的部分佚文，散見於各類書籍，查尋閱讀殊爲不便。有鑒於此，我們主要從六朝至宋元間的史書注、地理志書、類書，以及詩文集注等各類書籍中搜覽，輯得漢魏六朝時期雜傳四百餘種，分爲甲、乙兩編；輯得地記近四百種，也分爲甲、乙兩編，予以校理，然後匯合爲一帙，以期作爲輯錄較豐富而實用的中古雜傳地記讀本，給廣大讀者提供閱讀瞭解或參與研究的方便。編排順序，先雜傳，後地記。雜傳部分細分郡書、家傳、類傳、別傳（傳）、自傳（序）等不同類型，各類型的作品，大致按照作者年代先後編排；地記部分僅依據作者年代先後排列，不再細分類型。作者生平事蹟未詳者，則據篇中記述內容涉及年代之下限編排；某些作品產生年代不詳，則置於各部分之末。

本書為國家社會科學基金課題
《魏晉南北朝私撰史籍與文學之關係及其影響研究》
之相關成果

目次

地記輯校　乙編

《漢水記》 晉庾仲雍

庾仲雍，史書無傳，但著述頗豐。《隋書・經籍志》載其有《湘州記》二卷、《江記》五卷，《漢水記》五卷。《舊唐書・經籍志》、《新唐書・藝文志》並記其有《尋江源記》五卷。另外，史志不著錄，但唐宋諸書所引還有庾仲雍《荊州記》一種。庾仲雍，前人多言其爲晉宋之際人，但證據多不充分，經考證，庾仲雍當爲東晉中後期人，他名穆之，字仲雍〔註1〕，穎川鄢陵（今河南許昌）人。並且，其諸種地記當成書於東晉太元二年（377）以後。此補充證據兩條：（一）《元和姓纂》載：「魏襄城令庾乘，生太子中大夫遁，並見《晉書》，遁孫琛，晉會稽內史，生亮、冰、翼。亮，東晉司空、永昌公；冰，都鄉公，生穆之。」〔註2〕庾穆之（仲雍），生卒年不詳，其父庾冰（296-344）於晉康帝在位（343-344）時爲車騎將軍，以本號除都督江、荊、寧、益、梁、交、廣七州，豫州之四郡軍事。庾仲雍其時或跟隨其父都督諸州事，並熟悉諸州地理，後各記陸續成書。（二）《北堂書鈔》卷一百二十九載庾仲雍《荊州記》：「劉盛公，枝江人。桓司空臨州，與上佐遊於靈溪，盛公詣市還，著練帽、布裙，荷屐詣桓司空也。」此處所言桓司空，即桓豁。桓豁嘗爲黃門郎、荊州刺史，太元二年（377）卒，卒後追贈司空，庾仲雍《荊州記》此處稱「桓司空」，當其《荊州記》成書至少在 377 年以後。並且，庾冰卒於 344 年，庾仲雍生年不可能晚於此時，所以其入宋的可能性較小。其諸記或皆作於東晉後期。

庾仲雍《漢水記》，南宋時《輿地紀勝》、《方輿勝覽》等書徵引，當其南宋時仍存。《宋史・藝文志》不見著錄，其或亡於宋元之交。從現存各條目看，此書所記爲漢水之流向以及流經各處的地理及相關故事。庾仲雍《漢水記》後，明蔣鳴玉有《漢水記考》一書（見清・傅澤洪《行水金鑒》卷七十四所引），是書已亡，不知其是否因庾仲雍《漢水記》而發還是自著新書。除各書徵引外，《水經注》各卷又引「庾仲雍曰」數條，其不言篇名，

〔註1〕此條，詳見下文庾仲雍《湘州記》題解及《湘州記》「蘇耽」條考證。
〔註2〕林寶撰，岑仲勉校記，郁賢皓、陶敏整理.元和姓纂[M].北京：中華書局，1994年，第 891 頁。

但考部分條目，皆記漢水之流向及其支流水域情況，其應爲庾仲雍《漢水記》無疑，茲將此數條納入庾仲雍《漢水記》。

滄浪洲

武當縣西四十里漢水中有洲，名滄浪洲。（《史記·夏本紀》張守節正義。）

漢水

漢水出廣漢；漾水出嶓塚〔一〕，東流至武都而與漢水合；沔水出武都沮縣，亦〔二〕與漢水相合。（《初學記》卷七。又見《太平御覽》卷六十二。）

〔校記〕

〔一〕嶓塚，《太平御覽》作「隴西」。

〔二〕亦，《太平御覽》作「爾」，當爲「亦」之形訛。

漢水出廣漢，沔水出武都，與漢水相合。（《橘山四六》卷十七。）

女郎山

女郎山，昔有貞女棲於此山，卒即葬焉，擣衣石猶在山頭。（《編珠》卷一。）

（女郎山）有女郎擣衣砧也。（《太平御覽》卷七百六十二。）

梁州

梁州有新婦灘、黄金灘。（《編珠》卷一。）

三嶺

從魏興郡至南鄭城九百里，有墜牛、陽都、寒泉三嶺，皆極高峻。（《編珠》卷一。）

溫泉

漢水有泉〔一〕，方圓數十步〔二〕，夏常沸湧〔三〕，望見白氣衝天，能差〔四〕百病，常有數百人飲浴之〔五〕。（《太平御覽》卷七十。又見《編珠》卷一、《藝文類聚》卷九。）

〔校記〕

〔一〕泉，《編珠》、《藝文類聚》作「溫泉」。

〔二〕此句，《編珠》無。

〔三〕夏常沸湧，《編珠》作「冬夏長沸」、《藝文類聚》作「冬夏常沸湧」。

〔四〕差，《編珠》作「愈」。

〔五〕此句，《編珠》、《藝文類聚》無。

金水錫城

金水郡領金岡縣，本金城郡，後魏改之。(《初學記》卷八。此條言及「後魏」時事，或後世增入。)

楚邑新城

自漢口入二百里，得涓口，有村。入三百里得鄭城，楚邑也。(《初學記》卷八、《錦繡萬花谷》後集卷六。)

石門山

與氏分界於石門，仇池城去石門四百餘里。(《太平寰宇記》卷八十四。)

白馬山

西縣有白馬山。(《太平寰宇記》卷一百三十三。)

聖公館

黃土縣雞鳴山北十五里有聖公館，即後漢光武起義兵屯此。(《太平寰宇記》卷一百四十一。)

玉谷口

漢水自魏興沠流一百八十里至玉谷口。(《輿地紀勝》卷一百八十三。)

伎陵城

(伎陵城)，即木蘭寨也，蜀軍救孟達之所。(《輿地紀勝》卷一百八十九、《方輿勝覽》卷六十。)

千齡洲

縣西北四十里，漢水中有洲，名滄浪洲，庾仲雍《漢水記》謂之千齡洲。(《水經注》卷二十八。《水經注》此處所引庾仲雍《漢水記》「千齡洲」條較爲簡略，不知其完整句式爲何。《太平寰宇記》卷一百四十三亦引庾仲雍《漢（水）記》：「漢水出琵琶谷至滄浪洲，即漁父棹歌處。庾仲雍《漢記》云謂之『千齡』，亦通。」不知二者所引是否爲同一條目。)

搗衣

河北有女子搗衣，中白霧而孕，羞憤自殺。(《奩史》卷六十。此條，清前書不見徵引，但觀此條所言「搗衣」句，《編珠》所引《漢水記》「女郎山」條亦有：「昔有貞女棲於此山，卒即葬焉，搗衣石猶在山頭」。或是各書徵引時條目有所增改而致。)

以下數條，皆為《水經注》所引「庾仲雍曰」者，考各條目，為庾仲雍《漢水記》的可能性較大，茲列於下，以待方家指正。

清水

清水自祁山來，合白水，斯為孟浪也。(《水經注》卷二十。此條，《水經注》僅言為「庾仲雍曰」，不著篇名。考此處所言清水，東與白水合，流經白水郡，又同注於西漢水，其應為庾仲雍《漢水記》無疑。)

涪水

(漾水)涪水注之，庾仲雍所謂涪內水者也。(《水經注》卷二十。此條所言涪水，在漢水之左，南與漢水合，此處「庾仲雍所謂」應即庾仲雍《漢水記》。此條，他書不見載，不知其完整句式為何。)

蔓葛谷

漢水自武遂川南入蔓葛谷，越野牛迳至關城，合西漢水。故諸言漢者，多言西漢水至葭萌入漢。又曰：始源曰沔。(《水經注》卷二十。此條所言為西漢水支流漢水之流向，漢水經武都，南與西漢水合，其應為庾仲雍《漢水記》。)

沔水

是水南至關城，合西漢水。(《水經注》卷二十七。此處，《水經注》僅言為「庾仲雍云」，其所言沔水，在西漢水之左，源出武都郡，考其所言，亦為西漢水支流水域流向，其應為庾仲雍《漢水記》。《初學記》卷七所引庾仲雍《漢水記》有「沔水出武都沮縣，亦與漢水相合」句，與此處類，其所言或為一事。劉緯毅《漢唐方志輯佚》將其輯入庾仲雍《荊州記》，或誤。)

磐余

磐余去胡城二十里。(《水經注》卷二十七。此條，《水經注》言為「庾仲雍曰」，此處所言「磐余」、「胡城」皆在漢水之左，「庾仲雍曰」，應為庾仲雍《漢水記》。)

張天師堂

水西山上有張天師堂，於今民事之。庾仲雍謂山爲白馬塞，堂爲張魯治。東對白馬城，一名陽平關。（《水經注》卷二十七。此處所言西山，在西漢水支流沔水流經之武都郡，其在西漢水之左，此處所言「庾仲雍謂」應爲庾仲雍《漢水記》。）

黑水

黑水去高橋三十里。（《水經注》卷二十七。《水經注》言此條爲「庾仲雍曰」，此處所言黑水，爲西漢水之支流，南與西漢水合，「庾仲雍曰」，當爲庾仲雍《漢水記》。）

墊江

墊江有別江出晉壽縣，即潛水也。其南源取道巴西，是西漢水也。（《水經注》卷二十九。《水經注》言此條爲「庾仲雍云」，不著篇名，考其所記墊江，在西漢水之左，中與西漢水合，南流入江。此處「庾仲雍云」，或爲庾仲雍《漢水記》。）

《荆州記》　晉庾仲雍

庾仲雍《荆州記》，史志不載，梁釋慧皎《高僧傳》已引。隋、唐以及北宋類書多徵引，各史書、文集注亦有引用，其在唐宋時期應流傳較廣。南宋諸書所引庾仲雍《荆州記》與前代書所引類，或直接從前代書中摘引，而非目見其書，是書或南宋時已亡。清陳運溶《麓山精舍叢書》輯有庾仲雍《荆州記》數條，但其所引諸書條目相同者皆重複輯入，未作整合。王仁俊《玉函山房輯佚書補編》僅據《太平寰宇記》卷一百一十七輯得庾穆之《荆州記》「黃石山」一條。劉緯毅《漢唐方志輯佚》亦輯庾仲雍《荆州記》數條。按，荆州，治江陵，即今湖北江陵。

白馬寺

晉初有沙門安世高度邽亭廟神，得財物，立白馬寺於荆城東南隅。（《高僧傳》卷一。）

靈溪水

大城西九里有靈谿水。雲梯，言仙人升天，因雲而上，故曰雲梯。(《文選·詩乙·遊仙·遊仙詩七首》李善注。)

青溪山

臨沮縣〔一〕有青溪山，山東〔二〕有泉，泉側有道士精舍。〔三〕郭景純嘗作臨沮縣，故《遊仙詩》嗟青溪之美。(《文選·詩乙·遊仙·遊仙詩七首》李善注。又見《唐音》卷一。)

〔校記〕

〔一〕臨沮縣，《唐音》作「荊州臨沮縣」。

〔二〕東，《唐音》無。

〔三〕此後數句，《唐音》無。

臨治〔一〕縣有清溪山，山東有泉，泉側有道士舍，郭景純有《遊仙詩》〔二〕曰：「清溪千仞餘〔三〕，中有一道士」。(《三體唐詩》卷二。又見《唐音》卷十四。)

〔校記〕

〔一〕臨治，《唐音》作「睢」。

〔二〕有《遊仙詩》，《唐音》作「《仙遊詩》」。

〔三〕千仞餘，《唐音》作「千餘仞」。

臨沮縣清溪山，山東有泉。晉郭璞為臨沮長，常遊此，賦《遊仙詩》云：「清溪千餘仞，中有一道士」，即此也。(《太平寰宇記》卷一百四十五。《寰宇記》所載此條，言出庾仲雍《荊州志》，當即《荊州記》。)

四關

其北有四關，魯陽，伊關之屬也。(《文選·詩己·雜詩上·雜詩十首》李善注。)

三峽

巴東三峽，一名明月峽。(《編珠》卷一。)

明月峽

巴楚有明月峽。(《九家集注杜詩》卷十一、《杜工部草堂詩箋》補遺卷四。此條，《杜工部草堂詩箋》補遺言為「荊州謂」，「荊州謂」，當為「《荊州記》謂」。)

巴楚有明月峽、廣德峽、東突峽，今謂之巫峽、秭歸峽、歸鄉峽。（《藝文類聚》卷六。）

巴陵楚之世〔一〕有三峽〔二〕：明月峽、廣德峽、東突峽，即今之巫峽、秭歸峽、歸鄉峽。（《太平御覽》卷五十三。又見《九家集注杜詩》卷一。）

〔校記〕

〔一〕楚之世，《九家集注杜詩》作「楚地」。

〔二〕《九家集注杜詩》僅存此句。

移山

舞陽有移山，山本在北峰，因風雨，一夜移為南峰。（《編珠》卷一。）

屈原宅

歸鄉〔一〕縣有屈原宅〔二〕，女嬃〔三〕廟，擣衣石猶存。（《藝文類聚》卷六。又見《藝文類聚》卷六十四、《初學記》卷二十四。）

〔校記〕

〔一〕歸鄉，《藝文類聚》卷六十四、《初學記》作「秭歸」。

〔二〕《初學記》僅存此句。

〔三〕女嬃，《藝文類聚》卷六十四作「伍胥」。

鳳崗

聶陽縣東南有鳳崗四十里，古者相傳云，昔鳳產乳其山。（《北堂書鈔》卷一百五十七。）

劉盛公

劉盛公〔一〕，枝江人。桓司空臨州〔二〕，與上佐遊於靈溪，盛公詣市還，著練帽、布裙〔三〕，荷屐〔四〕，詣桓司空也。（《北堂書鈔》卷一百二十九。又見《北堂書鈔》卷一百三十六、《太平御覽》卷六百九十八。）

〔校記〕

〔一〕盛公，《北堂書鈔》卷一百三十六作「盧分」。

〔二〕臨州，《北堂書鈔》卷一百三十六作「臨江」。

〔三〕練帽、布裙，《北堂書鈔》卷一百三十六作「白帽、布衣」，《太平御覽》作「皀蓋、布裙」。

〔四〕荷屐，《北堂書鈔》卷一百三十六、《太平御覽》作「以杖荷屐」。

桓司空遊於靈溪，劉盛公著練帽以杖荷屐，與桓語〔一〕，語畢〔二〕，負荷

而去。(《編珠》卷三。又見《北堂書鈔》卷一百二十七。)

〔校記〕

〔一〕與桓語,《北堂書鈔》作「詣桓司空」。

〔二〕語畢,《北堂書鈔》作「與語畢」。

當陽縣

荊門軍當陽縣,本楚之舊〔一〕邑。(《春秋分記》卷三十一。又見《太平寰宇記》卷一百四十六、《太平御覽》卷一百六十七。)

〔校記〕

〔一〕舊,《太平寰宇記》無。

黃石山

黃石山在桂陽縣,山出銀鑠,人常採之。(《輿地紀勝》卷九十二。)

山出銀礫,人常採之。(《太平寰宇記》卷一百一十七。此條,《輿地記勝》、《太平寰宇記》皆言出庾穆之《荊州記》,庾穆之,當即庾仲雍。)

存疑

子囊墓

江陵城東北二里許有子囊墓。(《渚宮舊事》卷二。此條,《渚宮舊事》所引僅言爲「庾仲雍曰」,不著篇名,考此處所言江陵,晉時屬荊州,其應爲庾仲雍《荊州記》。陳運溶《麓山精舍叢書》將其輯入庾仲雍《荊州記》,當確。)

《江記》　　晉庾仲雍

庾仲雍《江記》,《隋書·經籍志》言爲五卷,新、舊《唐·志》同,《宋史·藝文志》不見著錄,是書或亡於宋元之交。庾仲雍,詳前。庾仲雍《江記》,各書所引有作《江水記》者,其條目與《江記》同,當爲《江記》之別稱。《施注蘇詩》卷二十一引「建鄴宮城」條,言出庾仲雍《九江記》。建鄴,時屬吳,不在九江,《九江記》,亦當爲《江記》衍誤也。《文選》李善注引庾仲雍《江圖》兩條,此二條他書皆不見徵引,或亦即《江記》之別稱,但因無證,姑另作一種,單列。庾仲雍《江記》亡軼後,後世無輯本。

今據各書輯得庾仲雍《江記》數條。酈道元《水經注》卷三十三至三十五引「庾仲雍云」數條，皆不著出處，考其所引，皆爲長江各水域之流向、地名等，其應屬庾仲雍《江記》，茲將其納入《江記》範圍。

若城

若城至武城口三十里者也。南對郭口，夏浦，而不常泛矣。東得苦荼夏浦，浦東有苦荼山。江迳其北，故浦有苦荼之名焉。山上有苦荼，可食。（《水經注》卷三十五。此條，《水經注》各版本有作《江水記》者，有作《江記》者。）

谷里袁口

谷里袁口。江津南入，歷樊山上下三百里，通新興、馬頭二治。樊口之北有灣，昔孫權裝大船，名之曰長安，亦曰大舶，載坐直之士三千人，與群臣泛舟江津，屬值風起，權欲西取蘆洲，谷利不從，乃拔刀急上，令取樊口薄，舶船至岸而敗，故名其處爲敗舶灣。因鑿樊山爲路以上，人即名其處爲吳造峴，在樊口上一里，今厥處尚存。（《水經注》卷三十五。）

羿屠巴蛇

羿屠巴蛇於洞庭，積其骨爲陵。（《岳陽風土記》。）

羿屠巴虵〔一〕於洞庭，其骨若陵，故曰〔二〕巴陵。（《太平御覽》卷一百七十一。又見《方輿勝覽》卷二十九。此條，《岳陽風土記》言出《江記》，《太平御覽》、《方輿勝覽》皆言出《尋江記》，《路史》言出《江源記》。其或爲《尋江源記》。）

〔校記〕

〔一〕虵，《方輿勝覽》作「蛇」。

〔二〕曰，《方輿勝覽》作「謂之」。

宮城

建鄴宮城，孫權所築。（《施注蘇詩》卷二十一。此條，《施注蘇詩》言出庾仲雍《九江記》，建鄴，時屬吳，不屬九江，《九江記》，當即《江記》衍誤也。）

黿洲

江中有黿洲，長三里，與蕪湖洲相接。（《初學記》卷八。）

以下數條，皆爲《水經注》所引爲「庾仲雍曰」者，考各條目爲庾仲雍《江記》的可能性較大，姑列於下。

二水口

江州縣對二水口，右則涪內水，左則蜀外水。即是水也〔一〕。（《水經注》卷三十三。又見《蜀鑒》卷五。此條，《水經注》徵引時不著書名，僅言爲「庾仲雍所謂」。按，今所見庾仲雍各記有《漢水記》、《荊州記》、《湘州記》、《江記》，此條所言江州縣，時屬巴郡，在江水之北，其所記地理範圍僅與《江記》合，其應爲庾仲雍《江記》。）

〔校記〕
〔一〕此句，《蜀鑒》作「內外水之所以名也」。

塗山

江之北岸有塗山，南有夏禹廟，塗君祠，廟銘存焉。常璩、庾仲雍並言禹娶於此。（《水經注》卷三十三。此條所記爲江水流經巴郡塗山，其所引「庾仲雍言」應爲庾仲雍《江記》無疑。庾仲雍此條完整句式或爲「江之北岸有塗山，南有夏禹廟，塗君祠，廟銘存焉。禹娶於此。」）

枳縣

有別江出武陵。（《水經注》卷三十三。《水經注》所引此條完整句式爲「有枳縣，治華陽，《記》曰：枳縣在江州巴郡東四百里，治涪陵，水會。庾仲雍所謂『有別江出武陵者』也。」庾仲雍所言之「別江」，應爲延江水，其北逕涪陵入江，爲長江之支流，其應屬庾仲雍《江記》無疑。）

臨江

臨江至石城黃華口一百里。（《水經注》卷三十三。《水經注》僅言爲「庾仲雍曰」，庾氏所言臨江，在枳縣下游，亦在長江一線，其爲庾仲雍《江記》無疑。）

大墳

楚都丹陽所葬，亦猶枳之巴陵矣。故以故陵爲名也。（《水經注》卷三十三。《水經注》僅言此條爲「庾仲雍所言」，不言具體篇目，考此處所言故陵，屬魚復縣，時屬巴東，長江流經此地，其應爲庾仲雍《江記》。）

貝磯

　　江水東逕白虎磯北，山臨側江濆，又東會赤溪，夏浦浦口，江水又迆也。又東逕貝磯北，庾仲雍謂之沛岸矣。江右岸有秋口，江浦也。(《水經注》卷三十五。此條所記，爲江水流勢及沿江各地名，庾仲雍所言「沛岸」，應出自其《江記》無疑。)

竹磧

　　山東有夏浦，又東逕上磧北，山名也。仲雍謂之大、小竹磧也。北岸烽火洲，即舉洲也，北對舉口，仲雍作「莒」字，得其音而忘其字。(《水經注》卷三十五。此條所記亦全爲江水之流向及途經各地地名，仲雍所言，應爲其《江記》無疑。揣此二處所涉及庾仲雍《江記》條，其句式似應爲「山東有夏浦，又東逕大小竹磧」、「北岸烽火洲，即舉洲也。北對莒口。」)

五磯

　　東逕五磯北，有五山，沿次江陰，故得是名矣。仲雍謂之「五圻」。(《水經注》卷三十五。此條記江水之流經處地名，《水經注》僅存「仲雍謂之『五圻』」句，其應爲庾仲雍《江水記》。此條完整句式或爲「東逕五圻，北有五山，沿次江陰，故得是名矣。」此條，《(寶祐)壽昌乘》亦引，其言「《江表傳》權使子登出征，次於安樂，全琮諫止之五磯，在郡東。庾仲雍《江水記》作『五圻』。」《(寶祐)壽昌乘》明言此條出庾仲雍《江水記》，當南宋時此條目仍存。)

南陽圻

　　江水又東逕南陽山南，又曰芍磯，亦曰南陽磯，仲雍謂之南陽圻，一名洛至圻，一名石姥，水勢湍急。(《水經注》卷三十五。此處所言「南陽磯」，在長江流經之西陽郡，其應出庾仲雍《江記》，庾仲雍此條完整句式或爲「芍磯亦曰南陽圻。一名洛至圻，一名石姥水。」)

積布磯

　　江水又東逕積布山南，俗謂之積布磯，又曰積布圻，庾仲雍所謂高山也。此即西陽、尋陽二郡界也。右岸有土覆口，江浦也。夾浦有江山，山東有護口，江浦也，庾仲雍謂之朝二浦也。(《水經注》卷三十五。此條所言「庾仲雍」二處，皆爲江水流經各地名，其應爲庾仲雍《江記》。《水經注》所引庾仲雍此二條過簡，不知其完整句式爲何。)

奇相

帝女也，卒爲江神。（《史記・封禪書》司馬貞索隱。）

存疑

佐喪

村老云百姓佐昭王喪事於此，成禮而行，故曰佐喪。（《水經注》卷二十八。）

合驛口

須導村，耆舊云，朝廷驛使合王喪於是，因以名焉。（《水經注》卷二十八。）

〔按〕以上兩條，《水經注》僅記爲「庾仲雍言」，觀此二條所言爲沔水流經之江夏郡夏水附近事，其南入於江，其爲庾仲雍《江記》可能性較大。又江夏，晉宋時皆屬荊州，又或爲庾仲雍《荊州記》。）

夏口

夏口亦曰沔口矣。（《水經注》卷二十八。此條，《水經注》僅言爲「庾仲雍曰」，夏口，爲沔水入江處，其爲庾仲雍《江記》的可能性大。又因其晉宋時皆屬荊州，又或爲庾仲雍《荊州記》。）

《江圖》　　晉庾仲雍

庾仲雍《江圖》，各史志不載，唯《文選》李善注引兩條，或是庾仲雍《江記》之誤。茲列於下。

姑孰

姑孰至直瀆十里，東通丹陽湖，南有銅山，一名九井山，山有九井，井與江通。（《文選・詩乙・遊覽・南州桓公九井作》李善注。）

蘆洲

蘆洲至樊口二十里，伍子胥初所渡處也。樊口至武昌十里。然此蘆洲在下，非子胥所渡處也。（《文選・詩戊・行旅下・還都道中作》李善注。）

《尋江源記》　晉庾仲雍

　　《尋江源記》，《隋書・經籍志》言一卷，不著作者，《舊唐書・經籍志》言其爲五卷，又一卷，《新唐書・藝文志》言爲五卷。各書所引有言《尋江源記》者，亦有言《江源記》者。此書唐代書不見徵引。北宋時期，《太平御覽》、《太平寰宇記》多徵引。南宋時，王象之《輿地紀勝》徵引一條，條目與《御覽》、《寰宇記》不同，或其南宋時仍存。《宋史・藝文志》不見著錄，或亡於宋元之交。姚振宗《隋書經籍志考證》「《江記》」條言：「案《尋江源記》，似即《江記》之異名。」但觀今所見《尋江源記》各條目，並無與《江記》同者，其或另爲一書也。

栢枝山

　　景穴有嘉魚，其味甘美，景穴出栢枝，即此山是也。(《太平寰宇記》卷一百四十九。)

　　景穴有嘉魚，其味甚美。(《補注杜詩》卷二十五。)

　　景穴出栢枝山。(《輿地紀勝》卷一百七十九。《輿地紀勝》卷一百七十九所引「景穴嘉魚甚美」句言出《元和郡縣志》。)

牛渚山

　　商旅〔一〕於此取石至都，輸造石渚，因名採石。(《太平寰宇記》卷一百零五。又見《太平御覽》卷四十六。)

〔校記〕

〔一〕旅，《太平御覽》作「侶」。

　　商旅取石於此至都，輸爲造宮之石，因名此渚爲採石渡。(《唐詩鼓吹》卷七。)

　　採石山，商旅於此取石，因名採石山。(《輿地紀勝》卷十八。)

　　採石山，人於此取石，因名。(《方輿勝覽》卷十五。)

姑浦口

　　姑浦口南岸立津，譏禁行旅。(《太平寰宇記》卷一百零五。)

高丘

《楚辭》所謂「巫山之陽，高丘之阻」，高丘蓋高都也。（《太平寰宇記》卷一百四十八、《太平御覽》卷四十九。）

高梁山

南浦郡〔一〕高梁山尾東跨江，西首劍閣，東西數千里，山嶺長峻，其峰崔嵬，於蜀市望之，若長雲垂天，一日行之，乃極其頂〔二〕，俯視眾山，泯〔三〕若平原。《劍閣銘》所謂「巖〔四〕梁山，積石峨峨」，即述此〔五〕也。（《太平御覽》卷四十四。又見《太平寰宇記》卷一百四十九、《輿地紀勝》卷一百七十七。）

〔校記〕

〔一〕南浦郡，《太平寰宇記》、《輿地紀勝》無。

〔二〕此二句，《輿地紀勝》無。

〔三〕泯，《太平寰宇記》作「坻」。

〔四〕巖，《太平寰宇記》、《輿地紀勝》作「巖巖」。

〔五〕此，《太平寰宇記》、《輿地紀勝》作「此山」。

梁山〔一〕東西數千里〔二〕，望之〔三〕若長雲垂天，《劍閣銘》曰「巖巖梁山，積石峨峨」。（《太平御覽》卷一百六十七。又見《輿地紀勝》卷一百七十九。）

〔校記〕

〔一〕梁山，《輿地紀勝》作「高梁山」。

〔二〕東西數千里，《輿地紀勝》無。

〔三〕望之，《輿地紀勝》作「蜀中望之」。

高梁山，山尾東跨江，西首劍閣，東西數千里，望之若長雲垂天，俯視眾山，泯若平原，《劍閣銘》所謂「巖巖梁山，積石峩峩」者是也。（《方輿勝覽》卷五十九。）

尾東跨江，西首劍閣，東西數千里。又《劍閣銘》云：「巖巖梁山，積石峨峨」。（《新定九域志》卷八。）

高梁山，如長雲垂天。（《輿地紀勝》卷一百七十九。）

蜀中望之，若長雲垂天。（《方輿勝覽》卷六十。）

羊腸嶺

平康縣有羊腸嶺，大江發源之所。（《太平御覽》卷一百六十六。）

巴陵

羿屠巴蛇於洞庭，其骨若陵，曰巴陵也。（《路史》卷二十。此條，《路史》言出《江源記》，《岳陽風土記》言出《江記》，《太平御覽》、《方輿勝覽》皆言出《尋江記》，其或爲《尋江源記》。）

岷江

江水又歷汶山道，與汶水合，以其發源過岷山下，因名岷江，亦名汶江。蓋「岷」、「汶」聲訛故也。（《輿地紀勝》卷一百五十一。）

存疑

弱柳江

西江別支爲弱柳江。（《編珠》卷一。此條，《編珠》言出《緣江記》，不知是否爲《尋江源記》之別稱，茲列於此。）

《湘州記》　晉庾仲雍

庾仲雍《湘州記》，《隋書·經籍志》言爲二卷，新、舊《唐志》不見載。是書《太平御覽》、《岳陽風土記》等書皆引，當其北宋時仍存，南宋時《輿地紀勝》、《方輿勝覽》等書所引庾仲雍《湘州記》條目多與北宋時諸書所引類，或南宋時已亡。鮑遠航《〈湘州記〉考證與輯補》一文亦認爲是書亡於南宋〔註1〕，或爲確論。另外，《藝文類聚》卷七所引庾仲雍《湘中（州）記》與《太平寰宇記》卷一百一十七所引庾穆之《湘州記》同，二書作者當爲一人。清姚振宗《隋書經籍志考證》首次提及此證：「庾仲雍始末未詳，似即新野庾氏」、「章氏（指章宗源）考證《初學記》『天部』『地理部』，《御覽》『天部』『地部』並引庾仲雍《湘州記》，又《御覽》『地部』引『君山』一事，稱庾穆之《湘州記》，又曰《藝文類聚》『山部』引一事，稱庾仲雍《湘中（州）記》……似庾穆之即仲雍也。」[1]唐長孺《讀〈桃

〔註1〕鮑遠航言「南宋晁公武《郡齋讀書志》、陳振孫《直齋書錄解題》、宋元之際馬端臨《文獻通考》及元代陶宗儀《說郛》均著錄《湘州記》，這表明，《湘州記》亡佚之時代，是在南宋」。見鮑遠航《〈湘州記〉考證與輯補》〔J〕，湘潭大學學報，2008年第1期。

花源記旁證〉質疑》一文認同此說，言：「按雍、穆名字相應，姚氏的推測可信。」〔註2〕張國淦《中國古方志考》亦認同此說〔註3〕。孫啓治、陳建華《古佚書輯本目錄》亦認爲二者爲一人：「古人名、字相應，大約穆之爲名，仲雍其字，或以字行。」〔註4〕庾仲雍《湘州記》亡佚後，清陳運溶《麓山精舍叢書》輯有庾仲雍《湘州記》四條，分別爲《初學記》卷一「石燕」條（此條，《太平御覽》卷九亦存，陳運溶未單列），《太平御覽》卷五十七「蔡子池」條、卷四十九「君山」條，《岳陽風土記》「君山美酒」條。王仁俊《玉函山房輯佚書補編》輯得庾仲雍《湘州記》三條，皆出《太平寰宇記》。分別爲《寰宇記》卷一百一十三「君山」條，卷一百一十四「石囷」條，卷一百一十七「馬嶺」條。除陳、王二家輯本外，今人劉緯毅《漢唐方志輯佚》輯得庾仲雍《湘州記》七條。湘州，晉置。治臨湘，即今湖南長沙。

石鷰

零陵有石鷰，得風雨則飛翔如眞鷰，風雨止，〔一〕還爲石也。（《白氏六帖事類集》卷二。又見《事類備要》前集卷六、《輿地紀勝》卷五十六。）

〔校記〕

〔一〕《事類備要》此處有「則」字。

零陵山有石燕，遇雨則飛如生燕，雨止則還爲〔一〕石。（《事類備要》前集卷十一。又見《錦繡萬花谷》後集卷一。）

〔校記〕

〔一〕爲，《錦繡萬花谷》作「如」。

零陵山有石鷰，遇風〔一〕雨則飛，〔二〕雨止，還化爲石〔三〕。（《太平御覽》卷九。又見《初學記》卷一、《杜工部草堂詩箋》補遺卷七。此條，《杜工部草堂詩箋》引作《湘川記》，「川」，當爲「州」之形訛。）

〔註2〕唐長孺，讀桃花源記旁證質疑，見《魏晉南北朝史論叢續編》〔M〕，北京：生活・讀書・新知 三聯書店，1959年，第166-167頁。

〔註3〕見張國淦《中國古方志考》〔M〕，北京：中華書局，1962年，第473頁。

〔註4〕孫啓治、陳建華，古佚書輯本目錄〔M〕，上海：上海古籍出版社，1997年，第193頁。

〔校記〕

〔一〕風，《初學記》無。

〔二〕《杜工部草堂詩箋》此處有「如生燕」句。

〔三〕此句，《杜工部草堂詩箋》作「止則爲石」。

零〔一〕陵山有石燕，遇風雨〔二〕即飛，止還爲石〔三〕。（《初學記》卷二。又見《太平御覽》卷十、《事類賦注》卷三、《事類備要》前集卷二、《唐音》卷五。）

〔校記〕

〔一〕零，《事類賦注》作「霖」。

〔二〕風雨，《唐音》作「雨」。

〔三〕此句，《唐音》無；止還，《事類賦注》作「還止」。

零陵有石鷰，遇雨則飛，如生鷰〔一〕。（《白孔六帖》卷一。又見《瀛奎律髓》卷十七。此條，《白孔六帖》、《瀛奎律髓》俱引作《湘川記》，「川」當即「州」之形訛也。）

〔校記〕

〔一〕此句，《瀛奎律髓》作「雨過，飛如燕子。」

春紙臼

應陽縣蔡子池南有石臼，云是蔡倫春紙臼。（《初學記》卷五。又見《太平御覽》卷五十二、《文房四譜》卷四、《墨池編》卷六、《續博物志》卷十。此條，《文房四譜》卷四、《墨池編》卷六皆言出庾仲雍《明州記》，「明」，當爲「湘」之形訛。）

耒陽縣北有漢黃門蔡倫宅，宅西有一石臼〔一〕，云是倫春紙臼〔二〕也。（《後漢書·宦者列傳》李賢等注。又見《冊府元龜》卷九百零八。）

〔校記〕

〔一〕臼，《冊府元龜》無。

〔二〕臼，《冊府元龜》作「曰」，「曰」，當爲「臼」之形訛。

棗陽縣有蔡倫宅，宅西有一石臼，云是倫春紙臼。（《太平御覽》卷七百六十二。）

石困

其峰有石困，昔禹治洪水，登而祭之，因夢遇玄夷使者，遂獲金簡玉字之書，果得通水之理。（《太平寰宇記》卷一百一十四。）

蘇耽

馬嶺山者，以蘇耽昇仙之後，其母每來此候之。見耽乘白馬飄然，故謂之馬嶺。（《太平寰宇記》卷一百一十七。此條，《寰宇記》言出庾穆之《湘州記》，《藝文類聚》卷七亦引，文字稍異，言出庾仲雍《湘中記》：「桂陽郴縣東北五里有馬嶺山，高六百餘丈，蘇耽所棲遊處，因而得仙，後有見耽乘白馬還此山中，世因名爲馬嶺。」庾仲雍《湘中記》，史志不載，《藝文類聚》所言《湘中記》應即《湘州記》之誤。）

以下數條，諸書所引均作庾穆之《湘州記》，其應爲庾仲雍《湘州記》，姑列於此。

石魚山

湘鄉縣有石魚山，石色黑而理若魚，開發一重，輒有魚形鱗鬐。首尾若刻畫，燒之作魚膏，臭亦如之。（《北戶錄》卷一。此條。《北戶錄》言出庾穆之《湘州記》，穆之，當即庾仲雍。）

酒香山

君山左右有美酒數斛，得飲之即不死。（《北堂書鈔》卷一百四十八。）

君山上有美酒數斗，得飲之即不死，爲神仙。漢武帝聞之，齋居七日，遣欒巴將童男女數十人來求之，果得酒，進御，未飲，東方朔在旁竊飲之，帝大怒，將殺之，朔曰：「使酒有驗，殺臣亦不死。無驗，安用酒爲？」帝笑而釋之。寺僧云，春時往往聞酒香，尋之莫知其處。（《岳陽風土記》。）

君山上有美酒，飲者不死，即爲神仙〔一〕。漢武帝遣欒巴來求之〔二〕，果得酒，進御未飲〔三〕，東方朔在旁〔四〕竊以飲，帝怒，欲殺之，對曰：「苟殺臣，臣亦不死；己死，酒亦無驗。」遂赦之。（《輿地紀勝》卷六十九。又見《方輿勝覽》卷二十九。）

〔校記〕

〔一〕此句，《方輿勝覽》無。

〔二〕來求之，《方輿勝覽》作「求，得之」。

〔三〕此二句，《方輿勝覽》作「未進御」。

〔四〕在旁，《方輿勝覽》無。

君山

昔〔一〕秦皇〔二〕欲入湘觀衡山，而遇風浪〔三〕，溺敗〔四〕至此山而免，

因號爲〔五〕君山。(《太平御覽》卷四十九。又見《輿地紀勝》卷六十九、《九家集注杜詩》卷十四、《岳陽風土記》。此條，《九家集注杜詩》言出庾穆之《山記》，《太平御覽》、《岳陽風土記》、《輿地紀勝》均作《湘州記》。《山記》，或爲《湘州記》之誤。)

〔校記〕

〔一〕昔，《岳陽風土記》無。

〔二〕秦皇，《九家集注杜詩》作「秦始皇」。

〔三〕此句，《岳陽風土記》作「遇風濤」。

〔四〕溺敗，《岳陽風土記》作「漂溺」，《九家集注杜詩》作「機敗溺」。

〔五〕爲，《輿地紀勝》、《岳陽風土記》無。

賈誼宅

州故大城。內有陶侃廟，地是賈誼故宅，誼時種甘，猶有存者。(《齊民要術》卷十、《太平御覽》卷九百六十六、《樹藝篇》菓部卷七。)

州故大城內有陶侃廟，其地賈誼嘗種甘，猶有存者。(《事類賦注》卷二十七。)

誼宅今爲陶侃廟，時種甘，猶有存者。(《續談助》卷四)

湘州南寺之東賈誼宅有井，小而深，上斂下大，狀似壺，即誼所穿井。誼宅今爲陶侃廟，種柑，猶有存者。(《九家集注杜詩》卷三十六。此條，《九家集注杜詩》引自盛弘之《荊州記》，並言庾穆之《湘州記》同此。姑列於此。)

存疑

鬱水

水出萌渚嶠，南流入於臨。(《水經注》卷三十六。《水經注》言此條爲「庾仲初曰」，此條所引，似爲地記。觀庾仲初，並無地記類作品存世，其著有《揚都賦》，并嘗爲之作注。但此條所言「萌渚嶠」，在臨賀縣，東晉時屬荊州，宋時屬湘州，其或爲庾仲雍《荊州記》或《湘州記》，而非庾仲初作。)

《盧山記》　晉張野

張野《盧山記》，卷亡，史志不著錄。張野（349-418），字萊民，南陽宛（今河南南陽）人。後徙潯陽柴桑，與陶元亮通婚姻，學兼華竺，善屬文，州舉秀才，南中郎，府功曹，州治中，後徵散騎常侍，俱不就。凡所著述

傳於世萬餘言。師敬遠公，與劉雷同轍，遠公卒，葬西嶺，謝靈運爲銘，野序之，稱門人。東晉義熙年間，張野曾與釋慧遠結白蓮社，與劉遺民、張詮等號稱「社中十八賢」。或以爲張野《廬山記》與釋慧遠《廬山記》作於同時，或爲諸人遊覽後同題共作。

廬山

廬山，天將雨則有白雲，或冠峰巖，或亙中嶺〔一〕，俗〔二〕謂之山帶，不出三日必雨。（《藝文類聚》卷七。又見《白氏六帖事類集》卷二、《太平御覽》卷四十一。）

〔校記〕

〔一〕中嶺，《白氏六帖事類集》作「巘中」。

〔二〕俗，《白氏六帖事類集》無。

天將雨，則有白雲冠峰。或亙巖中，俗謂之山帶。不出三日必雨。每雨，其下成潦，而上猶皎日。峰頭有大磐石，可坐數百人。（陳舜俞《廬山記》卷一。）

峰頂有大石，可坐數百人。蓋謂此也。（陳舜俞《廬山記》卷二。）

有白雲冠帶峰巖，呼爲上帶。（《太平御覽》卷八。）

《廬山記》　晉周景式

周景式《廬山記》，卷亡，史志不著錄。周景式《廬山記》，有記東晉釋慧遠事，其部份條目酈道元《水經注》、賈思勰《齊民要術》已載。是記或作於晉宋時期。民國吳宗慈《廬山續志稿》卷四言周景式爲潯陽人，徐效剛《廬山典籍史》亦認爲其爲劉宋時潯陽人。清張英《御定淵鑒類函》卷二十九有「魏周景式《石門澗記》」，勞亦安《古今遊記叢鈔》卷二十九亦收錄周景式《廬山記》，言其爲魏時人。除《廬山記》、《石門澗記》外，諸書所載又有周景式《孝子傳》一種。

周景式《廬山記》，唐宋諸書皆引，南宋諸書所引部份條目與前代異，或其南宋時仍存。徐效剛《廬山典籍史》、劉緯毅《漢唐方志輯佚》、崔小敬《周景式〈廬山記〉輯佚與考辨》皆輯是書。

廬山

山高二千三百六十丈，周迴二千五十里，東南三十二里。（《太平御覽》卷四十一。此條，《御覽》僅言出《廬山記》，不著作者。明桑喬《廬山紀事》卷一、清湖渭《禹貢錐指》言出周景式《廬山記》。）

雞山

白水南行十餘里，有雞山。傍有大山竦立，上有石雞，冠距如生，道士李鎮於此下住，常寶玩之。雞一旦忽摧毀，鎮告人曰：「雞卒如此，吾其終乎？」因與親知訣別，後月餘，果卒，似知命云。（《太平御覽》卷九百一十八。）

石門水

廬山之北，有石門水。水出嶺端，有雙石高竦，其狀若門，因有石門之目焉。水道雙石之間，懸流戒澍，近三百餘步，望之連天，若曳飛練於霄漢中矣。（清·毛德琦《廬山志》卷十三。此條文字，最早見於《水經注》卷三十九，此後多種文獻徵引此段均謂出《水經注》。酈道元此段前引《潯陽記》，並標明出處，此段文字卻未注明出處。此段文字亦見張英《御定淵鑒類函》卷二十九、謝旻《（康熙）江西通志》卷十二，文字稍異。此條，崔小敬《周景式〈廬山記〉輯佚與考辨》輯。）

香爐峰

香爐峰頭有大磐石，可坐數百人，〔一〕垂生山石榴，三月中作花，色似石榴而小淡，紅敷紫萼，煒〔二〕曄可愛。（《初學記》卷二十八。又見《太平御覽》卷九百七十。）

〔校記〕

〔一〕《太平御覽》此處有「石」字。

〔二〕煒，《太平御覽》作「輝」。

香爐峰頭有大磐石，可坐數百人；垂生山石榴。二月中作花，色如石榴而小淡，紅敷紫萼，煒煒可愛。（《齊民要術》卷四。）

山石榴紅敷紫萼，煒曄可愛。（《初學記》卷二十八。）

香爐峰頭，山石榴三月中作花，色似石榴而小淡，紅敷紫萼，輝曄可愛。（《記纂淵海》卷九十三。）

匡俗

匡俗，周威王時〔一〕，生而神靈，廬於〔二〕此山，世稱廬君，故山取號

焉。(《藝文類聚》卷七。又見《白氏六帖事類集》卷二、《九家集注杜詩》卷二十九、《輿地紀勝》卷三十。)

〔校記〕

〔一〕《輿地紀勝》此處有「人」字。

〔二〕於,《白氏六帖事類集》無。

匡俗〔一〕出於周威王時,生而神靈,隱淪潛景,廬於此山,俗稱廬君,故山取號焉。(《初學記》卷八。又見《錦繡萬花谷》後集卷六。)

〔校記〕

〔一〕俗,《錦繡萬花谷》作「谷」。

匡俗生而神靈。周威王時廬於此山,故世稱廬君,山因取號焉。(《海錄碎事》卷三上。)

廬山匡俗,字子孝,本東里子,出周武王時,生而神靈,屢逃徵聘,廬於此山,時人敬事之。俗後仙化,空廬猶存,弟子覿室悲哀,哭之旦暮,事同烏號。世稱廬君,故山取號焉。(《水經注》卷三十九。)

周威王時有匡俗廬君,故山取其號。(《重修廣韻》卷一。)

主簿山

主簿山在胡郎廟南數里,山下有溫泉。穴口周圍一丈許,涌出如湯沸,冬夏恒〔一〕熱。(《初學記》卷七。又見《北堂書鈔》卷一百五十八、《事文類聚》前集卷十八。)

〔校記〕

〔一〕恒,《事文類聚》作「常」。

主簿山在胡郎廟南,山下有溫泉。(《編珠》卷一。)

主簿山有溫泉,冬夏常如熱沸。(《白氏六帖事類集》卷二、《輿地紀勝》卷二十五。)

主簿山下出溫泉。(《初學記》卷七。)

廬山主簿山下有溫泉,冬夏常熱。(《記纂淵海》卷八。)

廬山三峰

東西三峰,氤氳若煙,有似香爐。(《杜工部草堂詩箋》卷三十六。)

廬山諸峰

登廬山，望九江，以觀禹之跡，其茲峰乎。東南隱諸嶺，不得駢矚，自廬山人跡所暨，迴望處〔一〕無復出此者，又甚高峻〔二〕，每雨，其下成潦，而〔三〕上猶皎〔四〕日，峰頭有大盤石〔五〕，可坐數百人〔六〕。（《藝文類聚》卷七。又見《白氏六帖事類集》卷二、《太平御覽》卷四十一。）

〔校記〕

〔一〕處，《太平御覽》無。

〔二〕此句，《太平御覽》無，《白氏六帖事類集》作「甚高峻」。

〔三〕而，《白氏六帖事類集》作「其」。

〔四〕皎，《白氏六帖事類集》作「映」。

〔五〕此句，《太平御覽》無；大，《白氏六帖事類集》無。

〔六〕此句，《太平御覽》無；可，《白氏六帖事類集》無。

大谷

石門山在康皇東北八十餘里，是一山之大谷，有澗水，亦名石門澗，吐源浚遠，為眾泉之宗，每夏霖秋潦，轉石發樹，聲動數十里。（《藝文類聚》卷八。）

石門

石門是一大谷，谷中有脩林萬頃，偉木千尋，日月之光罕照焉。（《藝文類聚》卷九。）

山果

山果有益智、蒲萄。（《藝文類聚》卷八十七、《太平御覽》卷九百七十二。）

麈尾松

石門巖〔一〕即松林也。南臨石門澗，澗中仰視之，離離〔二〕駢麈尾，號為〔三〕麈尾松。西嶺異然如馬鬣。又葉五粒者，名五粒松，服之長生。〔四〕（《太平御覽》卷九百五十三。又見《藝文類聚》卷八十八、《記纂淵海》卷九十五）

〔校記〕

〔一〕巖，《藝文類聚》作「北巖」。

〔二〕《藝文類聚》此處有「如」字。

〔三〕為，《藝文類聚》、《記纂淵海》無。

〔四〕「西嶺異然」數句，《藝文類聚》無。

石門磵〔一〕有松林，仰視之，離離如駢塵尾。(《全芳備祖》後集卷十四。又見《事類備要》別集卷四十九。)

〔校記〕

〔一〕磵，《事類備要》作「澗」。

石門北巖即松林也，有數百株松，大皆連拱，長近二十丈，攢生絕崖上，南臨石門澗，澗中仰視之，離離如駢塵尾，於尋陽望聚，見之分明。(《初學記》卷二十八。)

安侯世高

安侯世高者，安息國太子，與友人共出家學道。友人〔一〕恚怒死，受蟒報，爲此宮亭湖〔二〕神。世高於廣州爲人所殺，還生安息國，復爲王子，年二十，又棄國入吳，未〔三〕之宮亭，泊船呼友人與語，友人身長數十丈，見世高。向之胡語竟，各分去，暮有一少年，上世高船，跪受呪願因〔四〕忽不見，世高語同船人曰：「向少年即此廟神也，得離惡形矣。」蟒既見世高，從山南過，死山北，今柴桑〔五〕民所居蛇里是也。(《藝文類聚》卷九十六。又見《太平御覽》卷九百三十四。)

〔校記〕

〔一〕《太平御覽》此處有「好」字。

〔二〕湖，《太平御覽》作「廟」。

〔三〕未，《太平御覽》無。

〔四〕因，《太平御覽》作「囚」。

〔五〕柴桑，《太平御覽》作「桑柴」。

窮湖

山頂有一窮湖，湖足賴鯉〔一〕，鬐皆傷剝。而又有一故楄〔二〕槽，崇山峻遠，非舟楫所遊。豈深谷爲陵，此物不與之而遷乎？〔三〕(《初學記》卷七。又見《太平御覽》卷六十六。)

〔校記〕

〔一〕賴鯉，《太平御覽》作「賴尾鯉」。

〔二〕楄，《太平御覽》作「艑」。

〔三〕此句，《太平御覽》作「而此物不與丘墾同遷乎」。

柴桑

柴桑，彭澤之郊，古三苗國，舊屬〔一〕廬江地。(《太平寰宇記》卷一百一十一。又見《太平御覽》卷一百七十、《輿地紀勝》卷三十。)

〔校記〕

〔一〕屬，《太平御覽》無。

龍泉精舍

山西有龍泉精舍，初，遠法師遣諸道人行，卜地息此而渴，法師因以杖掘地，即泉出。天旱，法師令道人讀《海龍王經》，泉中有物，如蚖而出角，騰空中去，須臾而雨。(《太平御覽》卷七十。)

泉湖

白水在黃龍南，即瀑布也。水出山腹，掛流三四百丈，飛湍林表，望若懸素，注處悉成巨井，其深不測。其水下注江淵。(《水經注》卷三十九。)

泉在黃龍南數里，即瀑布水也，土人謂之泉湖。其水出山腹，掛流三四百丈，飛湍於林峰表出，望之若懸索，注水處石悉成井，其深不測也。(《太平御覽》卷七十一。)

康皇廟

山有康皇廟，廟有銅馬一枚，道士丁玄眞取擲置澗中，經宿復還。丁乃賣與遠村人，買者盡病，即送還，悉愈。(《太平御覽》卷八百二十八。)

有嫗事康王廟，林中有一虎，祠祭，輒以餘肉及骨與之。有人惡畏之，嫗使避之，人去復來。(《太平御覽》卷八百九十二。)

康皇溪

康皇溪，道士種松及筋竹竿。(《太平御覽》卷九百六十三。)

雞山

白水南行十餘里有雞山，傍有大山竦立，上有石雞，冠距如生，道士李鎭於此下住，常寶玩之，雞一旦忽摧毀，鎭告人曰：「雞卒如此，吾其終乎？」因與親知訣別，後月餘，果卒，似知命云。(《太平御覽》卷九百一十八。)

石門峰

石門峰，石間多龍鬚草。(《太平御覽》卷九百九十四。)

《廬山記》　佚名

　　除釋慧遠《廬山記》、張野《廬山記》、周景式《廬山記》外，《南史》又記宗測著《衡山記》《廬山記》。卷數不詳。宗測，字敬微，一字茂深，家居江陵，少靜退，不樂人間，親老不擇官而仕，先哲以爲美談。測善畫，自圖阮籍遇蘇門於行郭上，坐臥對之，又畫永業佛影臺，皆爲妙作。好音律，善易老，續皇甫謐《高士傳》三卷，嘗遊衡山七嶺，著《衡山記》《廬山記》。除以上數種《廬山記》外，宋代陳舜兪又作《廬山記》五卷。諸書所引《廬山記》部分條目，因不能判斷作者歸屬，姑將其另作一種，予以單列。

中山僧

　　中山僧表堅，面多瘢痕，偶溪中得石，如雞子，夜覺涼冷，信手磨面，瘢痕盡滅，後讀《博異志》曰：龍窠石，磨瘡瘢大效。（《雲仙雜記》卷四。）

三石樑

　　山有三石梁，廣不盈尺，俯眄杳然無底，吳猛將弟子過此梁，見老翁坐桂樹下，以玉盃承甘露與猛。（《藝文類聚》卷八十九。）

　　有左翁者，坐桂樹下，以玉盃承其露，與吳猛服之。（《事類備要》別集卷三十八。）

柂下溪

　　廬山之西嶺有甘水，曾有一柂從山頂流下，後人號柂下溪。（《北堂書鈔》卷一百三十八。）

竟山

　　若風輕竟山，有聲若雷，不十日便驗，土人常以爲候。（《北堂書鈔》卷一百五十一。）

龍崗

　　廬山有龍崗。（《北堂書鈔》卷一百五十七。）

　　北面大嶺對鼓山，峰東接黃龍山，山下有洞穴，世傳有黃龍出焉，西連雞棲山。（《北堂書鈔》卷一百五十八。此條，《北堂書鈔》各家版本所引不一。有引作《廬山記》者，亦有引作《廬山南嶺精舍記》者。）

人參

山中藥多人參。（《太平御覽》卷九百九十一。）

石斛

石門山，石間多生石斛。（《太平御覽》卷九百九十二。）

五老峰

棲賢寺東北有五老峰，廬山之勝，此爲最者。（《施注蘇詩》卷二十一。）

漱玉亭

山中瀑布十餘處，香爐峰與雙劍峰在瀑布旁，水源在五老峰頂，西入康王谷爲水簾，東爲開先之瀑布。（《施注蘇詩》卷二十一。）

四望石

在上化成寺之上。（《輿地紀勝》卷三十。）

香城廟

在永新縣北五里，神爲漢循吏召信臣，信臣嘗守零陵，香城庵乃信臣遺跡。（《輿地紀勝》卷三十一。）

柴桑

柴桑本縣名，陶潛宅在焉。（《通鑑綱目》卷十三。）

石門

西南有石門山，其狀似雙闕，壁立千仞，而瀑布流焉。（《輿地紀勝》卷二十五。）

《晉南京寺記》　佚名

《晉南京寺記》，卷亡，史志不著錄，唐《法苑珠林》引一條，今錄於下。

波提寺

波提寺在秣陵縣新林青陵。昔晉咸安二年，簡文皇帝起造，本名新林寺。

時歷陽郡烏江寺尼道容，苦行通靈，預知禍福，世傳爲聖慶。咸安初有烏巢殿屋。帝使常筮人占之曰：「西南有女人師，當能伏此怪。」即遣使至烏江迎聖慶，問：「此吉凶焉在？」慶曰：「修德可以禳災，齋戒亦能轉障。」帝乃建齋七日，禮懺精勤。法席未終，忽有羣鳥運巢而去，一時淨盡。帝深加敬信，因爲聖慶起此寺焉。（《法苑珠林》卷三十一。）

《南嶽記》　宋徐靈期

徐靈期，晉宋之際人。唐孟安排《道教義樞》所記有東晉隆安年間葛巢甫「傅道士任延慶、徐靈期之徒」事，北宋陳田夫《南嶽總勝集》卷中所記有晉太康八年「吳人徐靈期、新野先生鄧郁之開古王母奠基」事，宋張師正《括異志》卷七所記有「晉道士陳興明，施存尹道全，宋徐靈期，齊陳惠度，張曇要，梁張始珍，王靈輿，鄧郁之也。」元趙道一《歷世眞仙體道通鑒》卷三十三則言其「宋蒼悟王元徽元年九月九日沖眞」，觀衆家所記，其應生於東晉，卒於劉宋時，跨晉、宋兩代。《南嶽總勝集》所言「晉太康八年事」，爲西晉時事，或誤也。

徐靈期《南嶽記》，卷亡，史志不載，但《隋書·經籍志》載宋居士《衡山記》一卷，按宋居士，應爲「宗居士」之誤，「宗居士」即宗測，宗測嘗撰《衡山記》《廬山記》。《宋史·藝文志》亦有《衡山記》一卷，並有《南嶽衡山記》一卷，但不著作者，不知作者是否爲徐靈期。觀諸書所引徐靈期地記，既有言徐靈期《南嶽記》者，又有言徐靈期《衡山記》者，或以爲，《南嶽記》即《衡山記》，其全名應爲《南嶽衡山記》。徐靈期《南嶽記》，《編珠》卷一言爲「徐先生《南嶽記》」，《初學記》卷二十五所引作「傅先生《南嶽記》」，「傅」，當爲「徐」之形訛。

衡山

衡山者，五嶽之南嶽也，其來尚矣。至於軒轅，乃以潛、霍之山爲其副焉。故《爾雅》云霍山爲南嶽，蓋因其副焉，或云衡山，一名霍山。至漢武南巡，又以衡山南遠，道隔江漢，於是乃徙南嶽之祭於廬江潛山，此亦承軒

轅副義也。故南嶽衡山，朱陵之靈臺，太虛之寶洞，上承冥宿，銓德鈞物，故名衡山。下踞離宮，攝位火鄉，赤帝館其嶺，祝融託其陽，故號南嶽。週旋數百里，高四千一十丈，東南臨湘川。自湘川至長沙七百里，九向九背，然後不見。禹治水，登而祭之，因夢遇玄夷使者，遂獲金簡玉字之書，得治水之要。山有三峯，其一名紫蓋，天景明澈，有一雙白鶴徊翔其上。一峯名石囷，下有石室，中常聞諷誦聲。一峯名芙蓉，上有泉水飛流，如舒一幅練。《山海經》云衡山一名岣嶁山，其上多青雘，鳥多鸜鵒。（《初學記》卷五。此條，《初學記》言出徐靈期《南嶽記》及盛弘之《荊州記》。魏斌《書寫「南嶽」——中古早期衡山的文獻與景觀》一文認爲「山有三峯」句以上出徐靈期《南嶽記》，「山有三峯」下數句，屬於盛弘之《荊州記》。）

紫蓋、雲密

紫蓋、雲密二峰皆高五千餘丈，而雲密有禹治水碑，皆蝌蚪之字。碑下有石壇流水縈之，最爲勝絕，而紫蓋常有鶴集其頂，而神芝靈草生焉。下有石室，有香鑪、杵臼、丹竈。祝融峰上有碧玉壇，方五尺，東有紫梨，高三百尺，乃夏禹所植，實大如斗，赤如日，若得食，長生不死。義熙中，山人潘覺至峰西，石裂有物，出如紫泥，香軟可食，覺不知其石髓，竟不食，棄去。忽悟而還，已不見。（《南嶽總勝集》卷中。）

曲水壇

南嶽山上有飛流壇，懸水激石，飛湍百仞，即孫溫伯所喪身處也。又有曲水壇，水行石上成溝瀆，如世人臨河壇也。三月三日，時來逍遙。（《太平御覽》卷一百八十五。）

其山西曲水壇，水從石上行。士女臨河壇。三月三日所逍遙處。（《荊楚歲時記》。）

桂英巖

仙嶺數百步得桂英巖，昔人於此採桂英。（《編珠》卷一。此條，《編珠》引自徐先生《南嶽記》，徐先生，當即徐靈期。）

夏禹刻石

夏禹導水通瀆，刻石書名山之高，《南嶽文》云：高四千一十丈。南嶽，即衡山也〔一〕。（《五百家注昌黎文集》卷三。又見《初學記》卷五。）

〔校記〕
〔一〕此句，《初學記》無。

刀鋸銅銚

衡山之崗有石室，有古人住處，有刀鋸銅銚，及瓦香爐。（《藝文類聚》卷七十。）

衡山芝岡石室有瓦香爐。（《初學記》卷二十五。此條，《初學記》言出「傅先生《南嶽記》」，「傅」，當爲「徐」之形訛。）

南嶽

衡山者，五嶽之南嶽也，其來尚矣。至於軒轅，乃以灊、霍之山爲其副焉。（《初學記》卷五、《太平御覽》卷三十九。）

三十六洞

南嶽周廻八百里〔一〕，回雁爲首，麓嶽爲後〔二〕。（《方輿勝覽》卷二十四、又見《輿地紀勝》卷五十五。）

〔校記〕
〔一〕周廻八百里，《輿地紀勝》無。
〔二〕後，《輿地紀勝》作「足」。

朱陵洞天，名太虛小有之天。周廻八百里，中有青玉壇、光天壇、洞靈、原洞，眞墟四福地。廻雁爲首，嶽麓爲足。（《南嶽總勝集》卷上。）

朱陵洞

名大虛小有之天，三十六洞天中第三。（《方輿勝覽》卷二十三。）

衡山

當翼軫，度機衡，謂之衡山。山有錦石，斐然成文。（《太平御覽》卷三十九。）

《衡山記》　徐靈期

徐靈期《衡山記》，與徐靈期《南嶽記》當爲一書，茲將諸書所引徐靈期《衡山記》數條單列於下。

石壁

甘泉東〔一〕有石壁，禹所刻文在此。（《初學記》卷二十四。又見《太平御覽》卷一百八十七、《玉海》卷三十三。）

〔校記〕

〔一〕東，《玉海》作「宮」。

密峰有禹治水碑，皆蝌蚪文字，碑下有石壇，流水縈之，最爲勝絕。（《南嶽總勝集》卷上。）

《永嘉記》　宋謝靈運

謝靈運《永嘉記》，卷亡，史志不著錄。謝靈運（385-433），陳郡陽夏人，《宋書》有傳。祖謝玄，晉車騎將軍；父瑍，生而不慧，爲祕書郎。靈運幼便穎悟，博覽群書，文章之美，江左莫逮。從叔混特知愛之，襲封康樂公，食邑二千戶，以國公例除員外散騎侍郎。不就，爲琅邪王大司馬，行參軍。撫軍將軍劉毅鎮姑孰，以爲記室參軍，毅鎮江陵，又以爲衛軍從事中郎。又爲諮議參軍，轉中書侍郎。又爲世子中軍諮議，黃門侍郎。後因興叛被殺，年四十九。謝靈運著作頗豐，其地記作品除有《永嘉記》外，另有《遊名山志》一種。《永嘉記》，北宋《太平寰宇記》徵引一條，南宋《九家集注杜詩》又引一條，或其時仍存。按，晉宋永嘉郡，治永寧縣，即今浙江溫州。劉緯毅《漢唐方志輯佚》輯謝靈運《永嘉記》兩條。

百卉正發

百卉正發時，聊以小摘供日。（《九家集注杜詩》卷二十一。）

浦城縣

有二浦：一曰浦城，柘水源出建安吳興縣。此浦城俗爲越王城，以城臨浦，故曰浦城。（《太平寰宇記》卷一百零一。）

存疑

諸書所引除標明作者之《永嘉記》外，《太平寰宇記》又引「謝靈運《記》」一條，其不言篇名，所記縉雲山屬溫州，亦在永嘉郡地，與《永嘉記》合；其所言爲山，又與其《遊名山志》合，因不能判斷此條目歸屬，茲列於此，以備考證。

縉雲山

凡此諸山多龍鬚草，以爲攀龍而墜，化爲此草。又有孤石從地特起，高三百丈，以臨水，綿連數十峰，或如蓮花，或似羊角之狀。（《太平寰宇記》卷九十九。）

《遊名山志》　　宋謝靈運

謝靈運，《隋書·經籍志》言其有《遊名山志》一卷、《居名山志》一卷，新、舊《唐志》不載。《遊名山志》諸書多徵引，名稱不一，有稱《遊名山記》者，有稱《名山志》者，有稱《名山記》者。是書有序，見於《初學記》卷五。今諸書徵引不見《居名山志》，或以爲其與《遊名山志》爲一書。另外，《遊名山志》數條，與佚名《永嘉記》同。謝靈運有《永嘉記》一種，或是後人徵引時將二書互混。《遊名山志》，北宋諸書多徵引，當其時仍存，南宋諸書所引無出北宋諸書外者，或其南宋時已亡。其亡佚後，後世輯本較多。除謝靈運《名山記》外，宋沈立又著有《名山記》一百卷（見《玉海》卷十五），明愼蒙亦有《名山記》，另外，王嘉《拾遺錄》卷十亦名《名山記》。明清時書所引《名山志》、《名山記》條目或有出以上幾書的，因此，本書對明清時各書所引《名山記》、《名山志》不標明作者的各條目皆不再單列。顧紹柏、小尾郊一等皆輯謝靈運《遊名山志》數條。

《遊名山志》序

夫衣食，生之所資；山水，性之所適。今滯所資之累，擁其所適之性耳。俗議多云，歡足本在華堂，枕巖漱流者乏於大志，故保其枯槁。余謂不然，

君子有愛物之情，有救物之能，橫流之弊，非才不治，故有屈己以濟彼。豈以名利之場，賢於清曠之域耶！語萬乘則鼎湖有縱轡，論儲貳則嵩山有絕控。又陶朱高挹越相，留侯願辭漢傅。推此而言，可以明矣。(《初學記》卷五。)

羅勒

步廊山有一樹，如椒而氣是羅勒，土人謂爲「山羅勒」也。(《齊民要術》卷十。)

赤石

永寧、安固二縣中，路東南便是赤石，又枕海〔一〕。(《文選‧詩乙‧遊覽‧遊赤石進帆海》李善注。又見《(嘉定)赤城志》卷四十。)

〔校記〕
〔一〕此句，《(嘉定)赤城志》無。

石壁精舍

湖三面悉高山，枕水渚山，溪澗凡有五處。南第一谷，今在所謂石壁精舍。(《文選‧詩乙‧遊覽‧石壁精舍還湖中作》李善注。)

石門澗

石門澗六處，石門遡水上，入兩山口，兩邊石壁，右邊石巖，下臨澗水。(《文選‧詩乙‧遊覽‧登石門最高頂》李善注。)

神子溪

神子溪，南山與七里山分流，去斤竹澗數里。(《文選‧詩乙‧遊覽‧從斤竹澗越嶺溪行》李善注。)

桂林頂

桂林頂，遠則崅尖彊中。(《文選‧詩丁‧贈答三‧登臨海嶠出發彊中作與從弟惠連見羊何共和之》李善注。)

臨江樓

從臨江樓步路南上二里餘，左望湖中，右傍長江也。(《文選‧詩丁‧贈答三‧登臨海嶠出發彊中作與從弟惠連見羊何共和之》李善注。)

南門樓

始寧又北轉一汀七里，直指舍下園南門樓，自南樓百許步，對橫山。（《文選‧詩己‧雜詩下‧南樓中望所遲客》李善注。）

楓林嶺

楓林嶺、石潭溪、桂林嶺，白晝結陰，盛夏凝冰，近山之遠，遠山之近，有若羅穀映於巖間，俯觀木末，仰視星羅。（《編珠》卷一。）

芙蓉渚

芙蓉渚有聳石，頭如初生芙蓉，色皆〔一〕青白。（《藝文類聚》卷六。又見《太平御覽》卷五十二、《事類賦注》卷七。）

〔校記〕

〔一〕皆，《事類賦》無。

玉溜山

玉溜山，一名地肺山，一名浮山。（《藝文類聚》卷七。）

地肺山者，《王演山記》謂之木榴山，一名地肺。（《初學記》卷五。）

破石溪

破石溪南二百餘里，又有石帆，脩廣與破石等度，質色亦同。傳云，古有人以破石之半爲石帆，故名彼爲石帆，此名破石。（《藝文類聚》卷八。）

石門山

石門山，兩巖間微有門形，故以爲稱，瀑布飛瀉，丹翠交曜。（《藝文類聚》卷八。）

石簀山

石簀山，緣崖而上，高百許丈，裏悉青苔，無別草木。（《藝文類聚》卷八十二、《太平御覽》卷一千。）

赤巖山

赤巖山，水石之間，唯〔一〕有甘蕉林，高〔二〕者十丈。（《藝文類聚》卷八十七。又見《太平御覽》卷九百七十五、《記纂淵海》卷九十四。）

〔校記〕

〔一〕唯，《太平御覽》作「惟」。

〔二〕高，《太平御覽》作「深」。

紫杉

華子崗上紫〔一〕杉千仞，被在崖側。（《藝文類聚》卷八十九。又見《太平御覽》卷九百五十七、《爾雅翼》卷十二。）

〔校記〕

〔一〕紫，《太平御覽》無。

白猿

金州山西面杉竦，遍爲白猿所棲，竟夕哀鳴，行人所惡。（《藝文類聚》卷八十九。）

梔子

樓石山多梔子，其色可以染帛，其性極冷，其實經霜則紅，此物最有用也。（《杜工部草堂詩箋》卷十八。）

樓石山多梔〔一〕子。（《藝文類聚》卷八十九。又見《古今合璧事類備要》別集卷三十二、《全芳備祖》前集卷二十二、《太平御覽》卷九百五十九、《（嘉定）赤城志》卷十九。）

〔校記〕

〔一〕梔，《太平御覽》、《（嘉定）赤城志》作「支」。

支，樓石山多有之。（《（嘉定）赤城志》卷三十六。）

謝安

晉謝安適過山上，胡有蜜巖之也。（《北堂書鈔》卷一百四十七。）

高桐

吹臺有高桐，皆百圍。嶧陽孤桐，方此爲劣。（《初學記》卷二十八、《太平御覽》卷九百五十六、《事類賦注》卷二十五、《記纂淵海》卷九十五。）

高桐

吹臺有高桐，皆百圍，嶧陽孤桐方此爲劣。梧桐巖間生者，爲樂器則鳴。（《藝文類聚》卷八十八。此條，《類聚》言出「遜《山》」，或即《遊山記》之訛。亦有言此條出何遜《遊山記》者。）

黃精

天室山多黃精。（《（嘉定）剡錄》卷十。）

黃精

名室藥多黃精。（《太平御覽》卷九百八十九。）

步廊山

步廊山，在州東北二百二十里，從瑞安江入，遠望如有屋宇之形，因而名之。（《太平寰宇記》卷九十九。）

新溪蠣

新溪蠣味偏甘，有過紫溪者。（《太平御覽》卷九百四十二。）

章枕

樓石山多章枕，皆爲三四五圍。（《太平御覽》卷九百六十。）

泉山竹

泉山竹際及金州多麥門冬。（《太平御覽》卷九百八十九。）

芎藭

橫山諸小，草多芎藭。（《太平御覽》卷九百九十。）

恒山

橫陽諸山，草多恒山。（《太平御覽》卷九百九十二。）

牡丹

泉山多牡丹。（《太平御覽》卷九百九十二。）

紫苑

石室紫苑。（《太平御覽》卷九百九十三。）

龍鬚草

龍鬚草，惟東陽永嘉有。永嘉有縉雲堂，意者謂鼎湖攀龍鬚，時有墜落化而爲草，故有龍鬚之稱。（《太平御覽》卷九百九十四。）

縉雲山

縉雲山旁有孤石屹然干雲，高二百丈，三面臨水，周圍一百六十丈，頂有湖，生蓮花，有巖相近，名步虛山，遠而望之，低於步虛，迫而視之，步虛居其下。（《仙都志》卷上。）

山傍有孤石屹然，高二百尺，三面臨水，周圍一百六十丈。山頂有湖，生蓮花。（《方輿勝覽》卷九。）

縉雲山

中巖上有峰，高數十丈，或如蓮花，或如羊角，古老云黃帝嘗鍊丹於此。（《仙都志》卷上。）

孤石干雲，可高三百丈，黃帝煉丹於此。《郡國志》云「縉雲有瀑布，日照如晴虹，風吹如細雨」，即此山。（《太平寰宇記》卷九十九。）

異鳥

芙蓉山有異鳥，愛形顧影，不自藏，故爲羅者所得，人謂鴒鴇。（《太平御覽》卷九百二十八。）

閬山

閬中山多仙聖遊集焉。（《太平寰宇記》卷八十六、《太平御覽》卷四十四、《輿地紀勝》卷一百八十五、《杜工部草堂詩箋》卷二十。）

蘭巖

蘭巖在蘭溪，口竦二峰，峰頭如鳥翅。（《編珠》卷一。）

桂嶺

桂嶺左右叢生桂樹，遠望則空翠相映，濃淡色分。（《編珠》卷一。）

石匱

石匱下有渚，土人謂之聖人渚。（《編珠》卷一。）

天姥山

山上有楓千餘丈，蕭蕭然。（《太平寰宇記》卷九十六。）

天姥山上，長楓千餘丈，肅肅臨澗水。（《太平御覽》卷九百五十七。）

天姥山有楓木千餘丈。（《會稽三賦・會稽風俗賦》注。）

石室山

楠溪入一百三十里有石室，北對清泉，高七丈，廣十三丈，深六十步，可坐千人，狀如龜背，石色黃白，捫之聲如鼓。沿山石壁，高十二丈，古老傳云是石室步廊。(《太平寰宇記》卷九十九。)

細辛

松陽諸山，草多細辛。(《太平御覽》卷九百八十九。)

存疑

浮玉山

《山海經》有浮玉山，北望具區，今餘姚烏道北禾山與具區相望，即浮玉山。(《(萬曆)紹興府志》卷五。此條，《紹興府志》言為「宋謝靈運云」，但不著書名，顧紹柏《謝靈運集校注》將此條輯入謝靈運《遊名山志》。)

《南雍州記》　宋郭仲產

郭仲產《南雍州記》，《舊唐書・經籍志》言三卷，但言作者為郭仲彥。沈炳震《新舊〈唐書〉合鈔》則言為郭仲產作。羅士琳《舊唐書校勘記》卷二十八言：「沈本『彥』作『產』，云新《書》……按，新《志》載郭仲產《荊州記》二卷，故沈氏据之改『彥』為『產』，然考《隋・志》有郭仲彥《湘州記》一卷，未見『產』字，果是『彥』字，果非也。」〔註1〕。郭仲產（?-444年），晉、宋間人，里籍未詳，曾任尚書庫部郎。宋元嘉二十一年，南譙王劉義宣都督荊、雍、益、梁、甯、南北秦七州諸軍事，荊州刺史，仲產以王國從事，隨義宣鎮江陵。孝武帝即位，義宣為丞相，仍都督荊、湘、雍、益、梁、甯、南北秦八州諸軍事，荊、湘二州刺史，鎮江陵，仲產除尚書庫部郎，仍為丞相從事。同年六月，義宣以叛伏誅，仲產亦被殺，其《南雍州記》，當成書於元嘉二十一年至孝武帝即位之前數年間。此記，《方

〔註1〕黃惠賢輯校《南雍州記》序中言：酈道元注《水經》，於沔、淯、沅水、引《南雍州記》或稱「郭仲產曰」，均在割歸南雍州之襄陽五郡內，即為郭仲產撰《南雍州記》書文。見黃惠賢《校補襄陽者舊記・附錄》，鄭州：中州古籍出版社，1987年版，第115頁。

興勝覽》、《輿地紀勝》均徵引，南宋時應存，《宋史・藝文志》不見著錄，或亡於宋元之交。陳振孫《直齋書錄解題》云唐吳從政刪郭仲產《襄陽記》、鮑堅《南雍州記》等書爲《襄沔記》，姚振宗《隋書經籍志考證》「《湘州記》」條言「《南雍州記》，即陳《錄》所云《襄陽記》」，不知所據。清王謨以爲《南雍州記》僅梁時鮑至作一種，其《漢唐地理書鈔》中郭仲產《南雍州記》均不輯，並將郭仲產《南雍州記》數條輯入鮑至《南雍州記》。今人黃惠賢據各書輯得郭仲產《南雍州記》十六條，並認爲酈道元《水經注》，凡於沔、清、潕水諸條中稱「郭仲產曰」者，均爲郭仲產《南雍州記》。劉緯毅《漢唐方志輯佚》亦輯得郭仲產《南雍州記》十六條，但條目與黃書有異。南雍州，東晉時期置襄陽，宋齊梁因之，故置在今湖北襄陽。

穰

穰，楚之別邑。秦初侵楚，封公子悝爲穰侯〔一〕。後屬韓，秦昭王取之也〔二〕。（《史記・韓世家》張守節正義。又見《通鑒綱目》卷一下。）

〔校記〕
〔一〕公子悝，《通鑒綱目》作「魏冉」
〔二〕此二句，《通鑒綱目》無，其以「即此」結。

三礓道

望楚山有三礓道，上礓道名香爐峰。（《初學記》卷五。）

黃尙

黃尙爲司隸，咸服也。（《北堂書鈔》卷六十一。）

丹水

丹水合沟口。（《太平寰宇記》卷一百四十二。）

按：此條，吳卓信《漢書地理志補注》卷四言「析水即《水經》之沟水也，出析縣北，南入沔，謂之沟口」條出自《南雍州記》，但此書卷八又言此條出自《太平寰宇記》。考《太平寰宇記》，此條非《南雍州記》文。《寰宇記》卷一百四十二正文如下：「析水，即《水經》之沟水也，出析縣北，南入於沔，謂之沟口。郭仲產《南雍州記》：丹水合沟口。」郭仲產《南雍州記》者，實爲「丹水合沟」句，而非「析水，即水經之沟水也，出析縣北，南入於沔，謂之沟口」數句。清來集之《倘湖樵書》卷十亦將此數句納入郭仲產《南雍州記》，應非。

靈龜

　　石橋水，經南陽〔一〕，結爲池〔二〕，出靈龜，色如金縷也。（《北戶錄》卷一。又見《太平寰宇記》卷一百四十二。）

　　〔校記〕
　　〔一〕此句，《太平寰宇記》無。
　　〔二〕此句，《太平寰宇記》作「汙而爲池」。

武當山

　　武當山，廣三四百里〔一〕，山高巍峻，若博山香爐，苕亭峻極，干霄出霧。學道者常百數〔二〕，相繼不絕，若有於此山，學者心有隆替，輒爲百獸所逐。（《太平御覽》卷四十三。又見《太平寰宇記》卷一百四十三。）

　　〔校記〕
　　〔一〕廣，《太平寰宇記》作「廣圓」。
　　〔二〕百數，《太平寰宇記》作「數百」。

　　武當山，學道者常百數，若學者心有隆替，輒爲百獸所逐。有石門石室，相傳尹喜所棲之地。山在南陽縣界，而去洛陽甚近。（《輿地紀勝》卷八十五。）

　　武當山，山高隴峻，若博山香爐。廬山亦有香爐峰。（《事類賦注》卷七。）

石門、石室

　　（武當山）學道者常以百數。若學者心有隆替，輒爲百獸所逐。有石門、石室，相傳尹嘉所棲之地。山在南陽界，而去洛陽甚近。（《方輿勝覽》卷三十三、《輿地紀勝》卷八十五。）

　　武當山有石門、石室，相承云尹喜所棲之地。（《太平寰宇記》卷一百四十三、《太平御覽》卷四十三。）

　　武當山有石室，相承云是尹喜之室，有矩牀玉案。（《輿地紀勝》卷八十五。）

　　按，此條，《太平御覽》、《太平寰宇記》未言作者，但依《方輿勝覽》「學道者」條，此條同出「郭仲」，按，「郭仲」，應爲「郭仲產」之誤，因置此。

上黃縣

　　晉平吳，割臨沮之北鄉立上黃縣。（《太平寰宇記》卷一百四十五。）

　　按，此條內容，亦見於《水經注》，但《水經注》未言出處，或是酈氏參考《南雍州記》而未注作者。

析縣故城

相承言，此城漢高所築。(《水經注》卷二十。)

按，《水經注》此條僅言爲「郭仲產言」，考其位置，當爲丹水流經之上洛郡附近。上洛郡，劉宋時屬南雍州，此條應屬郭仲產《南雍州記》。王謨《漢唐地理書鈔》將此條輯入郭仲產《荊州記》。

博望故城

在郡東北百二十里，漢武帝置。校尉張騫隨大將軍衛青西征，爲軍前導，相望水草，得以不乏。元光六年，封騫爲侯國。(《水經注》卷三十一。)

按，「在郡東北」，此處所言「郡」當爲南雍州南陽郡，此條應出郭仲產《南雍州記》。此條，劉緯毅《漢唐方志輯佚》所輯郭仲產《南雍州記》僅引至「漢武帝置」句。黃惠賢輯《南雍州記》則全引，並言「楊守敬《水經注疏》以爲『在郡東北一百二十里』句，爲郭仲產《南雍州記》文，此後，則爲酈道元『鈔變《漢書·張騫傳》文』。按『漢武帝置』與上文爲一完整句，後文亦可認爲郭仲產鈔變《漢書》，不必爲酈文。」王謨《漢唐地理書鈔》輯此條入郭仲產《荊州記》。

酈縣故城

酈縣故城在支離山東南。(《水經注》卷三十一。)

按，酈道元此條僅言爲「郭仲產曰」，考酈縣，劉宋時屬南雍州南陽郡，此條應屬郭仲產《南雍州記》。王謨《漢唐地理書鈔》將此條輯入郭仲產《荊州記》。

三公城

宛城南三十里有一城，甚卑小，相承名三公城，漢時鄧禹等歸鄉，餞離處也。(《水經注》卷三十一。)

按，此條，酈氏亦僅言爲「郭仲產言」，考宛城，時屬南陽郡，其亦爲郭仲產《南雍州記》無疑。王謨《漢唐地理書鈔》將此條輯入郭仲產《荊州記》。

張平子碑

西鄂縣南，(淯) 水北有張平子墓，墓之東，側墳有平子碑，文字悉是古文，篆額是崔瑗之辭。夏侯孝若爲郡，薄其文，復刊碑陰爲銘。(《水經注》卷三十一。)

按，「夏侯孝若爲郡」數句，酈氏言爲「盛弘之、郭仲產竝云」，但不著篇名。

王謨《漢唐地理書鈔》將此條輯入郭仲產《荊州記》。考此處「夏侯孝若爲郡」，郡當爲南雍州南陽郡，其應爲郭仲產《南雍州記》。

馬仁陂

陂在比陽縣西五十里，蓋地百頃。其所周溉田萬頃，隨年變種，境無儉歲，陂水三周其隍，故瀆自隍西南而會於此，潕水不得復迤其南也。（《水經注》卷三十一。）

按，此條，酈氏言爲「郭仲產」作，比陽縣，劉宋時屬南雍州廣平郡，此條應爲郭仲產《南雍州記》。王謨《漢唐地理書鈔》將此條輯入郭仲產《荊州記》。

方城

苦菜、于東之間有小城，名方城，東臨溪水。尋此城致號之由，當因山以表名也。（《水經注》卷三十一。）

按，酈氏此條亦言爲「郭仲產曰」，《水經注》此條釋潕水，言「潕水出黃城山，東北逕方城」，潕水爲汝水右岸一條支流，屬今河南省方城縣。苦菜、方城屬葉縣，《永初郡國志》言葉縣，時屬南陽郡，則其應爲郭仲產《南雍州記》。王謨《漢唐地理書鈔》入郭仲產《荊州記》。

襄陽

劉表嗣子北降襄陽，沔北爲戰伐之地，自羊公鎮此，吳不復入。（《太平寰宇記》卷一百四十五。《寰宇記》此條僅言出自「郭仲產」，黃惠賢將此條輯入郭仲產《南雍州記》。王謨《漢唐地理書鈔》則將此條輯入郭仲產《荊州記》。）

樊

樊，本仲山甫之國。（《太平寰宇記》卷一百四十五。）

按，《寰宇記》言此條爲「《荊州圖副》、郭仲產、摯虞等《記》俱云」，考樊城，其屬鄧縣，屬京兆郡，郭仲產此《記》當爲《南雍州記》。

《仇池記》　　宋郭仲產

《仇池記》，卷亡，史志不著錄，據各書所引，作者爲郭仲產。仲產，

已詳《南雍州記》。仇池，晉太元中置，即漢武都郡，北魏曰南秦州仇池郡，即今甘肅成縣。郭仲產《仇池記》，唐及北宋時書多徵引，南宋以後書未見引者，或其亡於兩宋之交。

燕子崖

武興城下有燕子崖。(《初學記》卷八。)

苜蓿園

城東有苜蓿園，園中有三水碓〔一〕。(《太平御覽》卷八百二十四。又見《初學記》卷二十三、《太平御覽》卷一百九十七、《錦繡萬花谷》後集卷二十五。)

〔校記〕

〔一〕此句，《初學記》、《太平御覽》卷一百九十七、《錦繡萬花谷》無。

仇池

仇池百頃〔一〕，周廻九千四十步，天形四方，壁立千仞。自然樓櫓却敵，分置調均，竦起數丈，有踰人功〔二〕。仇池凡二十一道，可攀緣而上〔三〕。東西二門，盤道下至上，凡有七里。上則崗阜低昂，泉流交灌〔四〕。(《後漢書·南蠻西南夷列傳》李賢等注。又見《資治通鑑補》卷八十二、《冊府元龜》卷九百六十一。)

〔校記〕

〔一〕百，《冊府元龜》闕。

〔二〕功，《資治通鑑補》作「力」，《冊府元龜》作「工」。

〔三〕此句，《冊府元龜》作「仇池凡二十三道，可手緣而上」，《資治通鑑補》無。

〔四〕此句後，《資治通鑑補》有「煮土成鹽」一句。

庫下

仇池縣庫下，悉安織婢，綾羅絹布，數十張機。(《太平御覽》卷八百二十六。)

石膽川

石膽川，平池出石膽。(《太平御覽》卷九百八十七。)

石角

石角外向〔一〕，如雉堞，唯一門可通。(《杜詩詳注》卷六。又見《杜詩詳注》

卷三、《杜詩詳注》卷九。）

〔校記〕

〔一〕《杜詩詳注》卷九僅存此句；《杜詩詳注》卷三此句後以「占據也」結。

存疑

盤遊飯

南人用鮓脯膾炙埋飯中，日盤遊飯。（《華夷花木鳥獸珍玩考》卷五。此條，《花木鳥獸珍玩考》言出《仇池記》，清前書未見引者。郭仲產《仇池記》宋代時已亡佚，《華夷花木鳥獸珍玩考》此條，不知從何處輯得，兹存疑。）

蜜丸

昔有人患內障眼，用熟地黃、麥門、冬車前子三味爲細末蜜丸，如梧桐子大（此方儘可用），《本草》云三物相雜，治內障眼有效。（《名醫類案》卷七。按，此條，汪瓘言出自東坡《仇池記》，應爲東坡《仇池筆記》。）

芍藥

揚州芍藥爲天下冠。（《御選唐詩》卷六。此條，《御選唐詩》言出《仇池記》，考之，實出蘇軾《仇池筆記》。）

洛洞

晉武時，人墜洛洞，見龜服日光，倣之，不饑，後得出。今種用日暴火養，而頃刻開花，則藥作銀卵，而火養之，其爲用也明矣。（《物理小識》卷三，此條僅見於清《物理小識》，此前書目不載，疑非《仇池記》也。）

《荆州記》　　宋郭仲產

郭仲產《荆州記》，《新唐書·藝文志》言二卷。郭仲產，詳前。是書《新唐書》載之，則北宋時仍存。南宋各書不見載，《宋史·藝文志》亦不著錄，或南宋時已亡，清陳運溶《麓山精舍叢書》輯得是書二條，王謨《漢唐地理書鈔》輯得一卷。余知古《渚宮舊事》補遺言「郭仲產爲南郡王從事，宅有枇杷樹，元嘉末起齋屋，以竹爲栭，竹遂漸生枝葉，條長數尺，

扶疎蓊翠，鬱然如林，仲產以爲吉祥，俄而同義宣之謀，被誅焉。」《史通》卷十二「外篇」言《十六國史》「內有宋尙書庫部郞郭仲產、北中郞參軍王度追撰石事，集《鄴都記》、《趙記》等書。」王謨《漢唐地理書鈔》認爲郭仲產《荊州記》當作於其爲南郡王從事時。

夏水

　　（陶朱冢）在（華容）縣東十里，撿其碑題云：故西戎令范君之墓。碑文缺落不詳，其人稱蠡是其先也。(《水經注》卷三十二。按，《水經注》此條僅言爲「郭仲產言」，不著書名，但考其所言華容縣，劉宋時屬荊州之南郡，其當爲郭仲產《荊州記》。)

赤岬山

　　（赤岬山）南連基白帝山，甚高大，不生樹木，其石悉赤，土人云：如人袒胛，故謂之赤岬山，郭仲產曰：斯名將因此而興矣。(《水經注》卷三十三。按，《水經注》僅言此條出郭仲產，未言書名，但考赤岬山所屬之魚復縣，劉宋時屬荊州之巴東國，其應爲郭仲產《荊州記》。)

巫山

　　按《地理志》，巫山在（巫）縣西南，而今縣東有巫山，將郡、縣居治無恆故也。(《水經注》卷三十四。此條，《水經注》言爲「郭仲產云」，未言書名，考巫山所處之巫縣，時屬荊州之建平郡，其當爲郭仲產《荊州記》。)

枝江

　　尋楚禰巴人，枝江是其塗。便此津鄉，殆即其地也。(《水經注》卷三十四。此條，《水經注》言爲「郭仲產曰」，並未言篇名。考枝江，劉宋時屬南郡，在荊州，其應爲郭仲產《荊州記》。)

鳳凰崗

　　安陸縣有鳳凰岡，中有黃瓊墓。(《編珠》卷一。)

昭王墓

昭王墓在江陵西北百餘里沮水之西。（《渚宮舊事》卷二。）

奉城

江津長車之領百家，主渡江南諸州貢奉，謂之奉城。（《太平寰宇記》卷一百四十六。）

夏水

此水冬塞〔一〕夏通，因名夏水也。（《太平寰宇記》卷一百四十六。又見《太平御覽》卷五十九。此條，《寰宇記》僅言爲「郭仲産云」，不著篇名。按，夏水所流經華容、監利、江陵等縣，時屬荊州之南郡，其應爲郭仲産《荊州記》。）

〔校記〕

〔一〕冬塞，《太平御覽》作「冬斷」。

存疑

青草湖

青草湖，一名洞庭湖；雲夢澤，一名巴邱湖。（《（光緒）湖南通志》卷末之一。此條，《寰宇記》言「雲夢澤，一名巴邱湖」句出自《宋永初山川古今記》，《事類備要》、《群書通要》言此條出自《荊州記》，但不著作者，唯《（光緒）湖南通志》卷末「雜志」言此條出自郭仲産《荊州記》，不知所據爲何。）

三峽

巴東三峽猿長鳴，至三聲，聞者莫不垂淚。（《格致鏡原》卷八十七。此條，《錦繡萬花谷》卷三十八言出《荊州記》，但不著作者，《格致鏡原》言此條爲郭仲産作，不知所據爲何。）

江水

江水方出峽，勢如建瓴，夏秋汎漲，頃刻千里。然彝陵而上，山阜夾岸，勢不能溢，嘉魚而下，江面浩闊，順流直注。（《讀史方輿紀要》卷一百二十八。此條，《讀史方輿紀要》言出自郭仲産《荊州記》，《陶樓文鈔》卷二則言出自《湖北通志》，不知二者孰對。）

《湘州記》　宋郭仲產

郭仲產《湘州記》，《隋書·經籍志》言爲一卷，新、舊《唐志》皆不載，《太平御覽》、《太平寰宇記》諸書徵引，當是書北宋時尚存。南宋諸書不見著錄，是書或亡於兩宋之交。郭仲產《湘州記》，諸書徵引亦有作《湘中記》者，然考其所錄條目，實與《湘州記》同，二者應爲一書也。郭仲產，詳見《南雍州記》。

酃湖

（衡陽）縣東〔一〕有酃湖，周二十里，深八尺，湛然綠色。〔二〕土人取此水以釀酒〔三〕，其味醇美，所謂酃酒，每年嘗獻之。〔四〕晉帝〔五〕平吳，始薦酃酒於太廟。（《太平寰宇記》卷一百一十五。又見《太平御覽》卷八百四十五、《方輿勝覽》卷二十四。此條，《太平寰宇記》、《太平御覽》皆言出郭仲產《湘州記》，《方輿勝覽》言出郭仲產《湘中記》。「中」，或爲「州」之誤。）

〔校記〕

〔一〕縣東，《太平御覽》作「縣東南」，《方輿勝覽》作「縣東二十里」。

〔二〕此三句，《太平御覽》無。

〔三〕取此水以釀酒，《方輿勝覽》作「取以釀酒」。

〔四〕此二句，《方輿勝覽》無。

〔五〕晉帝，《太平御覽》作「晉」，《方輿勝覽》作「晉武帝」。

衡陽縣東有酃湖，釀酒醇美，所謂酃酒。晉平吳，始薦酃酒於廟是也。（《事類賦注》卷十七。）

湘州臨水縣有酃湖，取水爲酒，名曰酃酒。（《文選·賦丙·京都下·吳都賦》李善注。）

木客

平樂縣縈山多曲竹，有木客，形似小兒，歌哭、行坐、衣服不異於人，而能隱形。山居崖宿，至精巧。時出市易，作器，人亦無別，就人換借，此皆有信義，言語亦可解，精器木理也。（《太平寰宇記》一百六十三。）

平樂縣西七十里，有榮山，上多有木客。形似小兒，歌哭衣裳，不異於人。而伏狀隱現不測。宿至精巧。時市易作器，與人無別。就人換物亦不計

其值。今昭州平樂縣。(《太平廣記》卷四百八十二。此條,《太平廣記》轉引自《洽聞記》。)

　　平樂縣榮山中多曲竹,有木客,形似小兒,歌哭行坐,衣服不異於人,而能隱形。山居,時出,市易作器,人亦無別。(《輿地紀勝》卷一百零七。)

　　昭州平樂縣榮山多曲竹。(《竹譜》卷六。)

　按,此條,《太平寰宇記》、《太平廣記》皆言出郭仲產《湘州記》,《輿地記勝》、《竹譜》則言出郭仲產《湘中記》。

湘州

　　晉永嘉元年分諸部置湘州,以西臨湘水爲名。(《太平寰宇記》卷一百一十四。)

三叢山

　　三叢山石室高二丈。(《太平寰宇記》卷一百一十六。)

寒泉井

　　其水清美,汲之則注而不竭,不汲則滿而不溢。(《太平寰宇記》卷一百一十四。)

《秦州記》　　宋郭仲產

　　郭仲產《秦州記》,卷亡,史志不著錄。郭仲產,已詳上。秦州,三國魏置,治上邽,即今甘肅天水。此書,北宋時各書多引,南宋時《海錄碎事》亦徵引,或其南宋時仍存。此書或亡於宋元之交。民國時,天水馮國瑞輯郭仲產《秦州記》一卷(天水縣志局,1943 年版)。劉緯毅《漢唐方志輯佚》亦輯郭仲產《秦州記》數條。

河崖二窟

　　河崖傍有二窟:一曰唐術窟〔一〕,深四十餘丈〔二〕,高四十餘丈〔三〕,中有三佛寺,流泉浴池〔四〕,鑿石作丈六像三百餘區〔五〕;其西二里,則曰時亮窟〔六〕,高百丈〔七〕,廣二十丈〔八〕,深三十丈,亦有泉水〔九〕,藏古書五卷〔十〕。(《太平御覽》卷五十五。又見《水經注》卷二、《北堂書鈔》卷一百五十七。)

〔校記〕

〔一〕術，《水經注》作「述」。

〔二〕此句，《水經注》無。

〔三〕此句，《水經注》作「高四十丈」，《北堂書鈔》無。

〔四〕此二句，《水經注》無。

〔五〕此句，《北堂書鈔》作「而作佛像」，《水經注》無。

〔六〕此句，《水經注》作「西二里有時亮窟」。

〔七〕此句，《北堂書鈔》無。

〔八〕二十，《北堂書鈔》作「二」。

〔九〕此句，《水經注》無。

〔十〕五卷，《水經注》作「五筒」。

唐術窟〔一〕

在郡西龍支谷，彼人亦罕有至者，其窟內有物，若似今書卷，因謂之精巖。巖內時見神人往還，蓋古仙所居耳。羌胡懼而莫敢近，又謂鬼為唐術，故指此為唐術窟。（《太平御覽》卷五十五。此條，出《太平御覽》卷五十五，此條上接「河崖二窟」條，「河崖二窟」條出自《秦州記》，而此條開頭以「又曰州圖經曰」始，其言「州圖經」者，不知是否為《秦州記》所引用，故置此。）

武都郡湖

武都山前有湖〔一〕，冬夏無增減〔二〕。義熙初，有白龍於此湖升天。（《藝文類聚》卷九。又見《北堂書鈔》卷一百五十九、《初學記》卷七、《太平御覽》卷六十六。）

〔校記〕

〔一〕武都山，《北堂書鈔》、《初學記》、《太平御覽》均作「武都郡」。

〔二〕此句，《北堂書鈔》、《初學記》、《太平御覽》均無。

天水郡湖

（天水）郡前有湖水〔一〕，冬夏無增減〔二〕。或說天水取名由此湖也〔三〕。（《太平御覽》卷一百六十五。又見《太平御覽》卷一百九十二、《事類備要》別集卷三、《太平寰宇記》卷一百五十、《資治通鑒補》卷三十九。此條，《寰宇記》言出《秦川記》，「川」，應為「州」之誤。）

〔校記〕

〔一〕此句，《太平御覽》卷一百九十二作「天水郡治上邽城前有湖水」，《太平寰宇記》、《資治通鑒補》作「郡前湖水」。

〔二〕此句，《太平御覽》卷一百九十二作「冬夏中停無增減」。

〔三〕此句，《太平御覽》卷一百九十二作「天水取名，由此湖也」，《古今合璧事類備要》作「因以名焉」，《太平寰宇記》作「天水取此名縣」，《資治通鑑補》作「因以名焉」。

太一山

太一山，古文以爲終南山。（《初學記》卷五。）

麻壘

枹罕城西有麻壘，壘中可容萬眾。（《初學記》卷八。）

萬石泉

隴西郡東一百六十里得隴山〔一〕，山東人西役，升此而顧瞻者〔二〕，莫不悲思〔三〕。（《太平御覽》卷四百八十八。又見《藝文類聚》卷三十四。按，「萬石泉」條，各書引用甚多，但文字、內容均有較大差異，姑將文字相類者排列出校。文字差異較大者單獨列出。）

〔校記〕

〔一〕此句，《藝文類聚》作「隴西郡有隴山」。

〔二〕此二句，《藝文類聚》作「山東人升此而顧瞻者」。

〔三〕此句，《藝文類聚》作「莫不悲思哀傷」。

隴山東西四〔一〕百八十里。登山嶺東望秦川，四五百里，極目泯然。山東人行役，至〔二〕此顧瞻者，莫不悲思。故歌曰：「隴頭流水，分離四下。念我行役，飄然曠野。登高遠望，涕零雙墮。」（《海錄碎事》卷三上。又見《資治通鑑補》卷四十。）

〔校記〕

〔一〕四，《資治通鑑補》無。

〔二〕至，《資治通鑑補》作「升」。

隴山東西百八十里。登山嶺，東望秦川四五百里，極目泯然。山東人行役升此而顧瞻者，莫不悲思。故歌曰：「隴頭流水，分離四下。念我行役，飄然曠野。登高遠望，涕零雙墜。」渡汧、隴，無蠶桑，八月乃麥，五月乃凍解。（《後漢書·郡國志五》劉昭注補。）

隴西郡隴山，其上懸巖吐溜於中嶺泉渟，因名萬石泉。泉溢，漫散而下，溝澮皆注。故北人升此而歌曰：「隴頭流水，流離四下。念我行役，飄然曠野。登高遠望，涕零雙落。」（《初學記》卷十五。）

　　隴西郡東一百六十里得隴山，南北互接，不知遠近，東西廣百八十里，其高處可三四里，登此嶺東望秦川四五百里，極目茫然，墟宇桑梓，與雲霞一色。東人西役，升此而顧瞻者，無不悲思。其上有懸嚴吐霤，於嶺中淵停，名曰萬石淵，溢流散下，皆注於渭，故北人升此而歌。（《太平御覽》卷五十六。）

　　登隴，東望秦川，四五百里，極目泯然。墟宇桑梓，與雲霞一色。其上有懸溜，吐於山中，匯爲澄潭，名曰「萬石潭」。流溢散下，皆注於渭，山東人行役，升此而顧瞻者，莫不悲思。其歌云：「隴頭之水，分離四下。念我行役，飄然曠野。登高遠望，涕零雙墮。」是此也。（《太平寰宇記》卷三十二。）

　　隴山東西百八十里，在隴州汧源縣西。（《後漢書·隗囂公孫述列傳》李賢等注。）

仇池山

　　仇池山，本名仇維山，形似覆壺〔一〕，上廣百頃，下周數十里，高二十餘里〔二〕，壁立千仞，自然樓櫓却敵，分置均調，竦起數丈，有如人力也。（《太平御覽》卷四十四。又見《事類賦注》卷七。）

　〔校記〕

　〔一〕覆壺，《事類賦注》作「覆囊」。

　〔二〕此二句，《事類賦注》無。

　　仇池山，一名仇維山，上有池似覆壺。（《太平御覽》卷一百六十七。）

　　仇池山，本名仇維山，山上有池，似覆壺，有瀑布，望之如舒布。（《太平寰宇記》卷一百三十四。按，《寰宇記》言此條出自郭仲產《秦川記》，川，當爲「州」之誤也。）

金城郡

　　金城郡，漢昭元始六年所置〔一〕。應劭云：初築城得金，故曰金城。凡城皆稱金，言其固也，故《墨子》稱金城湯池〔二〕。（《太平御覽》卷一百九十二。又見《藝文類聚》卷六十三。）

　〔校記〕

　〔一〕此句，《藝文類聚》作「漢元始六年置」。

　〔二〕此三句，《藝文類聚》無。

蒲萄

　　秦野多蒲萄。（《藝文類聚》卷八十七、《太平御覽》卷九百七十二。）

神婦

古有神婦，負土欲塞谷，繩絕墜負押木，因成二樹，其大數圍。（《太平御覽》卷五十四。）

石臼

成紀縣有石臼，中水深數尺，水旱無增減，故名其地爲天水郡。（《太平御覽》卷五十九。）

鳳林川

枹罕原北名鳳林川〔一〕，川中則黃河東流也〔二〕。（《水經注》卷二。又見《太平御覽》卷六十八、《杜工部草堂詩箋》卷十五。）

〔校記〕

〔一〕名，《太平御覽》作「有」，《杜工部草堂詩箋》無。

〔二〕此句，《太平御覽》作「川中則黃河水東流」；《杜工部草堂詩箋》作「山中有黃河水東流」。

枹罕

枹罕有河夾岸〔一〕，岸廣四十丈。義熙中，乞佛於此河上作飛橋，橋高五十丈，三年乃就。（《水經注》卷二。又見《資治通鑒補》卷一百零四。）

〔校記〕

〔一〕《資治通鑒補》僅存此句。

著裙

婦人著裙，制乃三千餘幅。（《太平御覽》卷六百九十六。）

乞伏虜乾歸

乞伏虜乾歸，未移枹罕金城見鼠有數萬頭，將諸小鼠，各銜馬屎，羣移而度洮、麗二水，悉止枹罕，自是二年，而乾歸徙焉。（《藝文類聚》卷九十五、《太平御覽》卷九百一十一。）

當歸

隴西襄武縣有牛山，是出當歸。（《太平御覽》卷九百八十九。）

黃耆

隴西襄武縣出黃耆。（《太平御覽》卷九百九十一。）

利山

（上邽）縣北有利山，川中平地有土堆，高五丈，生細竹，翠茂殊常。二楊樹大數十圍，百姓祀之。（《後漢書·郡國志五》劉昭注補。）

隴阪

隴阪九曲，不知高幾里。（《文選·詩己·雜詩上·四愁詩四首》李善注。）

南安郡

中平五年，分置南安郡。（《後漢書·郡國志五》劉昭注補。此條，《後漢書》注補言出《秦州記》，不著作者。《資治通鑒補》卷六十四亦引此條，作《秦川記》。洪亮吉《卷施閣集》言《資治通鑒補》所引出自《續漢書》所引《三秦記》，當誤。《廿二史考異·續漢書》卷二言出《秦中記》。）

天水

天水縣界無山，有水一派，北流入長道縣界。（《杜工部草堂詩箋》卷十五。）

存疑

坳澤

坳澤，河水之所潛也，其源渾渾泡泡者也，東去玉門、陽關一千三百里。（《御定淵鑒類函》卷三十二。此條，《淵鑒類函》言出自《秦州記》。《水經注》等書言此條出《山海經》。）

瓦亭水

瓦亭水出隴山，東北斜趨，西南流經成紀、略陽、顯親界，又東南出新陽峽而入於渭。（《讀史方輿紀要》卷五十九。此條，清前書未有言出《秦州記》者，不知《方輿紀要》從何處輯得此條。）

《襄陽記》　　宋郭仲產

郭仲產《襄陽記》，今所見僅《水經注》卷三十一所引一條，所記爲南陽郡事。但黃惠賢《校補襄陽耆舊記》、劉緯毅《漢唐方志輯佚》均將此條

當作郭仲產《南雍州記》。按，南陽郡，劉宋時與襄陽郡並屬南雍州，各家或以南陽不屬襄陽，所以均將此歸入《南雍州記》。王謨《漢唐地理書鈔》將其輯入郭仲產《荊州記》，又將此條重輯入鮑至《南雍州記》。宋陳振孫《直齋書錄解題》卷八《襄沔記》題解云：「唐吳從政撰刪宗懍《荊楚歲時記》、盛宏之《荊州記》、鄒閎甫《楚國先賢傳》、習鑿齒《襄陽耆舊傳》、郭仲產《襄陽記》、鮑堅《南雍州記》集成此書，其紀襄漢事蹟詳矣。」依陳振孫之意，則當時必有郭仲產《襄陽記》，今將其單列爲《襄陽記》一種。清武英殿本《水經注》明言此條「廣字彥輔」後爲衍文。襄陽，晉宋時屬荊州，即今湖北省襄陽市。

樂廣故宅

南陽城南九十里有晉尚書令樂廣故宅，廣字彥輔，善清言，見重當時。成都王，廣女壻，長沙王猜之，廣曰：「寧以一女而易五男。」猶疑之，終以憂殞。其故居，今置戍，因以爲名。(《水經注》卷三十一。)

《湘州記》　甄烈

甄烈，始末未詳，《太平御覽》所引其《湘州記》，有言「宋大明」年間事，則其當生活於劉宋年間或此後。除《太平御覽》外，各書所引既有言甄烈《湘州記》者，又有言甄烈《湘中記》者，二書史志不見著錄，條目亦各不相同，姑將二書單列。清許鳴磐《方輿考證》卷六十四言《太平御覽》所引《湘州（川）記》「白騎山」條爲甄烈著，其言「按《湘州記》乃甄烈著，非《湘中記》也」，品其意思，似甄烈並無《湘中記》一書，但許氏不言其立論之由，不知其所據爲何。甄烈《湘州記》，清陳運溶《麓山精舍叢書》，王仁俊《玉函山房輯佚書補編》皆輯。劉緯毅《漢唐方志輯佚》亦輯甄烈《湘州記》數條。

石燕山

石形似鷰，大小如一，山明雲〔一〕淨，即翩翩〔二〕飛翔。(《太平御覽》卷四十九。又見《太平御覽》卷一百七十一。)

〔校記〕

〔一〕雲，《太平御覽》卷一百七十一無。

〔二〕翩翩，《太平御覽》卷一百七十一作「頡頑」。

湘東

宋〔一〕大明中，望氣者云湘東有天子氣，遣日者巡視，斬崗〔二〕以厭之，尋乃湘東王爲天子，即明帝也〔三〕。（《太平御覽》卷一百七十一。又見《太平寰宇記》卷一百一十五。此條，金《地理新書》卷九言出《湘水記》。）

〔校記〕

〔一〕宋，《太平寰宇記》無。

〔二〕崗，《太平寰宇記》作「山崗」。

〔三〕此二句，《太平寰宇記》作「遂立湘東王爲天子」。

九疑山

其山峰數有九，秀峙若一。（《太平寰宇記》卷一百一十七。）

長沙

始皇二十五年併天下，分黔中以南之沙鄉爲長沙郡，以統湘川，蓋取星以名焉〔一〕。（《太平御覽》卷一百七十一。又見《太平寰宇記》卷一百一十四。《寰宇記》言此條出甄烈《湘州記》，《太平御覽》言出《湘州記》，不著作者，當省作者名也。《輿地紀勝》卷五十七所引較略：「秦始皇二十五年併天下，分黔中以南爲長沙。」言出甄烈《湘中記》。）

〔校記〕

〔一〕此句，《寰宇記》無。

銅官山

蓋楚之鑄錢處，故曰「銅官山」。（《太平寰宇記》卷一百一十四。此條，《寰宇記》言出甄烈《湘川記》。）

霍山

漢武以衡山遙遠，以廬江霍山假而謂焉。後人誤以衡山爲霍山。（《太平寰宇記》卷一百一十四。）

《湘中記》　甄烈

玉笥山

屈潭之左有玉笥山，屈平之放，棲於此山，而作《九歌》焉。（《方輿勝覽》卷二十三。此條，《水經注》引「屈潭之左有玉笥山」句，言出羅含《湘中記》。）

《湘州（川）記》　佚名

除《隋書·經籍志》所載庾仲雍《湘州記》二卷、郭仲產《湘州記》一卷外，《新唐書·藝文志》又載《湘州記》四卷，不著撰者。此外，《新唐書·藝文志》又載有《湘州圖副記》一卷，亦不著作者。另外，甄烈亦有《湘州記》。唐宋諸書徵引各《湘州記》條目，多有不著明作者的，茲將其另作一種，予以單列。此外，諸書徵引又有《湘川記》一種，考其條目，多與各家所引《湘州記》同，如《白孔六帖》卷一所引《湘川記》「石燕」條與《初學記》卷一、《太平御覽》卷九所引庾仲雍《湘州記》同；《太平御覽》卷四十三所引《湘川記》「文竹山」條與《初學記》卷八以及同書卷九百六十二所引《湘州記》同，「川」，當為「州」之形誤，《湘川記》，當即《湘州記》也。《太平廣記》所引有羅含《湘川記》一條，但觀其所記，實為羅含《湘中記》，羅含《湘川記》，則應為《湘中記》之誤。《太平廣記》徵引羅含《湘中記》時已誤，宋鄭樵《通志》、元焦竑《國史經籍志》又從其誤，皆言「《湘川記》一卷，羅含撰」，似皆從《太平廣記》之誤也。

銀山

曲江縣有〔一〕銀山，山多〔二〕素霧。（《編珠》卷一。又見《初學記》卷二、《太平御覽》卷十五、《太平御覽》卷八百一十二、《事類賦注》卷三、《錦繡萬花谷》後集卷二。）

〔校記〕

〔一〕有，《太平御覽》卷八百一十二、《事類賦注》無。

〔二〕多，《太平御覽》卷十五、《錦繡萬花谷》作「常多」。

茱萸江

邵陵縣有大溪，名茱萸江。（《編珠》卷一。）

資水，一名茱萸江。（《太平御覽》卷六十五。）

逃石

曲江縣有逃石，本在桂陽，夜因雷雨，失之，故名逃石。（《編珠》卷一。）

繞川行舟

繞川行舟，遙望若一樹葉。（《編珠》卷四、《北堂書鈔》卷一百三十七。）

蒼梧

舜巡狩蒼梧而崩，三妃不從，思憶舜〔一〕，以淚染竹，竹盡爲班〔二〕。（《藝文類聚》卷三十二。又見《白氏六帖事類集》卷六、《事類備要》前集卷二十八。此條，《白氏六帖事類集》言出《相川記》，《事類備要》言出《湘川記》。）

〔校記〕

〔一〕此句，《白氏六帖事類集》、《事類備要》無。

〔二〕此句，《白氏六帖事類集》作「竹盡成班而死」。

昭潭

益陽〔一〕有昭潭，其下無底，湘洲最深處也。或謂周昭王南征不復，沒於此潭，因以爲名〔二〕。（《太平御覽》卷六十六。又見《初學記》卷八、《岳陽風土記》。）

〔校記〕

〔一〕益陽，《初學記》作「岳陽」，《岳陽風土記》作「岳州」。

〔二〕此三句，《初學記》、《岳陽風土記》無。

昭潭

潭州地名曰昭潭。（《書敘指南》卷十四。）

羽瀨

石子山西有小溪，水石映澈，名之羽瀨。昔關羽南征，頓此山下，因以爲名。（《初學記》卷八。）

石子山溪西有小溪，溪水映徹。關羽南征嘗憩此，因名羽瀨，今廟亦以此名之。（《岳陽風土記》。）

青壇紫蓋

祝融峰上有青玉壇，方五丈，有蓋，香峰行道處。（《初學記》卷八。）

菁口蘭巖

都溪又西北流入〔一〕營水，謂之菁口。（《初學記》卷八。又見《太平寰宇記》卷一百一十六。）

〔校記〕

〔一〕流入，《太平寰宇記》作「合」。

義帝廟

郴縣南有義帝廟，百姓祭之。（《初學記》卷八。）

石牀雲水

耒陽〔一〕文斤山〔二〕上有石床，方高一丈〔三〕，四面綠竹扶踈〔四〕，常〔五〕隨風委拂。此床〔六〕天旱則禱雨，時應〔七〕。（《太平御覽》卷四十九。又見《初學記》卷八、《太平寰宇記》卷一百一十五、《輿地紀勝》卷五十九。此條，《太平御覽》、《輿地紀勝》皆言出《湘川記》。）

〔校記〕

〔一〕耒陽，《初學記》、《太平寰宇記》、《輿地紀勝》無。

〔二〕文斤山，《輿地紀勝》作「竹山」。

〔三〕此句，《輿地紀勝》作「高一丈四尺」。

〔四〕踈，《太平寰宇記》作「疏」。

〔五〕常，《太平寰宇記》作「嘗」，《輿地紀勝》作「當」。

〔六〕此床，《太平寰宇記》無。

〔七〕此二句，《初學記》無。

邵陵高平縣有文竹山，上有石牀，四面綠竹扶踈，常隨風委拂此牀。（《太平御覽》卷九百六十二。）

泉石山

曲江縣東有錢石山，其狀四方，有若墓，其石三面壁立，上有〔一〕碎石如錢，故謂之錢石山。（《太平寰宇記》卷一百五十九。又見《太平御覽》卷四十九。此條，《太平寰宇記》、《太平御覽》皆引作《湘川記》。）

〔校記〕

〔一〕上有，《太平御覽》作「其上」。

曲江縣東有泉石山，其狀四方若臺榭，其南有石，三面壁峭，其上有錢，故謂之錢石。（《初學記》卷八。此條，《初學記》言出《湘州記》，《太平寰宇記》、《太平御覽》皆引作《湘川記》，「川」，當爲「州」之形訛。）

山狀四方，有臺，其石三面壁立，上有碎石如錢，故名。（《輿地紀勝》卷九十。）

玉山

曲江縣東有玉山〔一〕，卉木滋茂，泉石澄澗〔二〕，相傳云，昔有人採玉處〔三〕。（《初學記》卷八。又見《太平御覽》卷四十九。）

〔校記〕

〔一〕東有玉山，《太平御覽》作「有採玉山」。

〔二〕澄澗，《太平御覽》作「澄澈」。

〔三〕此句，《太平御覽》作「古採玉於此，得名。」

臨水

臨水經臨賀縣東，又南至郡左，以〔一〕合賀水，故有臨賀之稱焉〔二〕。（《太平御覽》卷六十五。又見《初學記》卷八。）

〔校記〕

〔一〕以，《初學記》無。

〔二〕此句，《初學記》無。

石鼓

泉陵山有大石鼓，云昔神鶴飛入會稽雷門中，鼓因大鳴。（《太平寰宇記》卷九十六、《（嘉泰）會稽志》卷十三。）

此石鼓有時自鳴，則兵革起。（《南嶽總勝集》卷中。）

夢神語

其夜，驅之夢神語曰：「君奴不謹，盜銀三餅，即日顯戮，以銀相償。」覺視，則奴死銀在矣。（《水經注》卷三十八。）

靳江

靳江在新東縣西八里，水出衡山縣界紫嘉山，東流入湘江二百八十里，昔楚大夫靳向所封之地，因以名之。（《太平御覽》卷六十五。）

枉山

枉山在郡東十七里，有枉水出焉，山西溪，溪口有小灣，謂之枉渚山，上有楚祠存焉。（《太平御覽》卷六十五。）

枉山在郡東十七里。（《三體唐詩》卷三。）

架山

湘南縣有架山，下有小池，常涸竭，民齋戒往請，自然而滿，事訖還乾。（《太平御覽》卷六十七。）

銀木

益陽縣西山多銀木。（《太平御覽》卷九百六十。）

焦山

泉陵縣有焦山，山上多橘。（《太平御覽》卷九百六十六。）

廉薑

始安縣空龍山、精了山出廉薑。（《太平御覽》卷九百七十四。）

礜石

湘東山多礜石。（《太平御覽》卷九百八十七。）

黃連

邵陵夫夷縣衡山出黃連。（《太平御覽》卷九百九十一。）

烏龍白騎山

汝城縣東有烏龍白騎山，遠望似城，有黑石如龍，白石如馬羅列，號曰「烏龍白騎山」。（《太平御覽》卷四十九。此條，《太平御覽》言出《湘川記》。）

汝城縣有烏龍白騎山，有黑石如龍，白石如馬。（《事類賦注》卷七。）

宜溪水

宜溪水在耒陽。傍有穴，天旱以水灌之，輒致暴雨。《吳都賦》所謂「龍穴所蒸，靈雨所儲」是也。（《方輿勝覽》卷二十四。）

大銅器

伍子胥廟中有大銅器。元嘉中，沙門釋亮啓乞此廟器，鑄丈六金像，始

廟所有大銅鑊，可容三百斛許，即陷入地中，僧亮夢神語云：「今捨此器，相與發願，免此神形。」（《太平御覽》卷七百五十七。）

喪夫揮淚

杞〔一〕梁死，妻〔二〕無子，乃〔三〕求夫屍於城下，闉者〔四〕皆揮淚，十日城崩而死〔五〕。（《韻府群玉》卷十三。又見《事類備要》前集卷二十八。此條，《白氏六帖事類集》亦引，言出《琴操》，其格式爲：「城崩：《琴操》曰：杞梁死，其妻無子，乃求夫屍於城下哭之。道路聞之者皆揮淚，十日而城崩。竹死：《相川記》：舜巡狩蒼梧而崩，二妃不從，以淚染竹，竹盡成班而死也。」至《事類備要》，其所引格式則變爲：「喪夫揮淚城崩：杞梁死，其妻無子，哭求夫屍於城下，聞之者皆揮淚，十日而城崩而死。《湘川記》。染淚竹班：舜巡狩蒼梧而崩，二妃不從，以淚染竹，竹盡成班。」或以爲，《白氏六帖事類集》所引爲確。按，杞梁爲齊人，死於戎事，其妻哭城事不在湘。而舜巡狩蒼梧，事屬湘州。《白氏六帖事類集》引「城崩」條出《琴操》、而「舜巡狩蒼梧」屬《湘州記》。《事類備要》所引此二條或直接從《白氏六帖事類集》徵引，但其徵引時或誤將《湘川記》位置與「染淚竹班」顛倒，從而致誤。）

〔校記〕

〔一〕杞，《事類備要》作「祀」。

〔二〕妻，《事類備要》作「其妻」。

〔三〕乃，《事類備要》作「哭」。

〔四〕闉者，《事類備要》作「聞之者」。

〔五〕此句，《事類備要》作「十日而城崩，而死」。

玉山

玉山下有廟，曾有人得玉瑛於此，有銀山、白石山、越玉山，又浮山，其地躡一處則百餘步地動。（《太平御覽》卷四十九。）

鍾乳

湘東陰山縣有黃坑山出鍾乳，長沙湘鄉縣出鍾乳，季秋，入穴六七里乃得。（《太平御覽》卷九百八十七。）

石廩峰

衡山石廩峰最高，巨木千尋，蛟井連屬。（《太平寰宇記》卷一百一十四。）

包茅

其俗八月上辛日，把以祓神。（《太平寰宇記》卷一百一十六。）

萬歲山

萬歲山有千秋水。（《太平寰宇記》卷一百一十七。）

衡山

朱陵之靈壇，太虛之寶洞。當翼、軫之宿，度應璣、衡。故曰：衡山山有五峰，曰紫蓋、曰雲密、曰祝融、曰天柱、曰石廩〔一〕。（《類說》卷十三。又見《三洞群仙錄》卷六。）

〔校記〕

〔一〕此句，《三洞群仙錄》作「而石廩預其一焉」。

存疑

湘水

湘水至清。深五六丈。下見底。碎石若樗蒲子。白沙如霜雪，赤岸若朝霞。（《太平廣記》卷三百九十九。此條，《太平廣記》言出羅含《湘川記》，《水經注》卷三十八、《藝文類聚》卷八、《太平御覽》卷七十四、《海錄碎事》卷三等俱言出《湘中記》，《太平廣記》此條，當即羅含《湘中記》也。鄭樵《通志》、焦竑《國史·經籍志》皆言「《湘川記》一卷，羅含撰」，應皆從《太平廣記》之誤也。）

盧溪

漢昌郡前盧溪後會，又以其流逕古羅縣，又名羅水。（《肇域志》卷三十三。此條，清前書不見徵引，《肇域志》言出《湘川（州）記》，不知所據爲何。）

何丹

何丹字伯張，滇陽人。成帝鴻嘉初，鄉里舉茂才，爲含洭長。累遷中散大夫，以言忤王莽，出爲松滋令，慈祥豈弟，愛民如子，有嘉禾連穎之瑞，及卒於官，邑人哀慟，擇河西勝地葬之。歲六月二日，民醊奠不絕。（《百越先賢志》卷一。此條，歐大任言「據《湘州記》、《楚記》、《韶州圖經》參修」，但觀各家《湘州記》，並無與此條目類者，不知歐氏所憑《湘州記》其原目爲何。）

《湘州營陽郡記》　佚名

《湘州營陽郡記》，卷亡，史志不著錄。今見僅有《後漢書·郡國志》劉昭注補所引二條。或以爲，諸家《湘州記》多按州郡排列體例，《營陽郡記》，或即《湘州記》中單記營陽郡事者。《後漢書·郡國志》注補所引《營陽郡記》均作《滎陽郡記》，「滎」當爲「營」之形訛。營陽，今湖南道縣東。

舜祠

（九疑）山下有舜祠，故老相傳，舜登九疑。（《後漢書·郡國志四》劉昭注補。此條，《後漢書》注補不著作者，言出《湘州滎陽郡記》，不知與以上名《湘州記》者是否爲一書，茲列於此。）

營浦

縣南三里餘有舜南巡止宿處，今立廟。（《後漢書·郡國志四》劉昭注補。此條，《後漢書》注補不著作者，言出《滎陽郡記》。）

《湘東記》　佚名

除《湘州（川）記》、《湘中記》等地記外，《後漢書·郡國志四》劉昭注補又引有《湘東記》一條。《湘東記》，史志皆不著錄，除《後漢書》注補所引一條外，他書亦不見引。茲將此條列於此。

酃

縣西南母山，周廻四百里。（《《後漢書·郡國志四》劉昭注補。）

《吳興記》　宋山謙之

山謙之，南朝宋時人，里籍未詳。宋文帝時，嘗草《封禪儀注》。初爲

史學學士，出爲棘陽令；宋孝武初（454），以奉朝請，受詔修史，使踵成何承天《宋書》，並卒於此時。其或爲晉司徒河內山濤之後。《梁文紀》曰：「（何承天）草立紀傳，止於武帝，功臣篇牘未廣，其所撰志，惟天文律曆，自此外，悉委奉朝請山謙之」。《隋書・經籍志》言「《吳興記》三卷，山謙之撰。」新舊《唐志》皆不載，《太平御覽》、《太平寰宇記》有徵引，則是書北宋時應存。南宋諸書不見徵引其條目者，其或亡於兩宋之交。山謙之著述頗豐，除《吳興記》外，另著有《丹陽記》、《南徐州記》，梁時亦有集十二卷行於世，現已亡佚。山謙之《吳興記》，明董斯張輯二十一則，見於《（崇禎）吳興備志》卷二十三《遺書徵》第十九，其言「謙之《記》散見《藝文類聚》、《初學記》、《太平御覽》、《後漢書》注、談鑰《志》、《說郛》諸書。余取錄之。」清人嚴可均亦輯得山謙之《吳興記》四十餘則，其《吳興記》敘曰：「《隋・志》有山謙之《吳興記》三卷，舊新《唐・志》不著錄，因遍檢各書，寫出六十餘事。省併複重，得四十四事，定著一卷」。此書今不見，其編排體例按區縣劃分：「孫皓寶鼎元年分吳丹陽二郡，置吳興郡，歷晉、宋、齊、梁，皆領十縣。故謙之《記》兼十縣事，《宋書・州郡志》吳興領縣烏程、東遷、武康、長城、原鄉、故鄣、安吉、餘杭、臨安、於潛，今編輯依其次第。」清王謨《漢唐地理書鈔》輯山謙之《吳興記》數條。繆荃孫《雲自在龕叢書》第一集輯得山謙之《吳興記》一卷。劉緯毅《漢唐方志輯佚》亦輯是書條目若干，吳興，劉宋時屬揚州，治今浙江湖州。

明・董斯張輯《吳興記》二十一條：

1、郡廨署，舊在烏程縣治。

2、烏程，縣有穴，圓三丈，內轉寬大，有鍾乳，云通包山。

3、烏程縣南百里有桐墟，又百五十里有柳墟，又有柳河。

4、烏程縣東南三十里有桑墟。

5、九乳山在烏程縣西南三十一里，有九峰，如乳狀。

6、石城山在烏程縣西三十里，昔烏程人嚴白虎於此壘石爲城，與呂蒙戰。

7、卞山峻極，非清秋爽月，不見其巔。蓋雲霧常封耳。

8、卞山洞中有石如玉人，謂之瑤琨石。

9、卞山有項王走馬埒、洗馬池。

10、卞山有項王繫馬樹，石間有項王馬蹄。

11、吳興本無楊梅，太史慈葬卞山，三州來祭越，有楊梅，因種，號卞山楊梅。

12、吳景帝鈕皇后父卞山令，百姓兼丁三千人開之。

13、東遷縣有孺子山，徐孺子入吳哭友人，嘗登之，因以爲名。

14、闞山以其山峰在闞神祠南，蓋吳丞相闞澤所居也。烏山，烏巾居此故也。

15、含山在縣東南一百八里，震澤東望，蒼然苳葦，煙蔚之中，高邱卓然，因以名焉。

16、烏程有梅墟、梅林、梅亭。

17、衡山，一名橫山。

18、車溪出美魚。

19、烏程溫山出御荈。

20、烏程縣北壟山有紫石英，甚光明，但小黑，其山東臨大谿，西帶長瀆。

21、烏程縣西北有項籍祠，興平二年，太守許貢奏分縣爲永安縣。

除山謙之《吳興記》外，吳興地區的地記還有韋昭《吳興錄》、王韶之《吳興郡疏》一卷，張玄之《（吳興）山墟名》二卷，吳均《（吳興）入東（地）記》，張文規《吳興雜詠》七卷，顧長生《三吳土地記》，陸羽《吳興志》，顏眞卿《吳興地記》，左文質《吳興統記》十卷。唐及唐後諸書徵引時，除標明作者爲山謙之《吳興記》的諸條目外，其他名爲《吳興記》的諸條目，皆有可能與上述幾書混淆，本文編排時，先將標明作者爲山謙之的《吳興記》各條目列於前，佚名《吳興記》置於後。

石鏡

臨安縣東五里〔一〕有〔二〕石鏡山，山之東臨溪有石鏡一所〔三〕，徑可二尺，甚清亮，具見人形狀。〔四〕（《北堂書鈔》卷一百三十六。又見《初學記》卷五。《太平御覽》卷七百一十七。）

〔校記〕

〔一〕五里，《御覽》無。

〔二〕有，《初學記》、《御覽》皆無。

〔三〕此句，《初學記》作「東有石鏡一所」。
〔四〕此句，《初學記》、《御覽》皆無。

包山

太湖中有包山，在國西百餘里，居者數百家，山出弓弩，村傍又有小山，山有石穴，東南入通渦，深遠莫知所極，名曰洞庭。（《北堂書鈔》卷一百五十八。）

穴

烏程縣有穴，圓三丈，內轉寬大，有鍾乳，云通包石洞庭。（《北堂書鈔》卷一百五十八。）

車蓋山

烏程縣車蓋山，山東舊有殷康所立亭，矚望極佳。（《初學記》卷五。此條，《初學記》言爲山謙之《吳興地記》。）

天目山

於潛舊縣天目山，極高險，且長遠，與宣城、懷安並分山爲界。（《初學記》卷五。）

於潛縣北有天目山，山上眾木甚美非常，因名翔鳳林。（《太平御覽》卷五十七。）

天目山極高峻，嶺上有水甚美。東南有瀑布，下注數畝。（《太平寰宇記》卷九十四。）

溫山

烏程縣西四十里有溫山，出御菽。（《太平寰宇記》卷九十四。）

烏程縣西有溫山，出御荈。（《藝文類聚》卷八十二、《太平御覽》卷八百六十七。）

烏程縣西二十里有溫山，出御芹。（《茶經》卷下、《事類賦注》卷十七、《輿地紀勝》卷四。）

（烏程）溫山出御芹。（《（嘉泰）吳興志》卷四、《（嘉泰）吳興志卷二十。）

上箬下箬

長城下有箬下美酒，曰上箬下箬。（《路史》卷二十四。）

上、下二箬村〔一〕並出美酒〔二〕。（《太平寰宇記》卷九十四。又見《（嘉泰）吳興志》卷十二、《（嘉泰）吳興志》卷十八、《輿地紀勝》卷四、《韻府群玉》卷四。）

〔校記〕

〔一〕上下二箬村，《（嘉泰）吳興志》卷十八、《輿地紀勝》卷四作「上箬下箬村」，《（嘉
　　泰）吳興志》卷十二作「上箬下箬」。《韻府群玉》作「上若村下若村」。

〔二〕並出，《韻府群玉》作「俱出」。

餘杭

（餘杭）秦始皇三十七年，將上會稽，塗出此地〔一〕，因立爲縣〔二〕。捨
舟航於此，仍以爲名。〔三〕（《元和郡縣志》卷二十六。又見《太平御覽》卷一百七
十、《太平寰宇記》卷九十三。）

〔校記〕

〔一〕塗出此地，《御覽》作「塗山地」。

〔二〕因立，《御覽》作「因以立」。

〔三〕此二句，《御覽》、《寰宇記》皆無。

始皇二十七年上會稽塗山，此因立縣。（《路史》卷二十二。）

龔山亭

龔山有紫石英，其山〔一〕東臨大谿，西帶長瀆，山上有亭，臨望虛曠〔二〕，
號龔山寺〔三〕。（《（嘉泰）吳興志》卷四。又見《太平寰宇記》卷九十四。）

〔校記〕

〔一〕其山，《寰宇記》作「山」。

〔二〕臨望虛曠，《寰宇記》作「臨眺四曠」。

〔三〕號龔山寺，《寰宇記》作「名龔山亭」。

龔山有紫石英，山上有亭，名龔山亭。（《輿地紀勝》卷四。）

烏程縣北龔山有紫石英，甚光明，但小黑。（《太平御覽》卷九百八十七。）

長瀆

河口山，東濱大溪，西帶長瀆。（《錦繡萬花谷》後集卷六。）

由拳山

晉隱士郭文字文舉，初從陸渾山來居之。王敦作亂，因逃歸入此山。（《太
平寰宇記》卷九十三。）

衡山

衡山，一名橫山也。（《太平寰宇記》卷九十四、《（嘉泰）吳興志》卷四。）

孔子井

安吉縣西有孔子井，吳東校書郎施彥先復居井側，先云：仲尼聘楚，爲令尹子西所譖，欲如吳，未定，逍遙此境，復居井側，因以名焉。(《續談助》卷四。此條，各書不見徵引，唯《續談助》言出山謙之《吳興記》。)

《吳興記》　　佚名

各書引用《吳興記》時，除明寫作者爲山謙之的各條目外，另有部分條目，言出《吳興記》，但不著作者，並且部分條目出自唐後，如《輿地紀勝》卷四所引：「《吳興記》又云，大業初，州廢，以縣屬蘇州。唐武德四年復湖州。」「《吳興記》云，唐吳昭德操刀運砧，翼從風隨，紅絲素縷，紛紛霏霏。」「靜林寺，在縣西三里，《吳興記》稱寺有唐張東之碑」等。《輿地紀勝》所引數條《吳興記》與以上三條產生於唐以後的《吳興記》在書中位置緊連，如「吳景帝封孫皓」條，「春申君」條，「殷康」條等，其亦有可能成書於唐時或唐後。因無法判斷其成書年代及作者歸屬，茲將其附於佚名《吳興記》下。

三嶺

縣南二里有三嶺，皆秀石崔嵬，玄丹雜色，狀如紫雲。(《編珠》卷一。)

河口山

河口山東濱大溪，西帶長瀆。(《初學記》卷八。)

嵧山

風渚南三十里曰嵧中，即嵧山也。(《初學記》卷八。又見《錦繡萬花谷》後集卷六。)

印渚山

於潛縣東七十里，有印渚，渚傍有白石山，峻壁四十丈。印渚蓋眾溪之下流也。印渚已上至縣，悉石瀨惡道，不可行船；印渚已下，水道無險，故行旅集焉。(《世說新語·言語》劉孝標注。)

於潛縣東七十里有印渚，旁有白石山，峻壁四十餘丈。印渚，蓋衆溪之下流也。（《（嘉泰）吳興志》卷十四。）

印渚山，上承浮溪，〔一〕水從渚以上至縣〔二〕，悉石瀨惡道，不可〔三〕行船，以下水道無險，故行旅集焉。晉王胡之爲吳興太守，至印中，歎曰：「非惟使人心情開滌，亦覺日月清朗。」傳云，渚次石文似印，因以爲名。（《太平御覽》卷四十六。又見《太平寰宇記》卷九十三。）

〔校記〕

〔一〕此二句，《寰宇記》無。

〔二〕水從渚，《寰宇記》作「從溪」。

〔三〕不可，《寰宇記》作「不」。

楊梅

故章縣北有石郭山，上生楊梅，常以貢御。（《藝文類聚》卷八十七。）

吳興本無楊梅，太史慈葬卞山，三州來祭，越有楊梅，因種，號卞山。楊梅又生石槨山。（《（嘉泰）吳興志》卷二十。）

故章縣縣北有石槨山，出楊梅，常以貢御。張華所謂「地名〔一〕章，必生楊梅」。蓋謂此也。（《北戶錄》卷三。又見《記纂淵海》卷九十二、《太平御覽》卷九百七十二。）

〔校記〕

〔一〕地名，《御覽》卷九白七十二作「地有名」。

石郭山，在故鄣〔一〕南五里。產楊梅，貢御〔二〕。（《太平寰宇記》卷九十四。又見《（嘉泰）吳興志》卷四、《輿地紀勝》卷四。）

〔校記〕

〔一〕故鄣，《輿地紀勝》作「鄣」。

〔二〕貢御，《輿地紀勝》作「歲貢」。

夏架山

長城縣有夏架山〔一〕，石鼓磐石爲足〔二〕。長老云〔三〕：「鳴聲如金鼓〔四〕，鳴則三吳有兵。」（《太平御覽》卷三百三十八。又見《北堂書鈔》卷一百二十一、《樂書》卷一百三十六、《文獻通考》卷一百三十五。）

〔校記〕

〔一〕縣有，《樂書》、《文獻通考》作「有」，《北堂書鈔》作「東」。

〔二〕此句，《北堂書鈔》作「有石鼓」。

〔三〕此句，《樂書》、《文獻通考》無。

〔四〕鳴聲如金鼓，《樂書》、《文獻通考》作「聲如金鼓」，《北堂書鈔》無此句。

項籍廟

縣西北卞山有項籍祠。興平二年，太守許貢奏分縣爲永縣。（《後漢書‧郡國志四》劉昭注補。）

烏程縣西北，其山有項籍廟。（《輿地紀勝》卷四。）

峴中

湖州地名曰峴中。（《書敘指南》卷十四。）

太湖

（三山）在太湖中，白波四合，三點黛色。（《方輿勝覽》卷四。此條，《（嘉泰）吳興志》卷四亦引，言出《山墟名》。）

西湖

西湖，昔吳王〔一〕夫概所立。（《太平寰宇記》卷九十四。又見《（嘉泰）吳興志》卷五。）

〔校記〕

〔一〕昔吳王，《（嘉泰）吳興志》無。

防風國

風渚在武康縣東十八里，古防風國，有風公廟。水曰風渚，山即封山也。（《太平御覽》卷四十六。）

吳興西有風渚山，一曰風山，有風公廟，古防風國也。（《路史》卷二十五。）

烏程西風渚者，防風氏國也。（《太平御覽》卷七十一。）

風渚

前溪在縣南，東流入太湖，謂之「風渚」，夾溪悉生箭箬；後溪在市北，東出餘不亭，晉車騎將軍沈充作前溪歌曲，傳者以爲指此溪也。（《太平御覽》卷六十七。）

岞崿山

於潛縣西二里，有岞崿山，有絕壁，高三十許丈，謝安嘗登之，臨壁垂足曰：「伯昏無人，何以過是？」當時稱以爲難。（《太平御覽》卷四十六。）

山東臨縣西溪，有絕壁，高四十丈，上可容千人。謝安嘗登之，箕踞垂足，曰：「伯昏，瞀人，何以過是也」。(《太平寰宇記》卷九十三。此條，《寰宇記》言出《吳興地記》。)

孺子山

東遷縣有孺子山。徐孺子入吳哭友人嘗登之，因以爲名。(《太平御覽》卷四十六。)

晚山

於潛縣西六十里有晚山。悉是松木，眞墨所出也。(《太平御覽》卷四十六。)

響山

晚山北十八里，有響山。人於山下語，無大小，響則隨聲曲折應之。(《太平御覽》卷四十六。)

有人經響山，語無多少，響則隨聲曲折應之，洪纖一無所失。(《輿地紀勝》卷四、《太平寰宇記》卷九十四、《(嘉泰)吳興志》卷四。此條，《寰宇記》言出《吳興志》。)

百丈、流襄

山壚村有山，名曰百丈、流襄二山。堯遭洪水，此山不沒，但餘百丈，因以名山，水流襄山嶺，因名流襄。(《太平御覽》卷四十六。)

紫溪

邑有文山，水東南流，爲紫溪。(《太平御覽》卷六十五、《太平寰宇記》卷九十三。)

長城縣

長城縣，吳王闔閭使弟夫概居此，築城狹而長。晉武帝置縣，因長城以名縣。(《太平御覽》卷一百七十。)

吳王闔閭使弟夫槩居此，築城狹而長，故曰長城縣，因此名之。(《太平寰宇記》卷九十四。)

吳王闔閭使其弟夫槩築城於此。又一所在洛塢。(《(嘉泰)吳興志》卷十三。)

白石山

長城縣有白石山，出白礜石，極精好。(《太平御覽》卷九百八十七。)

長興白石山出白礜，故名。(《(嘉泰)吳興志》卷二十。)

春申君

春申君黃歇於菰城縣起樓，連延十里，西接黃浦。(《(嘉泰)吳興志》卷十八。)

春申君黃〔一〕歇於吳墟西南立〔二〕菰城縣，青樓〔三〕延十里〔四〕，後漢司隸校尉黃向〔五〕於此築陂溉田。(《輿地紀勝》卷四。又見《太平寰宇記》卷九十四、《(嘉泰)吳興志》卷五。)

〔校記〕

〔一〕黃，《寰宇記》無。

〔二〕立，《寰宇記》作「之」，

〔三〕青樓，《(嘉泰)吳興志》作「起青樓」。

〔四〕延十里，《寰宇記》作「連延千里」。

〔五〕黃向，《寰宇記》作「萬向」。

殷康

晉太守殷康所開，傍〔一〕溉田千頃〔二〕。(《太平寰宇記》卷九十四。又見《輿地紀勝》卷四、《(嘉泰)吳興志》卷十九。)

〔校記〕

〔一〕傍，《輿地紀勝》無。

〔二〕千頃，《(嘉泰)吳興志》作「千餘頃」。

塗山

秦始皇三十七年，將上會稽，塗出此，因立爲縣。(《太平御覽》卷一百七十。)

烏程縣

(烏程)縣舊在郡界，晉安帝義熙元年始移今處。(《太平寰宇記》卷九十四。)

姚紵

昔烏程人〔一〕姚紵化爲白鶴，遊於此山〔二〕，因名之〔三〕。山石堪爲碑版。〔四〕(《太平寰宇記》卷九十四。又見《輿地紀勝》卷四、《(嘉泰)吳興志》卷四。)

〔校記〕

〔一〕烏程人，《(嘉泰)吳興志》作「烏程西鄉人」。

〔二〕遊於此山，《輿地紀勝》作「遊此山」，《（嘉泰）吳興志》作「遊此」

〔三〕因名之，《輿地紀勝》、《（嘉泰）吳興志》作「因名」。

〔四〕此句，《輿地紀勝》無，《（嘉泰）吳興志》作「山石精好，可爲碑版。」

市亭山

市亭山，王逸少蒞郡〔一〕，欲於此立宅，以其面溪背山也。（《太平寰宇記》卷九十四。又見《輿地紀勝》卷四、《（嘉泰）吳興志》卷四。）

〔校記〕

〔一〕蒞郡，《（嘉泰）吳興志》作「爲郡」。

茅山

此山洞室地道，交通五嶽。（《太平寰宇記》卷八十九。）

懸溜山

上有懸溜〔一〕，故以爲名。（《太平寰宇記》卷九十三。又見《輿地紀勝》卷二。）

〔校記〕

〔一〕懸溜，《輿地紀勝》作「垂霤」。

西陵山

吳太子和葬烏程北山，子皓即阼，追尊文皇帝陵曰「明陵」，陵在西山西，故名。（《（嘉泰）吳興志》卷四。）

孫皓改葬父和於此山，號曰「明陵」。（《太平寰宇記》卷九十四。此條，《寰宇記》言出《吳興地志》。）

吳景帝封孫皓爲烏程侯，及皓〔一〕即位，改葬父和於此，遂立爲吳興郡。（《元和郡縣志》卷二十六。又見《輿地紀勝》卷四。）

〔校記〕

〔一〕皓，《輿地紀勝》無。

東溪

東溪〔一〕出美魚。（《太平寰宇記》卷九十四。又見《輿地紀勝》卷四、《海錄碎事》卷三下。）

〔校記〕

〔一〕東溪，《海錄碎事》作「車溪」。

天泉山

山上有長流泉，謂之天泉，傍多沃壤可耕植〔一〕。今按有水田五畝。一名唐鎚山。（《太平寰宇記》卷九十四。又見《（嘉泰）吳興志》卷四、《輿地紀勝》卷四。）

〔校記〕

〔一〕此句，《輿地紀勝》無。

計籌山

計籌山，昔越大夫計然多才智，籌算於此山。按其地與餘杭縣分界，今俗謂之界頭山。蓋「籌」、「頭」聲相應也。（《太平寰宇記》卷九十四。此條，《寰宇記》言出《吳興志》。）

計然山，昔越大夫計然嘗籌筭於此，又名計籌山。（《輿地紀勝》卷四。）

安吉縣

漢中平二年，張角作亂，荊、揚尤盛，唯此郡守險拒逆，漢朝嘉之，故分故鄣縣南置安吉縣，屬丹陽郡。（《太平寰宇記》卷九十四。）

中平二年，分縣南置安吉縣。光和末，張角亂，此鄉守險助國，漢嘉之，故立縣。中平二年，又分立原鄉縣。（《後漢書·郡國志四》劉昭注補。）

漢張角之亂，此郡獨守險助國，漢朝嘉之，故靈帝分縣南鄉，置安吉縣。（《通典》卷一百八十二。）

光和末，張角亂，此鄉守險助國，漢嘉之，中平二年，出，置安吉縣，屬丹陽郡。（《輿地廣記》卷二十二。）

初平中，張角作亂，北鄉守險助國，朝廷嘉之，分故鄣郡南鄉，別爲一縣，因名之爲安吉。（《（嘉泰）吳興志》卷一。）

五山

五山〔一〕，亦名〔二〕奕山。（《太平寰宇記》卷九十四。又見《輿地紀勝》卷四、《（嘉泰）吳興志》卷四。）

〔校記〕

〔一〕五山，《輿地紀勝》作「五峰」。

〔二〕亦名，《（嘉泰）吳興志》作「一名」。

邸閣水

邸閣池水灌田五百一十畝〔一〕，鱗羽涵泳，芰荷交蔚。（《太平寰宇記》卷九十四。又見《（嘉泰）吳興志》卷二、《輿地紀勝》卷四。）

〔校記〕

〔一〕五百一十畝，《（嘉泰）吳興志》作「五十餘頃」。《輿地紀勝》作「五百畝」。

土闕

豫章之闕高，則長沙之虎食人。於潛開南門，則新安虎爲害。（《太平寰宇記》卷一百零六。）

子城

郡廨署，舊有烏程縣治。（《（嘉泰）吳興志》卷二。）

衡山

晉初，衡山崩，見顓頊塚，中有營北圖。（《（嘉泰）吳興志》卷四。）

吳嘹山

嘹，燒田也。昔有吳氏燒山爲田，因名嘹。（《（嘉泰）吳興志》卷四。）

嘹，燒山爲田，因名。（《輿地紀勝》卷四。）

澤山

（澤山）因震澤爲名。（《（嘉泰）吳興志》卷四。）

苦峴山

苦峴山峻極，遊者苦之。（《（嘉泰）吳興志》卷四。）

佛子山

山上有石室，室中有小石，儼然若佛。（《（嘉泰）吳興志》卷四。）

楊子湖

楊子湖出丹陽，湖下共邸閣水，分流合於苕水，以其統楊子湖，爲名也。（《（嘉泰）吳興志》卷五。）

碧潭

（碧潭）其水碧也，伊洛相類，今呼爲天潭。（《（嘉泰）吳興志》卷五。）

車谿

平望有車谿，車谿諺云：曲阿不食，平望不羹，謂之失味。(《(嘉泰)吳興志》卷五。)

平望車溪出美魚，諺云：曲阿不食，平望不羹，爲失味。(《(嘉泰)吳興志》卷十八。)

銅官山

昔漢末吳王濞鑿山採銅，監姓趙遇山崩壓死，記以爲神，因爲立廟。水旱必禱，公私皆有憑驗。(《(嘉泰)吳興志》卷十三。)

周敏

太守周敏大開學校，勸人種桑與麥，百姓賴之，除國子博士。(《(嘉泰)吳興志》卷十四。)

昔太守周敏勸人種桑藝麥，百姓賴之。(《新定九域志》卷五、《輿地紀勝》卷四。)

梅壚

烏程有梅壚、梅林、梅亭。德清有梅埭。(《(嘉泰)吳興志》卷二十。)

錦壚

(絕山)山有花卉村，多海棠、薔薇、紅躑躅、朱藤，二三月花發，名爲錦壚。(《(嘉泰)吳興志》卷十八。)

繫馬樹

卞山有項王繫馬樹，石間有項王馬蹄。(《(嘉泰)吳興志》卷二十。)

蛟

天目山有蛟龍池，耆老相傳，入山之人嘗見山邊有美人，是蛟所化也。(《(嘉泰)吳興志》卷二十。)

桑

烏程東南三十里有桑壚。(《(嘉泰)吳興志》卷二十。)

桐

烏程縣南百里有胡壚，錢林居梓山，味桐映井。(《(嘉泰)吳興志》卷二十。)

柳

烏程縣南百五十里有柳壚，又有柳湖，又金石山多蒲柳。（《（嘉泰）吳興志》卷二十。）

金石山

金石山上石〔一〕悉作金色，其出蒲柳及苦竹〔二〕。（《（嘉泰）吳興志》卷四。又見《輿地紀勝》卷四。）

〔校記〕

〔一〕上石，《輿地紀勝》作「土石」。

〔二〕此句，《輿地紀勝》無。

金山

武康金山，昔人見山夜中有鐙，掘之得金百斤。（《（嘉泰）吳興志》卷二十。）

苦竹

今石山多苦竹，武康有黃竹村。（《（嘉泰）吳興志》卷二十。）

銀

烏牛山有古銀鉛硎三所。又安吉縣移風鄉，鄉銀坊，即古採銀之所。（《（嘉泰）吳興志》卷二十。）

瑤琨

卞山洞中有石似玉，時謂之瑤琨石。（《（嘉泰）吳興志》卷二十。）

鍾乳石床

卞山下有石穴，晉太守王思執炬入數步，漸深，澗見鍾乳，恐入，採之猶有乳床，并石獸存。（《（嘉泰）吳興志》卷二十。）

存疑

苔帚

葦花蘭心曰苔，吳興溪傍多生苔草，可作帚，俗呼爲苔帚。（《（雍正）浙江通志》卷一百零二。《（雍正）浙江通志》言此條出《吳興記》，《（嘉泰）吳興志》卷二十、《（弘治）湖州府志》卷八皆言此條出《統記》。《（雍正）浙江通志》此條，或誤引也。）

《丹陽記》 　　宋山謙之

　　山謙之，始末詳見《吳興記》。《丹陽記》，《隋書·經籍志》、《舊唐書·經籍志》、《新唐書·藝文志》皆不載，明焦竑《國史·經籍志》卷三史類言「《丹陽記》二卷」。是書唐宋諸書多引，南宋各書所引條目有與前代書不同者，或其南宋時仍存。《說郛》宛委山堂本卷六十一輯得山謙之《丹陽記》七條，《說郛》涵芬樓本卷四輯得《丹陽記》一條，清黃奭《漢學堂知足齋叢書》、王謨《漢唐地理書鈔》、今人劉緯毅《漢唐方志輯佚》皆輯山謙之《丹陽記》數條。丹陽郡，三國吳移置，治在今江蘇南京。

三山

　　江寧縣北十二里有三山相接，吳時津濟道也。（《（至大）金陵新志》卷五上。）

　　江寧縣北十二里，濱江有三山相接，因以爲名。（《風雅翼》卷八。）

　　江寧縣北十二里，濱江有三山相接，即名爲〔一〕三山。舊時津濟道也。（《文選·詩戊·行旅下·晚登三山還望京邑》李善注。又見《太平御覽》卷四十六。）

　　〔校記〕

　　〔一〕爲，《御覽》無。

盡部州境

　　漢承秦，罷侯署守，至武帝元封五年始署刺史，盡部州境。（《北堂書鈔》卷七十二。）

大廟灣

　　大廟灣深，傍有龍穴洞，出白石山。（《北堂書鈔》卷一百五十八。）

溫泉

　　湯山出溫泉三所。（《初學記》卷七。）

沸井

　　句容縣有沸井，亦曰沸潭。（《初學記》卷七、《太平御覽》卷一百八十九、《（景定）建康志》卷十九、《（至大）金陵新志》卷五下。）

龍岡

　　句容縣東三十里〔一〕，有龍崗，崗頂有龍沸潭〔二〕，周十三丈〔三〕，聞人聲，水便沸動，〔四〕常日則不動〔五〕。（《藝文類聚》卷六。又見《編珠》卷一、《太平御覽》卷五十三、《（景定）建康志》卷十九、《（至大）金陵新志》卷五下。）

　　〔校記〕

　　〔一〕三十里，《太平御覽》、《（景定）建康志》、《（至大）金陵新志》作「三十五里」。

　　〔二〕龍沸潭，《太平御覽》、《（景定）建康志》、《（至大）金陵新志》作「沸潭」。

　　〔三〕此句，《編珠》無，《太平御覽》作「周廻十三丈」，《（景定）建康志》、《（至大）金陵新志》作「周廻十二丈」。

　　〔四〕此二句，《（景定）建康志》、《（至大）金陵新志》作「聞人聲，便沸」。

　　〔五〕此句，《太平御覽》、《（景定）建康志》、《（至大）金陵新志》作「不聞不湧也」。

冶城

　　丹陽冶城，去宮三里，吳時鼓鑄之所，吳平猶不廢。（《世說新語‧輕詆》劉孝標注。）

　　孫權築冶城，爲鼓鑄之所。（《世說新語‧輕詆》劉孝標注。）

鐵峴山

　　《永世記》云：縣南百餘里鐵峴山，廣輪二百許里，山出鐵，揚州今鼓鑄之。（《太平御覽》卷四十六。）

　　永世縣南〔一〕鐵峴山出鐵，今揚州鼓鑄之。（《（景定）建康志》卷十七。又見《（至大）金陵新志》卷五上。）

　　〔校記〕

　　〔一〕南，《（至大）金陵新志》作「南百餘里」。

張子布宅

　　大長安道，西張侯橋者，本張子布宅處也。（《初學記》卷七。）

　　大長干寺，道西有張子布宅，在淮水南。（《（景定）建康志》卷十六、《（至大）金陵新志》卷四下。）

　　大長干寺，西有張子布宅。（《（景定）建康志》卷四十二、《（至大）金陵新志》卷十二下。）

　　有張子布宅，在淮水南，對瓦官寺門，張侯橋所也。橋近宅，因以爲名。（《太平御覽》卷一百八十。）

大長干寺〔一〕道西〔二〕有張子布宅，在淮水南〔三〕，對瓦官寺門〔四〕，張侯橋所也。〔五〕橋近宅，因以爲名。（《建康實錄》卷二。又見《六朝事蹟編類》卷十一、《輿地紀勝》卷十七、《（景定）建康志》卷四十六、《（至大）金陵新志》卷十一下。）

〔校記〕

〔一〕長干寺，《輿地紀勝》作「大長干道」，

〔二〕道西，《輿地紀勝》作「西」。

〔三〕此句，《輿地紀勝》無。

〔四〕對瓦官寺門，《六朝事蹟編類》、《（景定）建康志》、《（至大）金陵新志》作「對瓦官寺」。

〔五〕此句，《六朝事蹟編類》作「南張侯橋也」，《輿地紀勝》作「張侯橋」。《（景定）建康志》、《（至大）金陵新志》無此句。

東府

東府城西則〔一〕簡文〔二〕會稽王〔三〕時第，東則孝文王道子府〔四〕。道子領揚州，仍住先舍，〔五〕故俗稱東府。（《文選·祭文·祭古冢文》李善注。又見《世說新語·言語》劉孝標注、《初學記》卷八、《錦繡萬花谷》後集卷六。）

〔校記〕

〔一〕西則，《世說新語》注作「西有」，《初學記》、《錦繡萬花谷》作「地則」。

〔二〕簡文，《初學記》、《錦繡萬花谷》作「晉簡文」。

〔三〕會稽王，《世說新語》注、《初學記》、《錦繡萬花谷》作「爲會稽王」。

〔四〕孝文王道子府，《初學記》、《錦繡萬花谷》作「丞相會稽王道子府」。

〔五〕此句，《初學記》、《錦繡萬花谷》無。

蔣山

蔣子文爲秣陵尉，自言己將死〔一〕，當爲神。後〔二〕爲賊所殺，故吏忽見子文乘白馬，如平生。孫權發使封子文而爲都中侯，立廟鍾山，因改爲蔣山。（《初學記》卷八。又見《錦繡萬花谷》後集卷六。）

〔校記〕

〔一〕己將死，《錦繡萬花谷》作「己死」。

〔二〕後，《錦繡萬花谷》無。

蔣陵

蔣陵，因山以爲名，吳大帝陵也。（《初學記》卷八、《錦繡萬花谷》後集卷六。）

蔣陵，因山爲名。(《太平寰宇記》卷九十、《輿地紀勝》卷十七、《(景定)建康志》卷四十三。)

蔣山

京師南北，並有連嶺〔一〕，而蔣山獨隆窟峻異〔二〕，其形象龍〔三〕，眞揚都之鎮也〔四〕。吳主孫權葬山南，〔五〕因山爲名，〔六〕號曰蔣陵。〔七〕(《白氏六帖事類集》卷二。又見《藝文類聚》卷七、《太平御覽》卷四十一、《太平寰宇記》卷九十。)

〔校記〕

〔一〕並有連嶺，《太平寰宇記》作「並連山嶺」。

〔二〕獨隆窟峻異，《藝文類聚》作「獨隆嶺峻異」；《太平御覽》作「獨崖崛峻異」；《太平寰宇記》作「岧嶢嶷峻有異」。

〔三〕其形象龍，《太平寰宇記》作「其形似龍」。

〔四〕此句，《藝文類聚》、《太平御覽》作「實楊都之鎮也」，《太平寰宇記》作「實作揚州之鎮」。

〔五〕吳主，《藝文類聚》、《太平御覽》無。《太平寰宇記》無此句。

〔六〕此句，《太平寰宇記》無；《太平御覽》作「因爲名」。

〔七〕此句，《太平寰宇記》無。

京師南北並連山嶺，而蔣山岧嶢嶷異，其形象龍，實作揚都之鎮。諸葛亮嘗至京〔一〕，觀秣陵山阜，〔二〕云「鍾山龍盤」，蓋謂此也。(《六朝事蹟編類》卷二。又見《(景定)建康志》卷十七。)

〔校記〕

〔一〕嘗至京，《(景定)建康志》無。

〔二〕此句，《(景定)建康志》無。

會稽東山

晉太傅謝安舊隱會稽東山，築此象之〔一〕，無巖石，故謂土山。〔二〕有靈木、臺觀娛遊之所，安就帝，請朝中賢士、子姪、親屬會土山。〔三〕(《王荊公詩注》卷二。又見《太平寰宇記》卷九十、《輿地紀勝》卷十七、《方輿勝覽》卷十四。)

〔校記〕

〔一〕象之，《輿地紀勝》、《方輿勝覽》作「擬之」。

〔二〕此二句，《方輿勝覽》無。

〔三〕此數句，《太平寰宇記》、《輿地紀勝》、《方輿勝覽》皆無。

大碣石

嚴山東有大碣石，長二丈，折爲三段，因以名岡。(《(景定)建康志》卷十七、《(至大)金陵新志》卷五下。)

有大碣石，長二丈，折爲三段，紀吳功德。其文東觀令華覈作，其字大篆。或又云皇象書也。(《方輿勝覽》卷十四。)

嚴山丹陽東路有大碣石，長二丈，折爲三段，吳後主天璽元年立碣，紀吳功德。(《輿地紀勝》卷十七。)

紫嚴山

秣陵縣南三十里有嚴山，山西有石室，山東大道左有方石，長一丈，刻勒銘題贊吳功德，孫皓所建也。(《太平御覽》卷四十六。)

秣陵縣南有嚴山，山西有石室，山東大道左有方石，長一丈，刻勒銘，題贊吳功德，孫皓所建也。宋孝武帝改曰龍山。明帝泰始中，建平王休祐從上於嚴山射雉，日欲暮，上遣左右壽寂之等逼休祐，令墜馬，因共毆殺之。(《(景定)建康志》卷十七。)

秣陵縣南三十里有嚴山，山西有石室，山東大道左有方石，長一丈，勒名，題贊吳功德，孫皓所建。宋明帝泰始中，建平王休祐從嚴山射雉，即此。(《(至大)金陵新志》卷五上。)

白鷺洲

白鷺洲，在縣西三里，隔江中心，南邊新林浦，西對白鷺洲，洲在大江中，多聚白鷺，因名之。(《太平御覽》卷六十九。)

(白鷺洲)在江中心南邊，新林浦西邊。白鷺洲上多白鷺，故名。(《方輿勝覽》卷十四。)

白鷺洲，南邊即新林浦，西府荊州隨王府也。(《風雅翼》卷八。)

白鷺洲，在縣西三里，洲在大江中，多聚白鷺，因以名之〔一〕。(《(景定)建康志》卷十九。又見《(至大)金陵新志》卷五下。)

〔校記〕

〔一〕因以名之，《(至大)金陵新志》作「因名」。

慈母山

江甯縣南三十里有慈母山，積石臨江，生簫管之竹。(《北堂書鈔》卷一百一十一。)

江寧縣南二十里慈母山，積石臨江，生簫管竹，王褒《洞簫賦》所稱，即此也。（《初學記》卷二十八、《太平御覽》卷五百八十一。）

（慈母）山生簫管竹，王褒《洞簫賦》云：「原夫簫管之所，生於江南之丘墟。」即此處。（《太平御覽》卷四十六、《太平寰宇記》卷一百零五、《輿地紀勝》卷十八。）

江寧南有慈母山，積山臨江，生簫管竹。俗呼為鼓吹山，江寧謂之慈姥山。在當塗縣北。（《初學記》卷八、《錦繡萬花谷》後集卷六。）

江寧縣慈姥山生簫管竹。（《古今合璧事類備要》別集卷五十四、《全芳備祖》後集卷十六。）

江寧縣南慈母山，竹可以為簫管。王褒《洞簫賦》所稱即此也。（《筍譜》。）

江寧縣慈姥山生簫管竹，自伶倫採竹嶰谷，其後惟見於此，俗呼曰鼓吹山。（《記纂淵海》卷九十六。）

江寧慈母山臨江生簫管竹，歷代常給樂府。（《玉海》卷一百一十。）

江寧縣南四十〔一〕里，慈母山，積石臨江，生簫管竹，王褒〔二〕《洞簫賦》所稱，即此也。其竹圓緻，異於眾處〔三〕，自伶倫採竹〔四〕嶰谷，其後唯此犛見珍，故歷代常給樂府，而俗呼曰鼓吹山。（《藝文類聚》卷四十四。又見《事文類聚》續集卷二十三、《太平御覽》卷九百六十二。）

〔校記〕

〔一〕四十，《太平御覽》作「二十」。

〔二〕王褒，《太平御覽》作「王子淵」。

〔三〕眾處，《事文類聚》、《太平御覽》作「他處」。

〔四〕採竹，《事文類聚》作「採於」。

江寧縣慈母山臨江〔一〕生簫管竹。王褒《賦》云：「於江南之丘墟」，即此處也。其竹圓，異眾處。自伶倫採竹嶰谷，後見此奇。故歷代常給樂府，而〔二〕呼鼓吹山。（《文選·賦壬·音樂上·洞簫賦》李善注。又見《竹譜》卷六。）

〔校記〕

〔一〕臨江，《竹譜》無。

〔二〕而，《竹譜》作「俗」。

江寧縣南三十里，有慈母山，積石臨江，生簫管竹，自伶倫採竹嶰谷，其後惟此犛見珍，故歷代常給樂府，而俗呼鼓吹山，今慈湖戍常禁採之。（《藝文類聚》卷八十九。）

自伶倫採竹嶰谷，後見此奇，故歷代常給樂府。又〔一〕呼爲鼓吹山。（《方輿勝覽》卷十五。又見《輿地紀勝》卷十八。）

〔校記〕

〔一〕又，《輿地紀勝》作「而」。

新亭

太安中，征虜將軍謝安立此亭，因以爲名。（《世說新語·雅量》劉孝標注。）

烏衣之起，吳時烏衣營處所也。江左初立，琅邪諸王所居。（《世說新語·雅量》劉孝標注。）

新亭〔一〕，吳舊立〔二〕，先基崩淪。〔三〕隆安中，丹陽尹司馬恢之徙創今地〔四〕。（《世說新語·言語》劉孝標注。又見《（景定）建康志》卷二十二、《（至大）金陵新志》卷十二、《玉海》卷一百七十五。）

〔校記〕

〔一〕新亭，《（景定）建康志》、《（至大）金陵新志》作「京師三亭」。

〔二〕舊立，《玉海》作「舊亭」。

〔三〕此句，《（景定）建康志》、《（至大）金陵新志》作「先基既壞」。《玉海》無此句。

〔四〕徙創今地，《（景定）建康志》、《（至大）金陵新志》作「徙創今地」，《玉海》作「移創」。

京師三亭。新亭，吳舊亭也，故基淪毀，隆安中，有丹陽尹司馬恢移創今地；謝石創征虜亭；三吳縉紳創治亭，並太元中。（《太平御覽》卷一百九十四。）

湖中大石

湖熟縣，晉惠帝永寧二年，湖中有大石，〔一〕去渚二百步，浮來登岸，百姓驚觀，咸曰石來。明年，果有〔二〕石冰入揚州。（《太平御覽》卷五十二。又見《事類賦注》卷七。）

〔校記〕

〔一〕此數句，《事類賦注》作「晉惠永寧中，湖孰縣湖中有大石」。

〔二〕果有，《事類賦注》無。

京師四市

京師四市：建康大市，孫權所立；建康東市，同時立；建康北市，永安中立；秣陵鬥場市，隆安中發樂營人交易，因成市也。（《太平御覽》卷八百二十七。）

京師有四市。(《初學記》卷二十四。)

苑城市謂之苑陵〔一〕，林陵〔二〕有鬥場市。(《錦繡萬花谷》後集卷二十五。又見《初學記》卷二十四、《(景定)建康志》卷十六、《(至大)金陵新志》卷四上。)

〔校記〕

〔一〕苑陵，《(景定)建康志》、《(至大)金陵新志》作「苑市」。

〔二〕林陵，《初學記》作「於陵」，《(景定)建康志》、《(至大)金陵新志》作「秣陵」。

錦署

歷代尚未有錦，而成都獨稱妙，故三國時，魏則市於蜀，吳亦資西蜀，至是，始乃有之。(《初學記》卷二十七。)

鬥場錦署，平關右，遷其百工也。江東歷代尚未有錦，而成都獨稱妙。故三國時魏則布於蜀，而吳亦資西道。(《太平御覽》卷八百一十五。)

鬥場錦署，平關右，遷其百工所置也。(《事類賦注》卷十。)

歷代尚未有錦，而成都獨稱妙，蓋始於《蜀記》也。(《事物紀原》卷十。)

紙官署

平準署有紙官，造帋，古以縑素爲書記，又以竹爲簡牘，其貧諸生，或用蒲爲牒也。(《北戶錄》卷三。)

揚州廨

揚州廨，王氏所居。(《(景定)建康志》卷二十。)

揚州廨，王敦〔一〕所創，開〔二〕東南西三門，俗謂之西州。(《初學記》卷八。又見《錦繡萬花谷》後集卷六、《太平寰宇記》卷九十、《王荊公詩注》卷四十五。)

〔校記〕

〔一〕王敦所創，《太平寰宇記》、《王荊公詩注》作「乃王敦所創」。

〔二〕開，《太平寰宇記》作「門」，《王荊公詩注》作「有」。

天闕

大興〔一〕中，議者皆言漢司徒義興〔二〕許彧墓〔三〕二闕高壯，〔四〕可徙施之。王茂弘弗欲。後陪乘出宣陽門，南望牛頭山兩峰，即曰〔五〕：此〔六〕天闕也，豈煩改作？帝從之〔七〕。今出宣揚望此山，良似闕。(《文選·銘·石闕銘》李善注。又見《藝文類聚》卷六十二、《太平御覽》卷一百七十九。)

〔校記〕

〔一〕大興，《藝文類聚》作「太興」。

〔二〕義興，《藝文類聚》、《太平御覽》無。

〔三〕墓，《藝文類聚》、《太平御覽》作「墓闕」。

〔四〕此句，《藝文類聚》、《太平御覽》無。

〔五〕即日，《藝文類聚》、《太平御覽》作「曰」。

〔六〕此，《藝文類聚》、《太平御覽》無。

〔七〕從之，《藝文類聚》、《太平御覽》作「然之」。

大興中，議者皆言，漢司徒許或墓闕可徙施〔一〕之，王茂弘弗欲，陪乘出宣陽門，〔二〕望〔三〕牛頭山兩峰，曰：「天闕也，豈煩改作。」帝然之〔四〕。（《分門集注杜工部詩》卷八。又見《九家集注杜詩》卷一。）

〔校記〕

〔一〕施，《九家集注杜詩》無。

〔二〕此句，《九家集注杜詩》無。

〔三〕望，《九家集注杜詩》作「南望」。

〔四〕此句，《九家集注杜詩》無。

石頭城

石頭城〔一〕，因山爲城，江以爲池〔二〕，地形險固，尤省奇勢。（《藝文類聚》卷六十三。又見《（景定）建康志》卷三十八。）

〔校記〕

〔一〕城，《（景定）建康志》無。

〔二〕江以爲池，《（景定）建康志》作「因江爲池」。

石頭城，吳時悉土塢。義熙〔一〕始加磚，累石頭〔二〕，因山以爲城，因江以爲池，形險固〔三〕，有〔四〕奇勢。〔五〕故諸葛亮曰：「鍾山龍盤，石城虎踞。」良有之矣。〔六〕（《太平御覽》卷一百九十三。又見《（景定）建康志》卷十七、《（至大）金陵新志》卷五上。）

〔校記〕

〔一〕義熙，《（景定）建康志》、《（至大）金陵新志》作「義熙初」。

〔二〕石頭，《（景定）建康志》、《（至大）金陵新志》作「甓」。

〔三〕形，《（景定）建康志》、《（至大）金陵新志》作「地形」。

〔四〕有，《（景定）建康志》、《（至大）金陵新志》作「尤有」。

〔五〕《（景定）建康志》、《（至大）金陵新志》此句後有「亦謂之石首城」。

〔六〕此數句，《（景定）建康志》、《（至大）金陵新志》皆無。

鍾山

出建陽門，望鍾山之與覆舟〔一〕，似上東門首陽之與北邙也。〔二〕（《太平御覽》卷四十一。又見《太平寰宇記》卷九十、《（景定）建康志》卷十七。）

〔校記〕

〔一〕之與覆舟，《太平寰宇記》無，《（景定）建康志》作「與覆舟」。

〔二〕此句，《太平寰宇記》作「似出上東門望首陽山也」。

橫山

丹陽縣東十八里〔一〕有橫山，連亙數十里，或云楚子重至於橫山是也。（《太平御覽》卷四十六。又見《（景定）建康志》卷十七、《（至大）金陵新志》卷五上。）

〔校記〕

〔一〕十八里，《（景定）建康志》、《（至大）金陵新志》無。

橫望山

橫望山，四面望之皆橫，故有是名。（《（景定）建康志》卷十七、《（至大）金陵新志》卷五上。）

唐頹石

石頭城西有唐頹石，王敦害周伯仁之所。（《太平御覽》卷五十二。）

淮

建康有淮，源出華山，流〔一〕入江。（《太平寰宇記》卷九十。又見《王荊公詩注》卷二十六、《太平御覽》卷六十五、《（景定）建康志》卷十八、《（至大）金陵新志》卷五下。）

〔校記〕

〔一〕流，《太平御覽》、《（景定）建康志》、《（至大）金陵新志》無。

秦淮

秦始皇鑿金陵方山，斷處為瀆。則今淮水經城中入大江，是曰秦淮。（《資治通鑒補》卷一百三十五。）

方山

秦始皇鑿金陵，此山是其斷者，山形整聳，故名方山。（《太平寰宇記》卷九十。）

山形方如印，故曰方山，亦名天印山。秦始皇鑿金陵，此方是其斷處。〔一〕（《六朝事蹟編類》卷六。又見《（至大）金陵新志》卷五上。）

〔校記〕

〔一〕此二句，《（至大）金陵新志》無。

練湖

吳〔一〕孫皓寶鼎元年〔二〕，丹陽縣〔三〕宣騫之母，年八十，浴於後湖，化爲黿。〔四〕後湖，又名練湖。〔五〕（《太平御覽》卷六十六。又見《太平御覽》卷八百八十八、《太平寰宇記》卷八十九、《（景定）建康志》卷十八、《（至大）金陵新志》卷五下。）

〔校記〕

〔一〕吳，《太平御覽》卷八百八十八無。

〔二〕元年，《（景定）建康志》、《（至大）金陵新志》作「年間」。

〔三〕縣，《太平御覽》卷八百八十八、《太平寰宇記》無。

〔四〕此二句，《太平寰宇記》作「因浴，化爲黿。」

〔五〕此二句，《太平御覽》卷八百八十八、《太平寰宇記》皆無。

蔡洲

吳時客館在蔡洲上，以舍遠使。蘇峻作逆，陶侃等率所統同赴京師，直指石頭，次於蔡洲。（《太平御覽》卷六十九、《太平寰宇記》卷九十。）

吳時客館在蔡洲上，以舍遠使〔一〕。晉陶侃嘗屯兵於此。〔二〕（《（景定）建康志》卷二十一。又見《（至大）金陵新志》卷四下。）

〔校記〕

〔一〕遠使，《（至大）金陵新志》作「遠人」。

〔二〕此句，《（至大）金陵新志》無。

加子洲

加子洲，在縣西南。（《太平御覽》卷六十九。）

司馬門

司馬門之名起漢世。案《列女傳》：「鍾離春詣齊司馬門。」《史記》又云：「司馬欣請事咸陽，留司馬門三日。」是則名起戰國，非獨漢也。今又曰公車門，而俗稱謝章門也。（《太平御覽》卷一百八十三。）

漢魏殿觀

漢魏殿觀多以複道相通，故洛宮之閣七百餘間。(《太平御覽》卷一百八十四、《河南志》卷二。)

越城

越城，去宮八里，案《越絕書》，則東甌越王所立也。(《太平御覽》卷一百九十三。)

白馬城

江寧縣北三十里有白馬城，吳時爲烽火之所。(《太平御覽》卷一百九十三。)

七戰巷

七戰巷者，庾亮與蘇峻戰宣陽門外，峻初小退，尋復來攻，交戰者七，亮乃南奔，故有此名。(《太平御覽》卷一百九十五。)

庾亮拒蘇峻宣陽門外，七戰於此，故又名七戰。(《(至大)金陵新志》卷四下。)

王舒

晉車騎將軍王舒令其子曰：「甚愛溧陽縣，死則我欲葬焉。」故王死之後，徙縣治今處，而以昔解爲墓。(《太平御覽》卷五百五十六。)

西池

西池，孫登所創，《吳史》所稱西苑也，明帝修復〔一〕之耳。(《世說新語‧豪爽》劉孝標注。又見《(景定)建康志》卷十九、《(至大)金陵新志》卷五下。)

〔校記〕

〔一〕修復，《(景定)建康志》、《(至大)金陵新志》作「重修」。

高亭湖

王仲祖墓東南十六〔一〕里有高亭湖，周迴三十餘里。〔二〕(《太平寰宇記》卷九十。又見《(景定)建康志》卷十八。)

〔校記〕

〔一〕十六，《(景定)建康志》作「一十六」。

〔二〕此句，《(景定)建康志》無。

廬山

溧水縣西八十里〔一〕，有廬山，與丹陽分嶺〔二〕，俗傳嚴子陵結廬於此，或云山形似廬舍，因以爲名。〔三〕（《太平寰宇記》卷九十。又見《六朝事蹟編類》卷六。）

〔校記〕

〔一〕西八十里，《六朝事蹟編類》作「東」。

〔二〕分嶺，《六朝事蹟編類》作「分界」。

〔三〕此數句，《六朝事蹟編類》作「俗傳云，以廬舍爲名，又云嚴子陵嘗結廬於此」。

縣東有廬山與丹楊分界。（《（景定）建康志》卷十七、《（至大）金陵新志》卷五上。）

烏衣巷

烏衣之起吳時，烏衣營處所也。（《（景定）建康志》卷十六、《（至大）金陵新志》卷四下。）

長溪

湖熟前有長溪，東承句容縣赤山，湖水入於秦淮。（《（景定）建康志》卷十八。）

牧馬浦

牧馬亭東南一里有牧馬浦，晉永和中所置，流入秦淮，浦上舊有橋，謂之牧馬橋。（《（景定）建康志》卷十九、《（至大）金陵新志》卷五下。）

雨花臺

江南登覽之地三，曰甘露，曰雨華，曰淩歊。（《（景定）建康志》卷二十二、《（至大）金陵新志》卷十二。）

傅落城

延陵季子廟，〔一〕南廟在晉陵東郭外，北廟在武進博落坡〔二〕，西廟在潤州曲阿。又云墓在晉陵縣北七十里申浦西。〔三〕（《（咸淳）毗陵志》卷十四。《（至順）鎮江志》卷七。）

〔校記〕

〔一〕此句，《（至順）鎮江志》作「季子舊有三廟」。

〔二〕武進博落坡，《（至順）鎮江志》作「武進縣博落城西」。

〔三〕此二句，《（至順）鎮江志》作「西廟即此是也。」

東山

晉大傳謝安別墅在焉,安放情丘壑,每遊賞,必以妓女從。(《分類補註李太白詩》卷七。)

鎮淮橋

吳時南津橋也。(《(景定)建康志》卷十六、《(至大)金陵新志》卷四下。)

太極殿

太極殿,周制路寢也。秦、漢曰前殿,今稱太極曰前殿。洛宮之號始自魏。案《史記》,秦皇改命宮爲廟,以擬太極。魏號正殿爲太極,蓋採其義而加以太,亦猶漢夏門魏加曰太夏耳。咸康中,散騎侍郎庾闡議求改「太」爲「泰」,蓋謬矣。東西堂亦魏制,於周小寢也。皇后正殿曰顯陽,東曰含章,西曰徽音,又洛宮之舊也。含章名起後漢,顯陽、徽音亦起魏,曰明陽,晉避文帝諱改爲此。周禮亦有路寢、小寢,又其制度也。(《太平御覽》卷一百七十五。)

太極殿,周制路寢也。秦漢曰前殿,今稱太極曰前殿。洛宮之號,起自魏,東西堂亦魏制,於周小寢也。皇后正殿曰顯陽,東曰含章,西曰徽音,又洛宮之舊也。含章名起後漢,顯陽、徽音亦起魏。(《玉海》卷一百六十一。此條所言有南朝陳時事,應非出自山謙之《丹陽記》。)

太極殿,周制路寢也。梁廢,陳武帝復作太極殿。(《輿地紀勝》卷十七。)

太極殿,周制路寢也。秦漢曰前殿,今稱太極。東西堂,亦魏制,於周小寢也。(《(景定)建康志》卷二十一。)

皇后正殿曰顯陽,東曰含章,西曰徽音,皆後漢洛陽宮舊名。公雖用宋事,而仍曰漢宮。(《王荊公詩注》卷三十一。)

太極殿,周制路寢也。秦漢曰前殿,魏號正殿爲太極。(《玉海》卷一百五十九。)

含章名起後漢。(《河南志》卷二。)

東堂西堂亦魏制,周之小寢也。(《杜工部草堂詩箋》卷二十七、《王荊公詩注》卷二十九。)

東西堂亦魏制,於周小寢也。(《河南志》卷二。)

按,《玉海》所引「太極殿」此條,部分字句言出《輿地志》。《輿地志》作於南朝陳時,此條必非山謙之《丹陽記》,《輿地紀勝》、《王荊公詩注》所引各條,

亦均出自同一條目，似皆非山謙之《丹陽記》。

存疑

龍禁

自冬至至清明凡七氣，至寒食止，一百三日，蓋歷家以餘分演之也。世以禁煙，爲子推事。或云龍木星之位也。春屬東方，心爲大火，懼火太盛，故禁之。是以寒食爲龍禁之忌，非爲子推而禁也，似確。（《月令精鈔》下集。）

按，此條，各書徵引均不言出處，唯《月令精鈔》言出《丹陽記》，或非山謙之《丹陽記》也。

紙官署

齊高帝嘗造銀光紙，贈王僧虔。（《事文類聚》別集卷十四、《群書通要》丁集卷一、《韻府群玉》卷六。）

江甯縣東十五里〔一〕有紙官署，齊高帝於此〔二〕造紙之所也。常造凝光紙，賜王僧虔，一云銀光紙也。（《文房四譜》卷四。又見《墨池編》卷六。《事類賦注》卷十五。）

〔校記〕

〔一〕東十五里，《事類賦》無。

〔二〕於此，《事類賦》無。

按，此條，各書均言出《丹陽記》，但均未言作者，但其所言齊高帝時事，而山謙之卒於宋孝建年間，此條必不爲山謙之《丹陽記》也。

列洲

江甯縣南二十五里有列洲，晉簡文帝爲相時，會桓溫處也。（《太平御覽》卷六十九。）

（江寧）烈洲在縣西南。《輿地志》云：吳舊津所也，內有小水堪泊船，商客多停，以避烈風，故以名焉。王浚伐吳宿於此，簡文爲相時，會桓玄之所也。亦曰溧洲。洲上有山，山形似栗，伏滔《北征賦》謂之烈洲。（《太平御覽》卷六十九。）

按，此條所引《輿地志》成書於南朝陳時，而山謙之《丹陽記》作於劉宋時，此條似非山謙之《丹陽記》。

張公洲

張公洲，在縣西南，《梁書》太清二年，豫州刺史裴東之等舟師二萬，次張公洲。二年，陳霸先擊破侯子鑒師，至張公洲，並此處。（《太平御覽》卷六十九。）

按，此條所言梁太清二年事及陳霸先事，皆晚於山謙之卒年，此條亦非山謙之《丹陽記》。

《南徐州記》　　宋山謙之

山謙之，南朝宋時人，始末詳見其《吳興記》。《南徐州記》，《隋書·經籍志》言二卷，山謙之撰。新、舊《唐書》同。是書南宋時《輿地紀勝》仍見徵引，當其南宋仍存。《宋史·藝文志》不見著錄，或亡於宋元之交。《輿地紀勝》、《(咸淳)毗陵志》部分內容有言引自《南徐記》者，但考此部分內容，《太平御覽》、《太平寰宇記》言出《南徐州記》，或《南徐記》即《南徐州記》之簡稱。又虞孝恭嘗撰《廣梁南徐州記》，《(咸淳)毗陵志》引用時均言爲「虞孝恭《南徐記》」，或即有意與山謙之《南徐州記》（《南徐記》）區分也。南徐州，晉時僑置於京口，劉宋時改南徐州，故治在今江蘇鎭江。

石穴

剡縣有三白山，出鐵，常供戎器。山東頭南面有石穴，高丈餘，容十數人，恒津液流潤。天將雨，輒有雲群行從南來映山，山亦出雲應之與同，比就虞山，即大雨矣。（《太平御覽》卷四十六。）

郯縣有石穴，高丈餘，容十餘人，天將雨，輒有雲羣行從南來暎山，山亦出雲應之，即大雨也。（《北堂書鈔》卷一百五十一。）

落星山

臨沂縣前有落星山，今云班瀆，即《緣江圖》所謂落星浦。（《編珠》卷一、《初學記》卷五。）

臨沂有落星山。吳大帝時，山西江上置三層高樓，以此爲名。（《太平寰宇記》卷九十。）

縣有落星山，屬慈仁鄉，去縣四十里。(《(景定)建康志》卷十五、《(至大)金陵新志》卷四上。)

按，此條，各書所記均異，皆單列。《三國疆域志》言此條出自《南徐記》。

北固

城西北有別嶺入江〔一〕，三面臨水，高數十丈〔二〕，號曰「北固」〔三〕。(《世説新語·言語》劉孝標註。又見《太平御覽》卷四十六、《太平寰宇記》卷八十九。)

〔校記〕

〔一〕入江，《寰宇記》作「斜入江」。

〔二〕此句，《御覽》、《寰宇記》無。

〔三〕曰，《御覽》、《寰宇記》作「云」。

京城西北有別嶺入江，號「北固」，梁武帝登北固樓，又改名「北顧」。(《輿地紀勝》卷七。此條，《輿地紀勝》言出自《南徐記》。)

安陽山

此山石堪作器〔一〕，江東數州皆藉此器〔二〕。(《太平寰宇記》卷九十二。又見《(咸淳)毗陵志》卷十五。此條，《(咸淳)毗陵志》言出《南徐記》。)

〔校記〕

〔一〕此句，《毗陵志》作「山出石，堪作器用」。

〔二〕皆藉此器，《毗陵志》作「多藉之」。

京江

京江，《禹貢》北江也〔一〕。闊漫三十里，通望大壑，常以春秋朔望〔二〕，輒有大濤，聲勢駭壯，極爲奇觀，濤至江北激赤岸，尤更迅猛。(《初學記》卷六。又見《事類賦注》卷六。此條，《事類賦注》言出《南徐記》。)

〔校記〕

〔一〕北江，《事類賦注》作「北流」。

〔二〕朔望，《事類賦注》作「朔」。

京江〔一〕，《禹貢》北江。春秋分朔，輒有大濤，至江乘，北激赤岸〔二〕，尤更迅猛。(《文選·七上·七發》李善注。又見《杜工部草堂詩箋》卷八。)

〔校記〕

〔一〕京江，《杜工部草堂詩箋》作「京口」。

〔二〕此二句，《杜工部草堂詩箋》作「至激赤岸」。

京江，《禹貢》北江，在大濤，濤至乘北激赤岸，尤更迅猛。（《文選·表上·求自試表》李善注。）

茅君山

延陵縣南有茅君山，其山有靈府洞室，十七塗，九泉，交通四方，有五穴，南二，東、西、北各一。（《北堂書鈔》卷一百五十八。）

子英

子英常於芙蓉湖捕魚，得赤鯉持歸，以穀養一年，遂生角翅。魚云：「我來迎汝」。子英騎之，即乘風雨騰而上天，故《列仙傳》云：每經數載來歸見妻子，魚復來迎，如是數十回而不還。芙蓉湖，即貴湖也。又名上湖。（《太平御覽》卷六十六。）

子英常於芙蓉湖捕魚，得赤鯉，持歸以穀食養。一年，遂化爲龍。（《太平寰宇記》卷九十二。）

子英於芙蓉湖捕得赤鯉，養以穀，一年化爲龍。（《輿地紀勝》卷九。）

按，此條，《紀勝》卷九言爲《南徐記》，各書所引皆異，均單列之。

女山

丹徒縣西九里，臨江有女山。山東許貢客刺孫策所也。（《太平御覽》卷四十六。）

秦履山

暨陽縣西南可三十五里，有秦履山。傳云秦始皇登之，以望江海。（《太平御覽》卷四十六。）

馬鞍山

暨陽縣北九里馬鞍山，東有黃山，郭璞葬所。（《太平御覽》卷四十六。）

中州山

南沙縣北百里，有中州山，昔在海中，去岸七十里，義熙以來沙漲，遂與岸連。（《太平御覽》卷四十六。）

慧山

（慧山）南北數十里，山巔東西各有泉〔一〕，皆合於溪〔二〕，西南入太湖，山上有普利院〔三〕。（《輿地紀勝》卷六。又見《新定九域志》卷五。）

〔校記〕

〔一〕山巔，《新定九域志》作「山嶺」。

〔二〕合於溪，《新定九域志》作「皆合溪」。

〔三〕此句，《新定九域志》無。

五湖

無錫西三十五里有長渠〔一〕，南有五湖，向南又有小五湖，非《周禮》所云五湖也〔二〕。（《太平寰宇記》卷九十二。又見《輿地紀勝》卷六。此條，《（咸淳）毗陵志》言出《南徐記》。）

〔校記〕

〔一〕西，《紀勝》作「南」。

〔二〕所云，《紀勝》作「之」。

縣長渠南有五湖，又有小五湖，非《周官》之五湖也。中道長渠，溉田五十頃。（《（咸淳）毗陵志》卷十五。此條，《毗陵志》言出《南徐記》。）

馬昂洲

臨沂西入江，北三里有馬昂洲〔一〕，晉帝渡江〔二〕，牧馬於其所〔三〕，故名之〔四〕。（《太平寰宇記》卷九十。又見《（景定）建康志》卷十九。《（至大）金陵新志》卷五下。）

〔校記〕

〔一〕此二句，《（景定）建康志》、《（至大）金陵新志》作「臨沂縣北有馬昂洲」。

〔二〕帝，《（景定）建康志》、《（至大）金陵新志》作「元帝」。

〔三〕於其所，《（景定）建康志》、《（至大）金陵新志》作「於此」。

〔四〕故名之，《（景定）建康志》作「因以名之」，《（至大）金陵新志》作「因名」。

晉帝渡江，牧馬於其（馬昂洲）所，故名之。（《輿地紀勝》卷十七。）

迎擔湖

縣西五里有迎擔湖〔一〕，昔晉永嘉中，帝遷〔二〕，衣冠席捲過江，客主相迎湖側〔三〕，遂以迎擔爲名。〔四〕（《太平寰宇記》卷九十。又見《建康實錄》卷五、《六朝事蹟編類》卷五、《輿地紀勝》卷十七。）

〔校記〕

〔一〕西四里，《建康實錄》、《六朝事蹟編類》作「西北八里」，《紀勝》作「西五里」。

〔二〕此句，《建康實錄》作「昔中宗南遷」，《六朝事蹟編類》作「昔晉元嘉中，元帝南遷」，《紀勝》作「昔晉永嘉中」。

〔三〕此句，《建康實錄》作「客去相迎，負篸於此湖側」。

〔四〕此句，《建康實錄》作「至今名迎篸湖」，《六朝事蹟編類》作「遂以此爲名」。

蘇峻湖

迎擔湖西北有蘇峻湖，本名白石陂〔一〕。（《（景定）建康志》卷十八。又見《（至大）金陵新志》卷五下、《六朝事蹟編類》卷五。）

〔校記〕

〔一〕白，《六朝事蹟編類》作「曰」。

四望山

臨江有四望山，吳大帝嘗與仙者葛元共登之〔一〕。晉溫嶠伐蘇峻於四望山，築壘以逼賊是也〔二〕。（《輿地紀勝》卷十七。又見《太平寰宇記》卷九十。）

〔校記〕

〔一〕葛元，《寰宇記》作「葛玄」。

〔二〕此二句，《寰宇記》無。

陽湖

宋元嘉脩廢，成良疇數百頃。又云：長渠南有小五湖，南通陽湖，以近陽山，故名。（《（咸淳）毗陵志》卷十五。此條，《（咸淳）毗陵志》言出《南徐記》。）

三廟

季子舊有三廟，南廟則晉陵，北廟則武進，此（嘉賢廟）則西廟也。（《輿地紀勝》卷七。此條，《紀勝》言出《南徐記》。）

丹徒

秦使赭衣鑿其地〔一〕，因謂之丹徒。鑿處今在故縣西北六里。丹徒峴東南連亙，盤紆屈曲，有象龍形。故秦鑿絕頂，闊百餘步，又夾阬龍首，以毀其形。阬之所在，即今龍月二湖，悉成田也。（《史記·絳侯周勃世家》張守節正義。又見《資治通鑑補》卷十六。）

〔校記〕

〔一〕地，《資治通鑑補》作「處」。

京口

京口先爲徐陵，其地蓋丹徒縣之西鄉京口里也。(《太平寰宇記》卷八十九、《資治通鑒》卷八十、《(嘉定)鎮江志》卷一。)

徐州人

徐州人多勁悍，號精兵，故桓溫常曰：「京口酒可飲，箕可用，兵可使。」(《世說新語·捷悟》劉孝標注。)

徐州都督

舊徐州都督，以東爲稱。晉氏南遷，徐州刺史王舒加北中郎將，「北府」之號，自此起也。(《世說新語·排調》劉孝標注。)

伏牛山

蒜山北江中，有伏牛山。(《藝文類聚》卷八、《(嘉定)鎮江志》卷六。)

鯪魚

鯪魚，若鯉魚，四足。(《初學記》卷三十。)

京口

京口，舊名項口。(《太平寰宇記》卷八十九、《輿地紀勝》卷七。此條，《輿地紀勝》言出《徐州記》。)

洞天

洞天三十六所，句曲爲第八，名金壇華陽之洞。(《太平寰宇記》卷八十九。)

後湖

後湖，晉時陳敏所立。(《太平寰宇記》卷九十。)

故費縣城

在建康北二里，即懷德縣，寄建康北境，又置琅邪郡，割潮溝爲界。(《太平寰宇記》卷九十。)

常熟縣

武王尅商，求仲雍之後，得周章以居吳，因封之。(《太平寰宇記》卷九十一。)

上湖

無錫縣水清。(《太平寰宇記》卷九十二。)

五部湖

五部湖，其水濁，瀉於此而玄白。(《太平寰宇記》卷九十二。)

五部湖，其源濁而流清，溉田百餘頃，即陶穀所隱處。(《(咸淳)毗陵志》卷十五。此條，《(咸淳)毗陵志》言出《南徐記》。)

琅邪城

江乘南岸蒲洲津有琅邪城〔一〕，則琅邪城與白下相過〔二〕。(《(至大)金陵新志》卷十二上。又見《(景定)建康志》卷二十、《(嘉定)鎮江志》卷一。)

〔校記〕

〔一〕琅邪城，《(景定)建康志》作「琅邪」。

〔二〕則，《(景定)建康志》作「然則」。相過，《(景定)建康志》作「相邇」。《(嘉定)鎮江志》無此句。

江乘南岸蒲州岸有琅琊城，其地立琅琊內史以治之。(《六朝事蹟編類》卷三。)

龍目湖

(丹徒縣)有龍目湖，今失其所。鶴林寺前山有名胡蜂腰者。(《蠹齋鉛刀編》卷六、《嘉定鎮江志》卷六。)

長堂湖

延陵縣東南長塘湖，又名洮湖。(《(景定)建康志》卷十八。)

長塘湖在金壇南三十里，周廻一百二里，又名洮湖。(《(嘉定)鎮江志》卷六。)

大溪

大溪東南一百三十七里入長塘湖。(《(嘉定)鎮江志》卷六。)

槪洲

石壋山北江中有洲。今百姓於洲上槪種，所收倍於平陸。(《(景定)建康志》卷十九、《(至大)金陵新志》卷五下。按，「今百姓」二句，疑非《南徐州記》文。)

江乘浦

江乘縣西二里有大浦，發源於石城山，東入大江，因縣爲名。(《(景定)

建康志》卷十九。）

縣西有江乘浦。（《（至大）金陵新志》卷四上。）

江乘縣西二里有大浦，發源於石城山，東入大江。此山與盧龍、幕府諸山相連，迤邐達於京口。又有石城塢、石城洞、駐馬坡。〔一〕（《（至大）金陵新志》卷五上。又見《（景定）建康志》卷十七。）

〔校記〕

〔一〕此句，《（景定）建康志》無。

江乘縣西二里有大浦，發源於石城山，東入大江，因縣爲名。吳徐盛作疑城，自石頭至江乘。晉蔡謨自土山至江乘鎮守，八所城壘，凡十一處。（《（至大）金陵新志》卷五下。）

半陽湖

江乘縣南有半陽泉，半冷半熱，熱處可爛物，冷處如冰。熱處魚入冷處即死，冷處魚入熱處亦死。民種稻，則溉熱水，一年再熟。（《六朝事蹟編類》卷五。《（景定）建康志》卷十八、《（至大）金陵新志》卷五下。）

無錫城

縣舊城基也，六年令李晉卿重修。（《（咸淳）毗陵志》卷三。此條，《（咸淳）毗陵志》言出《南徐記》。）

石城王祠

或稱宗郎王，在縣東三十里。（《（咸淳）毗陵志》卷十四。此條，《（咸淳）毗陵志》言出《南徐記》。）

馬跡山

（七雲）山東十里有馬跡山。（《（咸淳）毗陵志》卷十五。《（咸淳）毗陵志》言出《南徐記》。）

松山

松山，一名小孤。（《（咸淳）毗陵志》卷十五。按，此條，《（咸淳）毗陵志》言出《南徐記》。）

大壞山

二山居洮湖，水環四面，視之若浮，故名。(《(咸淳) 毗陵志》卷十五。《(咸淳) 毗陵志》言出《南徐志》。)

橫山

橫山北曰上湖，南曰芙蓉湖。(《(咸淳) 毗陵志》卷十五。此條，《(咸淳) 毗陵志》言出《南徐記》。)

泰伯墓

晉殷師爲晉陵太守，嘗表其墓，復一戶護守泰伯墓。(《(咸淳) 毗陵志》卷二十六。按，此條，《(咸淳) 毗陵志》言出《南徐記》。)

候山

候山，北有白石峴。(《(咸淳) 毗陵志》卷十五。此條，二書均言出《南徐記》。)

存疑

以下數條《南徐 (州) 記》，多出自明清時書，明前書多不見引。《南徐州記》或亡於宋元之際，以下數條《南徐州記》出處存疑，茲將其列於「存疑」部分，以備考證。

季子廟

丹陽縣季子廟內有碑刻，孔子所書。嗚呼有吳延陵季子之墓。(《鄭侯升集》卷四十。此條，《鄭侯升集》言出《南徐記》。明前書徵引未有言爲《南徐記》者。)

琅邪郡

琅邪郡割潮溝爲界。(《東晉疆域志》卷四。又見《(嘉慶) 大清一統志》卷七十四。此條，《東晉疆域志》、《(嘉慶) 大清一統志》均言出《南徐州記》，清前書未見徵引者。)

晉懷德故城

《南徐州記》曰即襄德縣。(《(乾隆) 府廳州縣圖志》卷五。此條，清前書未見徵引者。)

茅山

茅山，形如巳字，亦名巳山，所謂「金陵地肺」也。(《漢書地理志補注》卷三十九。此條，《漢書地理志補注》言出《南徐州記》。《月令萃編》言出《句容縣志》。《(嘉慶)大清一統志》則言出《元和志》。)

善道

阮勝之《南徐記》：春秋時善道也。(《路史》卷二十九。按，此條應為阮升之《南兗州記》。)

芙蓉湖

芙蓉湖，晉張闓基其中，洩湖水令入五瀉，注於巨區，欲以為田，盛冬著赭衣，令百姓負土，值天寒凝沍，施功不成而罷。至宋，居民因其舊跡，隄岸堰水，塞湖為田。(《(洪武)無錫縣志》卷二。按，此條，各書均不存，唯《(洪武)無錫縣志》收之，言出《南徐記》。)

練湖

湖周百二十里，納丹徒、長山、高驪諸山之水，凡七十一流，匯而為湖。(《讀史方輿紀要》卷二十五。此條，各書所引均無言出《南徐記》者，唯《方輿紀要》言出《南徐記》。)

茆山

延陵縣南有茆山。漢元帝時，咸陽人茅盈及弟固得道之處。(《焦氏筆乘續集》卷七。《焦氏筆乘》言出《南徐州記》，他書未見引。)

鴻山

太伯宅東九里有皇山，太伯所葬即此山是也〔一〕(《(洪武)無錫縣志》卷二。又見《(洪武)無錫縣志》卷三下。按，此條，《無錫縣志》言出自《南徐記》。明前書未見有徵引者，茲列與此。)

〔校記〕

〔一〕即此山是也，《無錫縣志》卷三下作「之地」。

《尋陽記》　　宋山謙之

　　山謙之《尋陽記》，史志均不見載，唯《太平御覽》引得一條。尋陽，晉置，治溢城，今江西九江。此條，《初學記》、《文選》李善注皆引，言出張僧鑑《尋陽記》。或以爲，山謙之並不著《尋陽記》，山謙之有《丹陽記》，「丹」與「尋」形近，此條，或是《太平御覽》引《尋陽記》時，誤將《尋陽記》當作《丹陽記》，并誤加作者而成。

廬山石

　　廬山東面有一石，若鏡懸崖，明淨照見人形。（《太平御覽》卷七百一十七。按，山謙之《尋陽記》，諸書不見載，唯《太平御覽》引此條。）

《尋陽記》　　宋王縝之

　　王縝之《尋陽記》，卷亡，史志不著錄。王縝之，張國淦《中國古方志考》言其爲劉宋時人。

墨池、鵝池

　　羲之喜蓄鵝。觀其轉脰，以得運筆之勢。往來潯陽，愛廬山多松，可以製墨。每曰：「紙取東陽魚卵，墨取廬阜煙煤」，皆極選也。時有梵僧耶舍尊者，一名達磨多羅，來自西域，羲雅與遊。及殷浩遺書，強起爲右軍將軍會稽內史，乃施宅爲寺，以奉耶舍。今歸宗寺，有墨池、鵝池，皆遺跡也。（《永樂大典》卷六千八百三十。）

《潯陽記》　　佚名

　　除張僧鑒《尋陽記》、山謙之《尋陽記》、王縝之《尋陽記》外，唐宋諸書所引又有不著作者《尋陽記》一種，其條目多不與張、山二家記同，

茲單列，另作一種。《尋陽記》，又作《潯陽記》。

九江

　　九江，一曰〔一〕白烏江〔二〕，二蜯〔三〕江，三烏土江〔四〕，四嘉靡江，五畎〔五〕江，六浮〔六〕江，七稟〔七〕江，八提江，九菌江。（《初學記》卷六。又見《事類賦注》卷六、《古今合璧事類備要》前集卷七、《錦繡萬花谷》別集卷三。）

　　〔校記〕
　　〔一〕曰，《事類賦》無。
　　〔二〕白烏江，《古今合璧事類備要》、《錦繡萬花谷》作「烏白江」。
　　〔三〕蜯，《古今合璧事類備要》、《錦繡萬花谷》作「蚌」。
　　〔四〕烏土江，《古今合璧事類備要》、《錦繡萬花谷》作「烏江」。
　　〔五〕畎，《事類賦注》作「畝」。
　　〔六〕浮，《古今合璧事類備要》、《錦繡萬花谷》作「源」。
　　〔七〕稟，《事類賦注》、《古今合璧事類備要》、《錦繡萬花谷》作「廩」。

　　九江者〔一〕，烏江、蚌江、烏白江、嘉靡江、沙江、畎江〔二〕、廩江、隄江、箘江。（《史記·夏本紀》司馬貞索隱。又見《重修廣韻》卷一。）

　　〔校記〕
　　〔一〕此句，《重修廣韻》無。
　　〔二〕沙江，畎江，《重修廣韻》作「畎江，沔江」。

　　九江在潯陽〔一〕郡北五里，名曰烏江，遠則百餘里，是大禹所疏桑落洲，上下〔二〕三百餘里合流。（《通典》卷一百八十二。又見《補注杜詩》卷二十一、《文獻通考》卷三百十八。）

　　〔校記〕
　　〔一〕潯陽，《文獻通考》作「潯」。
　　〔二〕上下，《補注杜詩》作「上」。

　　九江之名〔一〕，一曰烏江，二曰蜯江，三曰烏白江，四曰嘉靡江，五曰畎江，六曰源江，七曰廩江，八曰提江，九曰箘江。（《書經集傳》卷二。又見《杜工部草堂詩箋》卷十八。）

　　〔校記〕
　　〔一〕之名，《杜工部草堂詩箋》無。

　　九江在潯陽，去州五里，名白馬江。（《太平寰宇記》卷一百一十一。）

九江在尋陽郡北五里，其名烏江，蚌江，烏白江，嘉靡江，畎江，源江，廩江，提江，菌江，皆大禹所疏桑落洲，上三百餘里合流。（《尚書說》卷二。）

九江，皆在荊州，謂烏江、蜯江、烏白江、嘉靡江、畎江、源江、廩江、提江、菌江，蔡九峰以爲九江者，洞庭之別名。（《通鑑綱目》卷三十六上。）

董先生杏

杏在北嶺上，有樹百株〔一〕。今猶稱董先生杏株〔二〕。（《太平御覽》卷九百六十八。又見《齊民要術》卷四。）

〔校記〕

〔一〕此句，《齊民要術》作「數百株」。

〔二〕株，《齊民要術》無。

董奉居廬山，爲人治病，得愈者令種杏五株。今猶稱「董先生杏」。（《事類賦注》卷二十六。）

石梁

廬山上有三石梁，長數十丈，廣不盈尺，杳〔一〕然無底。吳猛將弟子登山，過此梁，見一翁坐桂樹下，以玉杯承甘露漿與猛。又至一處，見數人爲猛設玉膏。猛弟子竊一寶，欲以來示世人，梁即化如指。猛使送寶還〔二〕，手牽弟子，令閉眼相引而過〔三〕。（《水經注》卷三十九。又見《太平御覽》卷七十三。）

〔校記〕

〔一〕杳，《太平御覽》作「者」，當爲「杳」之形訛。

〔二〕還，《太平御覽》無。

〔三〕此三句，《太平御覽》作「其梁復如故」。

廬山有三石梁，長數尺〔一〕，廣不盈尺，杳然無底。吳猛與弟子躡石梁而度，見金闕玉房，地皆五色。見一老翁坐桂樹下，以玉杯承露與猛。〔二〕（《方輿勝覽》卷十七。又見《輿地紀勝》卷二十五。）

〔校記〕

〔一〕尺，《輿地紀勝》無。

〔二〕「見一老翁坐桂樹下」二句，《輿地紀勝》無。

山有三石梁，長數丈，廣不盈尺，杳然無底。吳猛與弟子緣石梁而度，

見金闕玉房，地皆五色，文石如鼍卵，並有桂樹，皆高丈餘。輕風時度，聞鍾磬之聲，見一老人坐桂樹下，玉杯盛甘露漿授猛。又逢數人，宛若舊識，仍設玉膏，猛弟子輒竊一寶器，欲來示世人。須臾，雲霧晦冥，梁化如指，猛令送還，乃手引諸徒，閉目而返。（陳舜俞《廬山記》卷三。）

廬山上有三石梁，長數十丈，廣不盈尺，杳然無底。吳猛將弟子登山，過此梁，見一翁坐桂樹下，以玉杯盛甘露漿與猛。（《太平御覽》卷九百五十七。）

吳猛乘舟

吳猛乘舟，龍負而行，猛戒舟人閉目，舟人聞曳觸林木之聲，懼而竊窺，龍遂委其船山頂。舊傳故老眞見山頂猶有敗艑，棲賢之東。後有櫓斷源，亦因猛得名。（陳舜俞《廬山記》卷三。）

術士吳猛過此遇天神，曰：「此江神不守其官，覆溺生人，吾奉帝命按之。」言終而失。（《太平寰宇記》卷一百一十一。）

王敦誅術士吳猛，附船日行千里，追者但見龍附其船，猛令船人閉目，人聞曳撥林木之聲，懼而開目，龍知人見，遂委舟山頂，今艑底在紫霄峰上。（《太平御覽》卷四十一。）

盆水

盆〔一〕水出青盆山，因以爲名，帶〔二〕山雙流，而右灌〔三〕潯陽，東北流入江。（《初學記》卷八。又見《海錄碎事》卷三上、《錦繡萬花谷》後集卷六。）

〔校記〕
〔一〕盆，《海錄碎事》作「溢」。
〔二〕帶，《錦繡萬花谷》作「滯」。
〔三〕灌，《海錄碎事》作「攤」。

敗艑

桓宣穆遣人尋廬山，見上有一湖，湖內有一敗艑。（《北堂書鈔》卷一百三十八。）

廬山西嶺有甘泉，曾見一柂從山嶺流下。此溪中人號爲柂下溪。宣穆所遣人，見山湖中有敗艑，而後柂流下，信其不妄。（《太平御覽》卷七百七十一。）

桓伊嘗遣人尋山之奧，見大湖之側有一艑槽，崇山峻嶺，極舟楫之所不到也。傳云吳猛避難攝船於此，追者但見龍負其舟，舟人遂委於此。（《輿地紀勝》卷二十五。）

蓮池

桓伊爲江州刺史，嘗遣人尋山之奧，見有蓮池在廬山之絕頂。（《輿地紀勝》卷二十五。）

翟湯

初，庾亮臨江州，聞翟湯之風，束帶躡屐而詣焉。亮禮甚恭，湯曰：「使君直敬其枯木朽株耳」。亮稱其能言，表薦之，徵國子博士，不赴。主簿張玄曰：「此君臥龍，不可動也。」終於家。（《世說新語·棲逸》劉孝標注。）

周邵

周邵字子南，與南陽翟湯隱於尋陽廬山。庾亮臨江州，聞翟、周之風，束帶躡履而詣焉。聞庾至，轉避之。亮後密往，值邵彈鳥於林，因前與語。還，便云：「此人可起。」即拔爲鎮蠻護軍，西陽太守。其集載與邵書曰：「西陽一郡，戶口差實，非履道眞純，何以鎮其流遁？詢之朝野，僉曰足下。今具上表，請足下臨之無讓。」（《世說新語·尤悔》劉孝標注。）

周邵字子南，好隱遁，庾亮臨江州，詣之，轉避不相見，庾密候之，邵方彈鳥於林下，因前與言。（《北堂書鈔》卷一百二十四。）

赤山

赤山崖峻壁上多靈巖，生仙菜，村人恒採之也。（《藝文類聚》卷六。）

廬山

桓宣穆使人尋廬山，見一人，謂之曰：「君過前嶺，必逢二年少相隨長嘯，試要問之。若不與言者，可速去。」此人過嶺，果見二年少，以袂掩鼻長嘯，狀如惡獸〔一〕。呼不與言。（《太平御覽》卷三百九十二。又見《藝文類聚》卷十九、《事文類聚》後集卷二十一。）

〔校記〕

〔一〕獸，《藝文類聚》、《事文類聚》作「鼻」。

桓宣穆廬山，見一人，謂之曰：「君過前嶺，必逢二少年相隨長嘯，試要

問之，若不與言者，可速去。」果見二人以袂掩鼻長嘯，狀如惡其臭，呼之，不與言。（《白氏六帖事類集》卷十八。）

桓穆遣人尋廬山，下嶺見毛人，長大，體悉毛，語不可解。山居道士亦時見此。（《太平御覽》卷三百七十三。）

陶公牂牁

郡西北有一松楊樹，枝條繁茂，垂陰數畝。傳云陶桓公牂柯成此樹。（《太平御覽》卷七百七十一。）

郡西北有一松樹，枝條鬱茂，乃陶公牂牁成此樹也。（《北堂書鈔》卷一百三十八。）

上霄峰

上霄峰在山東南，秦皇登之，與霄漢相接，因名之。高處有刻名之字，大如掌背，隱起焉，僅百餘言。（《太平御覽》卷四十一。）

秦始皇十七年，東登廬山，以望九江，至上霄峰，以與霄漢相接，因命之。峰後有刻石，云是夏禹所刻。丈尺、里數、文字不可辨。（陳舜俞《廬山記》卷一。）

陶潛栗里

陶潛栗里今有平石如砥，縱廣丈餘，相傳靖節先生醉臥其上，在廬山南。（《太平御覽》卷四十一。）

二女

為安世高所度。其神乃化，形說具蛇岡。至今舟人往來猶禱焉。即其地也。（陳舜俞《廬山記》卷二。）

五老峰

廬山頂上有一池水，池中有三石雁，霜落則飛。山北有五老峰，於廬山最為峻極，橫隱蒼穹，積石巖巘，迥壓彭蠡，其形勢如河中虞鄉縣前五老之形，故名之。（《太平御覽》卷四十一。）

廬山頂上有池，中有三石雁，霜降則飛。（《事類賦注》卷七。）

蠡湖

蠡湖西灣夏秋水渺漲，商徒縈紆牽舟循繞，人力疲勞，號為西疲灣，亦

云西灣。又有白溝灣，亦在湖西，汎漲，驚波似雪，洶湧溝澮，因是名焉。又有落星灣，灣內有落星石，周廻百步許，又有神林，下有廟，祈福而獲前進，由是名焉。又有女兒廟，禱祈亦有靈應，即不許所置。（《太平御覽》卷七十五。）

落星石

落星石在宮亭湖中，周廻百餘步，高五丈，上生竹木〔一〕。（《太平御覽》卷五十二。又見《事類賦》卷七。）

〔校記〕
〔一〕此二句，《事類賦》無。

圓石

石鏡山東有一圓石，懸崖明淨，照人毫細必察。（《太平御覽》卷五十二。）

鵲洲

鵲洲在縣北。（《太平御覽》卷六十九。）

江州

春秋時吳之西境，後吳為楚滅，更為楚地。秦屬廬江郡，漢屬淮南國，晉武太康十年因江水之名而置江州，成帝咸和元年移理溢城，即今郡是。（《太平御覽》卷一百七十。）

春秋時為吳之西境，楚之東境。本在大江之北，今蘄州界古蘭城是也。（《太平寰宇記》卷一百一十一。）

龍窟

龍窟有深潭，有人於此水邊洗銅碗，忽浪起水長，便失碗。此人後見此碗置城裏井邊。（《太平御覽》卷七百六十。）

稽亭

稽亭北瞰大江，南望高嶽，淹留遠客，因以為名。（《太平御覽》卷一百九十四、《太平寰宇記》卷一百一十一。）

石墨

廬山有石墨，可書。（《太平御覽》卷六百零五。）

白頭翁

周訪與商人共入宮亭廟宿。明起如廁，見一白頭翁。訪逐之，化爲雄鴨。還船，欲煮之。商人爭看，遂飛去。(《太平御覽》卷九百一十九。)

蛟害

城東門通大橋，常有蛟爲百姓害，董奉疏一〔一〕符與〔二〕水中，少日，見一蛟死，浮出。(《藝文類聚》卷九十六。又見《太平御覽》卷九百三十、《太平廣記》卷四百二十五。)

〔校記〕

〔一〕一，《太平廣記》無。

〔二〕與，《太平廣記》作「沉」。

楠樹

黃金山有楠樹，一年東邊榮西邊枯，後年西邊榮東邊枯，年年如此。張華云「交讓樹」者，此是也。(《太平御覽》卷九百五十八。)

黃金山上有楠樹〔一〕，一年東邊榮西邊枯；一年〔二〕西邊榮東邊枯。年年常然〔三〕。張華所謂「交讓樹」也〔四〕。(《太平寰宇記》卷一百一十一。又見《事類賦注》卷二十四、《輿地紀勝》卷三十。)

〔校記〕

〔一〕楠樹，《事類賦注》作「交讓樹」。

〔二〕一年，《事類賦注》作「後年」。

〔三〕常然，《事類賦注》作「如此」。

〔四〕此句，《事類賦注》無；樹，《輿地紀勝》作「木」。

石井山

石井山，曾有行人見山上有採紫草者，此人謂村人揭錘而往，見山上人便去，聞有呼昌容者，曰人來取尔草。既至山頂，寂寞無所見。(《太平御覽》卷九百九十六。)

飛魚遜

晉義熙中，吳隸爲魚塞於雲湖中，有人語之曰：「晚有大魚攻塞，切勿殺！」隸許之。須臾有大魚至，群魚從之，同侶誤殺其魚。是夕，風雨暝晦，群魚悉飛上木間，因名爲飛魚遜。(《太平寰宇記》卷一百一十一。)

晉義熙中，吳隸爲魚塞於雲湖，乃有大魚化爲人，語隸云：「晚有大魚攻

塞，切勿殺。」隸許之，須臾有大魚至，羣魚從之，隸同侶不知，殺大魚，其夕風雨暝晦，魚悉飛上木間，因號爲飛魚逕。（《輿地紀勝》卷三十。）

白馬江

九江在潯陽，去州五里，名白馬江。（《太平寰宇記》卷一百一十一。）

白馬江，去州五里。（《輿地紀勝》卷三十。）

黃龍山

黃龍山去軍城三十里，能興雲致雨，有黃龍之像，故名。下有黃龍像。（《輿地紀勝》卷二十五。）

青牛谷

青牛谷在五老峰下，相傳云老君陽見之所。（《輿地紀勝》卷二十五。）

垂魚洞

洞中有小溪，西南流入小巴水。有石如魚形，垂在洞中，有石橋、石碁局，石乳洞。門高數丈，人或尋之，終莫能究其深遠。（《輿地紀勝》卷三十。）

石鼓山

每天陰，聞鼓聲。（《輿地紀勝》卷三十。）

雞籠山

雞籠山下有水湧出如潮，晷刻不差，望朔尤大。（《輿地紀勝》卷二十五。）

雞籠山下有澗，水常深一尺，泉涌如潮，晷刻不差，朔望尤大，其俗呼爲潮泉。（陳舜俞《廬山記》卷三。）

莫山

莫山有澗，深丈餘，朝夕輒有湧泉溢出如潮，號爲潮泉。（《太平御覽》卷七十。）

存疑

彭蠡湖

彭蠡湖在南康府南，即今之鄱陽湖。又曰：宮亭湖即彭蠡，其名宮亭

也。或謂因廬山三宮得名。按《爾雅·大山》曰：宮不必盡由三宮矣。（《御定淵鑒類函》卷三十二。此條，《淵鑒類函》言出《潯陽記》，清前書未見徵引此條者，各家《潯陽記》清代時皆亡佚，《淵鑒類函》此條不知從何處輯得，姑存疑，置於此。）

《南康記》 宋鄧德明

鄧德明《南康記》，史志不著錄，卷亡。鄧德明，劉宋時南康郡（今江西贛州）人，生卒年不詳。清謝旻《（康熙）江西通志》卷一百十九言：「鄧德明，宋元嘉中撰《南康記》，實爲章貢文獻之開基。」清《（嘉慶）大清一統志》卷三百三十一言「元嘉末，（鄧德明）就豫章雷次宗學，博物洽聞，該綜今古，嘗作《南康郡記》，此邦文獻，以德明爲冠。」此書，北宋人徵引頗多，南宋王應麟《玉海》仍錄，則其南宋時尚存。南康郡，晉置，宋因之，初治雩都，今江西今縣，後移治贛縣，今江西贛州。鄧德明此記，陶宗儀《說郛》、黃奭《漢學堂叢書》皆輯。劉緯毅《漢唐方志輯佚》亦輯是書。

盧耽

昔有〔一〕盧耽，仕州爲治中，少棲仙術〔二〕，善解雲飛〔三〕，每夕輒淩虛歸家，曉則還州〔四〕，嘗於元會至朝，不及朝列〔五〕，化爲白鵠至闕前〔六〕，廻翔欲下〔七〕，威儀以石擲之〔八〕，得一隻履〔九〕，耽驚〔十〕，還就列〔十一〕，內外左右，莫不駭異〔十二〕。時步騭爲廣州〔十三〕，意甚惡之〔十四〕，便以狀列聞〔十五〕，遂至誅滅。（《水經注》卷三十七。又見《北堂書鈔》卷七十三、《藝文類聚》卷四、《太平御覽》卷二十九、《太平御覽》卷二百六十三、《太平御覽》卷六百九十七、《太平御覽》卷九百一十六、《九家集注杜詩》卷十三。）

〔校記〕
〔一〕昔有，《北堂書鈔》、《九家集注杜詩》均無此二字。
〔二〕此句，《太平御覽》卷六百九十七無。《北堂書鈔》作「有神術」，《藝文類聚》、《太平御覽》卷二十九、《九家集注杜詩》均作「少學仙術」，《北堂書鈔》作「有神術」，《太平御覽》卷二百六十三作「少有棲山之術」、《太平御覽》卷九百一十六作「少

　　有棲仙之術」。

〔三〕此句，《太平御覽》卷六百九十七無。《太平御覽》卷九百一十六、《北堂書鈔》作「能
　　　飛」，《藝文類聚》、《太平御覽》卷二百六十三、《九家集注杜詩》均作「善解飛」。

〔四〕此二句，《太平御覽》卷六百九十七、卷九百一十六無。

〔五〕此二句，《北堂書鈔》略爲「及朝」，《藝文類聚》作「嘗元會，至晚不及朝列」，《太
　　　平御覽》卷二十九作「嘗赴元會，至曉不及預朝列」，《太平御覽》卷二百六十三作
　　　「曾元會，曉不及朝」，《太平御覽》卷六百九十七作「當元會，至曉不及朝」，《太
　　　平御覽》卷九百一十六作「嘗元會，至曉不及朝列」。

〔六〕闕，《北堂書鈔》、《藝文類聚》、《太平御覽》卷二十九、卷二百六十四、卷六百九十
　　　七、《九家集注杜詩》、《太平御覽》卷九百一十六作「閣」。

〔七〕廻翔，《九家集注杜詩》作「翶翔」。

〔八〕「威儀以石擲之」，《北堂書鈔》作「或以箒擲之」。

〔九〕得一隻履，《北堂書鈔》作「得履一雙」，《藝文類聚》卷四、《太平御覽》卷二十九、
　　　卷二百六十四、卷六百九十七、卷九百一十六、《九家集注杜詩》作「得一雙履」。

〔十〕耽驚，《太平御覽》卷二十九、卷二百六十三、卷九百一十六作「耽乃驚」。此句以
　　　下，《北堂書鈔》無。

〔十一〕還就列，《太平御覽》卷九百一十六作「還坐」。

〔十二〕內外左右，莫不駭異，《太平御覽》卷二百六十三無此句。

〔十三〕廣州，《藝文類聚》、《太平御覽》卷二十九、卷二百六十三、卷六百九十七、卷九
　　　　百一十六均作「廣州刺史」。

〔十四〕意甚惡之，《太平御覽》卷二百六十三作「意惡之」。

〔十五〕便以狀列聞，《太平御覽》卷二十九、卷六百九十七作「便以狀聞」。

柒侯墓

　　泉下有巖臨水，頂有柒侯墓〔一〕，松柏樹〔二〕卒歲不彫。說者云：墓處
極峻，乃累石爲冢〔三〕。（《北堂書鈔》卷九十四。又見《太平御覽》卷五百五十九。）

　　〔校記〕

〔一〕柒侯，《太平御覽》卷五百五十九作「柴侯」。

〔二〕松柏樹，《太平御覽》卷五百五十九作「松樹」。

〔三〕《太平御覽》卷五百五十九此句後有「又別有金錢藏，不可得開。若欲上山，必遇雷
　　　晦之異。夜時見光色如電之爛，所謂寶精也」數句。

陳憐

　　南野縣有漢監匠陳憐〔一〕，其人通靈，夜嘗乘龍還家，其婦懷身。憐母疑
與外人通，密看乃知是憐。乘龍至家，輒化成青竹杖。憐內致戶前，母不知
因，將杖去。須臾，光彩滿堂，俄爾飛失〔二〕。憐失杖〔三〕，乃御雙鵠還。（《太

平御覽》卷七百一十。又見《北堂書鈔》卷一百三十三。）

〔校記〕

〔一〕有漢監匠陳憐，《北堂書鈔》作「有術士陳憐」。

〔二〕飛失，《北堂書鈔》作「飛去」。按，「失」爲「去」之訛誤。

〔三〕憐失杖，《北堂書鈔》無「憐失」二字。

玉臺

雩都君山有玉臺，方廣數丈。（《初學記》卷五。）

雩都君山上有玉臺〔一〕，方廣數丈，周迴盡是白石柱〔二〕，柱自然石覆〔三〕，如屋形也。四面多松杉，遙眺峨峨，嚮像羽人之館〔四〕。風雨之後，景氣明淨，頗聞山上有鼓吹之聲〔五〕，山都木客，爲舞唱之節〔六〕。（《藝文類聚》卷六十二。又見《太平御覽》卷一百七十七、《太平御覽》卷五百六十七、《太平廣記》卷三百九十七。）

〔校記〕

〔一〕《太平御覽》卷五百六十七「玉臺」前有「絕峰高崿，遠望以舟船上」句。

〔二〕此句，《太平廣記》無。

〔三〕柱自然石履，《太平御覽》卷一百七十七無「柱」字，《太平御覽》卷五百六十七「柱」作「上」。《太平廣記》作「有自然霞」。

〔四〕此三句，《太平御覽》卷五百六十七、《太平廣記》無。

〔五〕鼓吹之聲，《太平廣記》無「之」字。

〔六〕此二句，《太平御覽》卷五百六十七無。《太平廣記》作「即山都木客，爲其舞唱。」

君山

（君山）其山奇麗鮮明〔一〕，遠〔二〕若臺榭，名曰媧宮〔三〕，亦曰女姥石〔四〕。山去盤固山五十里〔五〕，上有玉臺，方廣數十丈，又有自然石室〔六〕如屋形〔七〕。風雨之後，景氣明淨〔八〕，頗聞山上鼓吹之聲〔九〕，山都、木客爲其舞唱之節〔十〕。（《太平寰宇記》卷一百零八。又見《太平御覽》卷四十八、《輿地紀勝》卷三十二。）

〔校記〕

〔一〕奇麗，《太平御覽》作「翠麗」。

〔二〕遠，《太平御覽》作「遙」。

〔三〕媧宮，《輿地紀勝》作「女媧宮」。

〔四〕女姥石，《輿地紀勝》作「女媧石」。

〔五〕此句，《輿地紀勝》無。

〔六〕又有，《輿地紀勝》無此二字，《太平御覽》作「上有」。

〔七〕如屋形，《輿地紀勝》無「形」字，《太平御覽》無此三字。

〔八〕此句，《輿地紀勝》無。

〔九〕山上鼓吹之聲，《輿地紀勝》作「山上有鼓吹之聲」，《太平御覽》作「山有鼓吹之聲」。

〔十〕此句，《輿地紀勝》作「山都木客，爲唱舞之節。」

歸義山〔一〕

南康縣歸義山〔一〕，去縣七百里〔二〕，下有石城〔三〕，高數丈〔四〕。遠望嵯峨，靈闕騰空，故老謂之神闕〔五〕。（《藝文類聚》卷六十二。又見《編珠》卷二、《初學記》卷五、《太平御覽》卷四十八、《太平御覽》卷一百七十九、《太平御覽》卷一百九十三。）

〔校記〕

〔一〕歸義山，《初學記》、《太平御覽》卷四十八、卷一百七十九、卷一百九十三均作「歸美山」。

〔二〕去縣七百里，《初學記》、《太平御覽》卷四十八、卷一百九十三無。

〔三〕此句，《初學記》、《太平御覽》卷四十八無。

〔四〕此句，《初學記》、《太平御覽》卷四十八作「高數百丈」。

〔五〕此句，《太平御覽》卷一百九十三作「故老謂之神仙遊焉」。

五嶺

大庾領一也〔一〕，桂陽騎田領二也〔二〕，九眞都龐領三也〔三〕，臨賀萌渚領四也〔四〕，始安越城領五也〔五〕。（《漢書·張耳陳餘列傳》顏師古注。又見《後漢書·吳延史盧趙列傳》李賢等注、《資治通鑒補》卷七、《九家集注杜詩》卷三十五、《玉海》卷二十、《兩漢博聞》卷十、《兩漢雋言》卷五前集。）

〔校記〕

〔一〕領，此條諸「領」字均應作「嶺」，茲並列出，不復重校。《後漢書》注、《兩漢博聞》均無「嶺」字。

〔二〕騎田領，《後漢書》注、《九家集注杜詩》作「甲騎嶺」，《兩漢博聞》作「甲騎」。

〔三〕都龐領，《後漢書》注、《兩漢博聞》均無「領」。

〔四〕萌渚領，《後漢書》注、《兩漢博聞》均無「領」。

〔五〕越城領，《後漢書》注、《兩漢博聞》均無「領」。

臺嶺（今名大庾嶺）、桂陽騎田嶺、九眞都龐嶺、臨賀萌浩嶺、始安越城嶺。（《通鑒綱目》卷二上。此條，《通鑒綱目》言出陸德明《南康記》，「陸」，當爲「鄧」之誤。）

大庾嶺、桂陽騎田嶺、九眞都寵嶺、臨賀萌浩嶺、始安越城嶺，是爲五

嶺。（《杜工部草堂詩箋》卷十九。）

大庾、桂陽騎田、九眞都龐、臨賀萌渚、始安越城，通作嶺。（《古今韻會舉要》卷十五。）

秦守五嶺，第一塞嶺即大庾嶺是也。（《輿地紀勝》卷三十六。）

秦守五嶺，第一塞嶺即大庾也。通道交、廣，此其喉咽。（《方輿勝覽》卷二十二。）

秦始皇略定楊越，謫戍五方，南守五嶺。第一塞上嶺即南康；大庾嶺是第二；騎田嶺（今桂陽郡臘嶺）是第三；都龐嶺（今江華郡永明嶺）是第四。甿渚嶺（亦江華郡白芒嶺）是第五，越城嶺即零陵郡南臨源嶺是也。（《太平御覽》卷五十四。）

陳蕃墓

南野巘山〔一〕，有漢太傅陳蕃〔二〕。遙望兩杉樹，聳柯出嶺，垂蔭覆谷。（《藝文類聚》卷八十九。又見《太平御覽》卷九百五十七。）

〔校記〕

〔一〕南野，《太平御覽》無。

〔二〕陳蕃，《太平御覽》作「陳蕃墓」。

大蛇繞墳

南野巘山〔一〕，有漢太傅陳蕃冢墓〔二〕，西岸有廟，名曰宮渚〔三〕。昔值軍亂〔四〕，聞墓有三寶〔五〕，軍人爭掘〔六〕，指麾必啓〔七〕。忽大蛇圍繞墳前〔八〕，崩雷晦雨，當時竟不得發〔九〕。（《太平御覽》卷九百三十四。又見《北堂書鈔》卷九十四、《太平御覽》卷五百五十九。）

〔校記〕

〔一〕南野巘山，《北堂書鈔》無「南野」、《太平御覽》卷五百五十九作「南野山巘山」。

〔二〕《太平御覽》卷五百五十九此句前有「大塘下流三十里」句。冢墓，《北堂書鈔》作「冢」。

〔三〕此二句，《北堂書鈔》、《太平御覽》卷五百五十九並無。

〔四〕昔，《北堂書鈔》無。

〔五〕三寶，《北堂書鈔》、《太平御覽》卷五百五十九並作「寶」。

〔六〕軍人，《北堂書鈔》、《太平御覽》卷五百五十九並作「三軍」。

〔七〕此句，《北堂書鈔》、《太平御覽》卷五百五十九並無。

〔八〕忽，《北堂書鈔》、《太平御覽》卷五百五十九作「忽有」。大蛇，《太平御覽》卷五百五十九作「大虵」。

〔九〕當時，《北堂書鈔》無。

青龍岡（一）

漢太傅陳蕃爲宦豎所害〔一〕，徙家於日南，又追之於此〔二〕誅滅，遂葬之。嘗有發冢者，乃見大蛇纏墓〔三〕，即便風雨晦冥，其冢免開〔四〕。其岡頂有青龍見，因號青龍岡。（《太平寰宇記》卷一百零八。又見《輿地紀勝》卷三十六。此條，《太平寰宇記》、《輿地紀勝》均未注明作者，但行文與上文「大蛇繞墳」條類，「大蛇繞墳」條《太平御覽》明言出自鄧德明《南康記》，此條應同，姑置於此。）

〔校記〕

〔一〕宦豎，《輿地紀勝》作「宦寺」。

〔二〕之，《輿地紀勝》作「至」。

〔三〕乃見，《輿地紀勝》作「見」。

〔四〕免開，《輿地紀勝》作「脫開」。

青龍岡（二）

陳蕃墓在青龍崗〔一〕，土人傳云：昔見一物，龍形而通身絕青，數出崗頂及山邊〔二〕，故言名青龍也〔三〕。（《太平御覽》卷五十三。又見《北堂書鈔》卷一百五十七、《藝文類聚》卷六。）

〔校記〕

〔一〕在，《北堂書鈔》、《藝文類聚》並言「有」。

〔二〕此句，《北堂書鈔》作「數見此崗」，《藝文類聚》作「數出此岡頂」。

〔三〕此句，《北堂書鈔》作「故因立名也」，《藝文類聚》作「故因以爲名青龍也」。

覆笥山

平固縣覆笥山〔一〕，上有太湖〔二〕，周數十里〔三〕，靈果異物，皆不可識〔四〕。又有石雁〔五〕，浮在湖中〔六〕，每至秋天，石雁飛鳴，如候時也。（《藝文類聚》卷九。又見《藝文類聚》卷九十一、《太平御覽》卷九百一十七、《事類賦注》卷十九。）

〔校記〕

〔一〕平固縣覆笥山，《藝文類聚》卷九十一、《太平御覽》、《事類賦注》作「平固縣有覆笥山」。

〔二〕太湖，《藝文類聚》卷九十一、《太平御覽》、《事類賦注》作「湖」。

〔三〕周，《藝文類聚》卷九十一、《太平御覽》、《事類賦注》作「周廻」。

〔四〕此二句，《藝文類聚》卷九十一、《太平御覽》、《事類賦注》無。

〔五〕又有，《藝文類聚》卷九十一作「有」，《太平御覽》、《事類賦注》作「有一」。

〔六〕浮在，《太平御覽》作「浮出」。

平固縣

平固縣西覆笥下有洞穴，穴口可廣五六尺，高五尺餘。昔有人採鍾乳，深入爲瞑，不得出，遂留住宿，忽聞頭上有篙船之聲。(《太平御覽》卷五十四。)

覆笥山

平固縣覆笥山上有笥，貯玉牒記，故山因笥爲名。(《編珠》卷一、《藝文類聚》卷七。)

石雁〔一〕

平固縣有湖〔二〕，中有石雁，浮在湖中〔三〕，每至秋〔四〕，石雁飛鳴，如候時也〔五〕。(《太平御覽》卷二十四。又見《初學記》卷八、《海錄碎事》卷二、《錦繡萬花谷》後集卷三、《錦繡萬花谷》後集卷六、《歲時廣記》卷三、《記纂淵海》卷二。)

〔校記〕

〔一〕此條內容，與「覆笥山」條類，但文字稍異，姑另作一條。

〔二〕此句，《初學記》、《錦繡萬花谷》後集卷六作「覆笥山平湖」，《海錄碎事》、《錦繡萬花谷》後集卷三、《記纂淵海》、《歲時廣記》作「平固縣覆笥山上有湖」，

〔三〕浮在湖中，《海錄碎事》、《錦繡萬花谷》後集卷三、《記纂淵海》無，《初學記》、《錦繡萬花谷》後集卷六作「浮在水」，《歲時廣記》作「浮於湖上」。

〔四〕秋，《初學記》、《錦繡萬花谷》後集卷六作「炎氣代序」，《海錄碎事》、《錦繡萬花谷》後集卷三作「秋天」。

〔五〕此二句，《初學記》、《錦繡萬花谷》後集卷六作「飛翔若知感候」，《海錄碎事》、《錦繡萬花谷》後集卷三、《歲時廣記》、《記纂淵海》作「飛鳴如候時也」。

黃唐廟

有石子如彈丸，聚在山角，至丙日不復見，他日復有，其山獨立，高一千三百丈，相傳以石室呼爲黃唐廟，因以名焉〔一〕。(《太平御覽》卷四十八。又見《太平寰宇記》卷一百零八。)

〔校記〕

〔一〕此句，《太平寰宇記》無。

通天穴

贛縣黃唐山有石穴，口廣七八尺。外有小石贛而裏長，如十間屋，廣五

丈，高八九丈。〔一〕西南有通天穴，四壁石色如畫，丈六。像下有石牀，又見二人著幘對坐斂手〔二〕，有石彈丸子〔三〕，聚在一角〔四〕。（《北堂書鈔》卷一百五十八。又見《太平御覽》卷五十四。）

〔校記〕

〔一〕此數句，《太平御覽》無。

〔二〕此句，《太平御覽》無。

〔三〕石彈丸子，《太平御覽》作「石子彈丸」。

〔四〕聚在，《太平御覽》作「聚有」。

雩都峽

雩都峽，去縣百里，兩邊傍江，江廣三十餘丈，高嶺稠疊，連巖石峙。其水常自激涌，奔轉如輪，春夏洪潦，經過阻絕。（《藝文類聚》卷六。）

雩都峽，其水常自激，通奔如轉輪。（《太平御覽》卷五十三。）

馬脊岡

馬脊岡〔一〕，〔二〕傍山臨水〔三〕，形如馬脊〔四〕。上有臺榭遺跡，云陸賈說尉佗〔五〕，行次所止〔六〕。（《太平寰宇記》卷一百零八。又見《藝文類聚》卷六、《太平御覽》卷五十、《輿地紀勝》卷三十二。）

〔校記〕

〔一〕《藝文類聚》、《太平御覽》「馬脊岡」前有「贛縣」一詞。

〔二〕《太平御覽》此處有「縣西」二字。

〔三〕《藝文類聚》、《太平御覽》、《輿地紀勝》無此句。

〔四〕此句，《藝文類聚》「形」前有「其」字，《藝文類聚》、《太平御覽》此句下有「故以爲名也」句，並以此作結。

〔五〕尉佗，《輿地紀勝》作「尉佗時」。

〔六〕行次所止，《輿地紀勝》作「行止所次」。

梓樹

梓潭山，在雩都縣之東南六十九里〔一〕，其山有大梓樹〔二〕。吳王令都尉蕭武伐爲龍舟艚，斫成而牽引不動，占云：須童男女數十人爲歌樂，乃當得下〔三〕。依其言〔四〕，以童男女牽拽〔五〕，艚沒於潭中〔六〕，男女皆溺。其後，每天晴朗淨〔七〕，髣髴若見人船焉。夜宿潭邊〔八〕，或聞歌唱之聲，因號梓潭焉。（《太平御覽》卷六十六。又見《太平御覽》卷四十八、《太平寰宇記》卷一百零八。）

〔校記〕

〔一〕此句，《太平御覽》卷四十八、《太平寰宇記》並無。
〔二〕此句，《太平御覽》卷四十八、《太平寰宇記》並作「有大梓樹」。
〔三〕當得下，《太平御覽》卷四十八作「當下」。
〔四〕依其言，《太平御覽》卷四十八作「遂依其言」，《太平寰宇記》無此句。
〔五〕此句，《太平寰宇記》作「乃以童男牽曳」，
〔六〕艚，《太平御覽》卷四十八作「糟」，當爲「艚」之形訛。
〔七〕此句，《太平御覽》卷四十八無「每」字，《太平寰宇記》作「大晴朗」。
〔八〕夜宿，《太平寰宇記》作「夜靜」。

梓潭山在雩都縣，舊有大梓木，吳王令都尉蕭武伐之，刳爲龍舟，斫成而牽不動。或云，須男女數千人爲歌唱之聲，舟飛去，而男女皆溺焉。（《輿地紀勝》卷三十二。）

梓潭

梓潭，昔有梓樹，巨圍，葉廣丈餘，垂柯數畝。吳王伐樹作船，使童男女挽之，船自飛下水，男女皆溺死，至今潭中時有歌唱之音。（《初學記》卷八、《錦繡萬花谷》後集卷六。）

梓潭有梓樹，洪直巨圍，葉廣丈餘，垂柯數畝。（《太平御覽》卷六十六。）

樟樹潭

漢有阿堤樹，於此潭邊伐大樟樹爲龍舟艚，斫而出血〔一〕，伐人並皆沉死，因號樟樹潭。（《太平寰宇記》卷一百零八。又見《輿地紀勝》卷三十二。此條與「梓樹」、「梓潭」條內容相近，但文字相異，姑另作一條。）

〔校記〕
〔一〕斫，《輿地紀勝》作「所」，應爲「斫」字之形訛。

贛潭

贛潭在郡下，昔有長者於此潭以釣爲事，恒作漁父歌，其聲慷慨，忽聞綸動，須臾，一物形似小水牛，眼光如鏡，或言水犀，浮躍逐綸，角帶金縷，釣客因引得鎖出水數十丈，鎖斷，餘數丈盡是珍寶。（《太平御覽》卷六十六。）

康贛水

康贛水奔流二百餘里，橫波險瀨二十四處。（《太平御覽》卷六十九。）

陽道士

　　陽道士葬巖石室〔一〕，元嘉中道士過世〔二〕，臨終語弟子等：「可送吾置彼石室〔三〕，巾褐香鑪，此外無所須也。」及其亡日，謹奉遺命。〔四〕葬經數年〔五〕，屍猶儼然，葛巾覆之如初，弗朽，後忽不復見〔六〕。今舟行者過其山渚，尚聞香氣〔七〕，咸異焉〔八〕。（《太平御覽》卷五百五十六。又見《太平御覽》卷五十四。）

　　〔校記〕

　　〔一〕巖石室，《太平御覽》卷五十四作「巖室」。

　　〔二〕此句，《太平御覽》卷五十四無。

　　〔三〕吾，《太平御覽》卷五十四作「吾尸」；石室，《太平御覽》卷五十四作「石室中」。

　　〔四〕此二句，《太平御覽》卷五十四無。

　　〔五〕經數年，《太平御覽》卷五十四作「數年」。

　　〔六〕此三句，《太平御覽》卷五十四無。

　　〔七〕尚聞，《太平御覽》卷五十四作「長聞」。

　　〔八〕咸異焉，《太平御覽》卷五十四作「咸歎異焉」。

　　陽道士葬巖室，經數年，尸猶儼然，葛帳覆之。（《太平御覽》卷六百九十九。）

螺亭

　　平固水口下流數里〔一〕，有螺亭臨江〔二〕，昔一少女，曾與伴俱乘小舡江漢採螺〔三〕，既逼暮〔四〕，因停沙邊共宿〔五〕。忽聞騷騷如軍馬行〔六〕，須臾，乃見羣螺張口無數〔七〕，相與為災來破舍〔八〕，噉此女子。同侶諸嫗〔九〕，當時惶怖不敢作聲〔十〕，悉走上岸，至曉方還。但見骨耳。收斂喪骨，薄埋林際〔十一〕，歸報其家〔十二〕。經四五日間，近所埋處〔十三〕，翻見石冢〔十四〕穹窿高十餘丈〔十五〕，頭可受二十人坐也〔十六〕。今四面有階道，髣髴人塚，其頂上多螺殼，新故相仍，鄉傳謂之螺亭。〔十七〕（《太平御覽》卷九百四十一。又見《太平御覽》卷五百五十九、《太平寰宇記》卷一百零八。）

　　〔校記〕

　　〔一〕下流，《太平御覽》卷五百五十九作「下」。

　　〔二〕臨江，《太平御覽》卷五百五十九無。

　　〔三〕此句，《太平御覽》卷五百五十九作「曾江畔乘小船採螺」。

　　〔四〕此句，《太平御覽》卷五百五十九無。

　　〔五〕因，《太平御覽》卷五百五十九無。

　　〔六〕忽聞，《太平御覽》卷五百五十九作「夜聞」。

〔七〕乃見，《太平御覽》卷五百五十九作「見」。

〔八〕此句，《太平御覽》卷五百五十九作「突來破舍」。

〔九〕諸嫗，《太平御覽》卷五百五十九無。

〔十〕此句，《太平御覽》卷五百五十九無。

〔十一〕此二句，《太平御覽》卷五百五十九作「收埋林際」。

〔十二〕歸，《太平御覽》卷五百五十九無。

〔十三〕近所埋處，《太平御覽》卷五百五十九作「所埋處」。

〔十四〕石冢，《太平御覽》卷五百五十九作「古冢」。

〔十五〕此句，《太平御覽》卷五百五十九作「高十餘丈穹隆」。

〔十六〕頭，《太平御覽》卷五百五十九作「頂」。

〔十七〕此數句，《太平御覽》卷五百五十九作「其旁多螺，新故相傳，謂之螺亭。」

螺亭山

螺亭山有大石臨水，號曰螺亭〔一〕。云昔有貧女〔二〕，暮宿於亭採螺〔三〕，忽夜中見眾螺張口〔四〕，亂噉其肉〔五〕，貧女乃死〔六〕，其伴因殯水傍〔七〕，其冢化爲巨石〔八〕，螺殼無數〔九〕，號曰螺亭石山〔十〕。（《太平御覽》卷四十八。又見《古今合璧事類備要》別集卷八十七、《輿地紀勝》卷三十二、《方輿勝覽》卷二十、《事文類聚》後集卷三十五、《韻府群玉》卷五。）

〔校記〕

〔一〕此二句，《古今合璧事類備要》、《輿地紀勝》、《方輿勝覽》、《事文類聚》、《韻府群玉》均無。

〔二〕此句，《古今合璧事類備要》、《事文類聚》作「南康有女」，《輿地紀勝》作「有貧女」，《韻府群玉》作「有女」。

〔三〕此句，《古今合璧事類備要》作「夜宿亭上」，《輿地紀勝》作「與伴侶暮宿此亭」，《方輿勝覽》無此句。

〔四〕此句，《古今合璧事類備要》、《事文類聚》並作「見眾螺張口而至」，並且此前有「有風雨聲」句，《韻府群玉》作「眾螺張口而至」，《輿地紀勝》無。

〔五〕此句，《輿地紀勝》作「爲眾螺噏其肉」。《古今合璧事類備要》、《事文類聚》此句後以「明日唯有骨在焉，因號其地爲螺亭」結。

〔六〕此句，《輿地紀勝》作「貧女死」，《方輿勝覽》作「女死」，他書均無。

〔七〕此句，《輿地紀勝》作「因殯水濱」，《方輿勝覽》作「因殯其旁」，他書均無。

〔八〕此句，《輿地紀勝》作「塚化爲石」，《方輿勝覽》作「化爲巨石」，他書均無。

〔九〕此句，《古今合璧事類備要》、《事文類聚》、《韻府群玉》無。

〔十〕此句，《輿地紀勝》作「因號螺亭」、《韻府群玉》作「號螺亭」，《方輿勝覽》無。

昔有貧女，採螺爲業，與伴侶暮宿此亭，忽夜中聞風雨之聲，見眾螺張

口亂嗽其肉，伴侶驚足，貧女乃死。明且往視之，但有骨存，因報其家，遂殯水濱，其冢化爲巨石。螺殼無數，故號曰螺亭石山。(《太平寰宇記》卷一百零八。)

金雞石

雲都縣有金雞石〔一〕，傍有穴〔二〕。宋永初中，見金雞棲翔此穴，頗時飛鳴〔三〕。(《初學記》卷八。又見《輿地紀勝》卷三十二、《錦繡萬花谷》後集卷六。)

〔校記〕

〔一〕此句，《輿地紀勝》作「有金雞」；雲都縣，《錦繡萬花谷》作「雩都縣」。

〔二〕此句，《輿地紀勝》作「出入此穴」。

〔三〕「宋永初中」數句，《輿地紀勝》無。

雩都縣有金雞石。(《藝文類聚》卷六。)

石桃

南康王山有石桃〔一〕，故老云：古有寒桃，生於嶺巔，隱淪之士，將大取其實〔二〕，因變成石焉。(《藝文類聚》卷八十六。又見《初學記》卷二十八、《太平御覽》卷九百六十七。)

〔校記〕

〔一〕王山，《初學記》、《太平御覽》作「玉山」；石桃，《太平御覽》作「石狗」。

〔二〕大，《太平御覽》作「犬」。

甘蔗

雩都縣土壤肥沃，偏宜甘蔗，味及彩色，餘縣所出無。一節數十碎，郡以獻御。魏武帝嘗爲兗州牧，上書曰：山陽郡美梨，謹獻甘梨三箱〔一〕。(《初學記》卷二十。又見《錦繡萬花谷》後集卷十八。)

〔校記〕

〔一〕「魏武帝」後數條，《錦繡萬花谷》無。

石室

南康山石室，號金堂。內金色，有金鼠時見也。(《初學記》卷二十九。又見《太平御覽》卷九百一十一。)

南康英山石室，有金鼠，時見百怪。(《初學記》卷二十九。)

山都

山都形如昆侖人，通身生毛，見人輒閉眼，張口如笑，好在深澗中翻石覓蟹啖之。（《太平御覽》卷八百八十四。）

木客

木客，頭面語聲，亦不全異人，但手腳爪如鈎利。高巖絕峰〔一〕，然後居之。能斫榜牽〔二〕，著樹上聚之。昔有人欲就其買榜，先置物樹下，隨量多少取之〔三〕。若合其意，便將去〔四〕，亦 不橫犯也〔五〕。但終不與人面對交語作市井〔六〕。死皆知殯斂之〔七〕，不令人見其形也。葬棺法，每在高岸樹杪，或藏石窠中〔八〕。南康三營代船兵往說〔九〕親覯葬：所舞倡之節，雖異於世聽〔十〕，如風林汎響，聲頻歌吹之和〔十一〕。義熙中，徐道覆南出，遣人伐榜以裝舟艦，木客乃獻其榜，而不得見。（《太平御覽》卷八百八十四。又見《太平廣記》卷三百二十四。）

〔校記〕

〔一〕絕峰，《太平廣記》作「絕嶺」。

〔二〕牽，《太平廣記》作「索」。

〔三〕量，《太平廣記》作「置」。

〔四〕便將去，《太平廣記》作「便將」。

〔五〕此句，《太平廣記》作「榜與人不取，亦不橫犯也」。

〔六〕面對交語，《太平廣記》作「面對與交」。

〔七〕知，《太平廣記》作「加」，按，「加」應為「知」之形訛。

〔八〕中，《太平廣記》作「之中」。

〔九〕代，《太平廣記》作「伐」。

〔十〕世聽，《太平廣記》作「人聽」。

〔十一〕頻，《太平廣記》作「類」。

菖永極源

南康縣菖永極源，去郡並九百地，多章枕樹。（《太平御覽》卷九百六十。）

石君山

山〔一〕在泥水口，三石形甚似人〔二〕，居中者為君，左曰夫人，右曰女郎。（《太平寰宇記》卷一百零八。又見《太平廣記》卷三百九十八、《輿地紀勝》卷三十六。此條作者，《寰宇記》引作「劉德明」。）

〔校記〕

〔一〕山，《太平廣記》作「處州石人山」，《輿地紀勝》作「石君山」。

〔二〕三石，《太平廣記》作「近有三石」。

落星窟

南野浮水，去郡五里有落星窟，深不測底，時見電光出，連始興口。（《北堂書鈔》卷一百五十八。）

百夫冢

南野有百夫之冢。故老云：昔有一女，竟有聘者，納吉，其人即殞此。臨道世，遂不得嫁，百夫共所也。（《北堂書鈔》卷九十四。）

梅溪

平周縣崎村有梅溪，去郡七百里有石穴，入數十步如狹，向裏一處，曠朗似屋，高十餘丈，此穴出鍾乳。（《北堂書鈔》卷一百五十八。）

《豫章記》　　宋雷次宗

雷次宗《豫章記》，《隋書·經籍志》、《新唐書·藝文志》著錄爲一卷。雷次宗（386-449），字仲倫，豫章南昌（今屬江西）人。少入廬山，事沙門釋慧遠，篤志好學，尤明三《禮》、《毛詩》，隱退不交世務，本州辟從事員外散騎侍郎，徵並不就。元嘉十五年，徵次宗至京師開館於雞籠山，聚徒教授，置生百餘人，又除給事中，不就，久之還廬山。何尚之設祖道，文義之士畢集爲連句詩。後又徵詣京邑，爲築室於鍾山西巖下，謂之招隱館，使爲皇太子諸王講《喪服經》。次宗不入公門，乃使自華林東門入延賢堂就業。元嘉二十五（449）年，卒於鍾山，時年六十三。《說郛》涵芬樓本卷五十一言雷次宗《豫章記》撰於宋元嘉六年。豫章，漢置郡，治南昌縣，即今江西南昌。雷次宗《豫章記》，清王仁俊《玉函山方輯佚書補編》輯一則，劉緯毅《漢唐方志輯佚》亦輯數則。

洪井

洪井西鸞崗、鶴嶺，舊說洪崖先生與子晉乘鸞鶴憩於此。（《文選·賦辛·哀傷·別賦》李善注。）

洪井西有鸞崗〔一〕，舊說洪崖先生乘鸞所憩之處也。（《藝文類聚》卷六。又見《北堂書鈔》卷一百五十七、《太平御覽》卷五十三。）

〔校記〕

〔一〕鸞崗，《北堂書鈔》作「龍崗」。

風雨池

洪井北有風雨池，山高水激，霏散遠灑，如風雨彌泛於數百里中。（《編珠》卷一。）

去洪井六七里有風雨池，山嶠水出，激著樹木，星散遠灑，如風雨焉。（《太平御覽》卷六十七。）

洪井北有風雨池，有西山最高頂。（《太平寰宇記》卷一百零六。）

在州西北七十里，有洪井，北有風雨池，在西北最高頂，又名梅福種蓮池。（《輿地紀勝》卷二十六。）

風雨山

（風雨山）在南昌，山高水湍，激著樹木，因霏散遠灑如風雨數里。中通洪崖先生井。（《輿地紀勝》卷二十六。）

南昌山

在南昌。山高水激，遠灑如風雨。（《方輿勝覽》卷十九。）

雷孔章

吳未亡時〔一〕，恒有紫氣見於牛斗之間，占者以爲吳方興，惟張華以爲不然。〔二〕及吳平，此氣愈明，〔三〕張華聞雷孔章妙達緯象，乃要宿，屏人問天文、將來吉凶〔四〕。孔章曰：「無他象，〔五〕惟牛斗之間有異氣，是寶物之精上徹於天耳〔六〕。」「此氣自正始嘉平至今日，眾咸謂孫氏之祥，惟吾識其不然。今聞子言，乃與吾同。今在何郡？」〔七〕曰：「在豫章豐城。」〔八〕張〔九〕遂以孔章爲豐城令，至縣，移獄〔十〕，掘地〔十一〕二丈，得石匣〔十二〕，長八九〔十三〕尺，開之，得二劍，一龍淵，一太阿。〔十四〕其夕，牛斗〔十五〕氣不復見。孔章乃留其一，匣龍淵〔十六〕而進之。劍至，張公於密室中發之，〔十七〕光焰

曄曄〔十八〕，煥若電發，後張〔十九〕遇害，此劍飛入襄城水中。孔章臨亡，誡其子爽曰：「恒以劍自隨。」〔二十〕後其子爲建安從事，經淺瀨，劍忽於腰中躍出，初出，猶是劍，入水乃變爲龍，逐而視之，見二龍相隨而逝焉。〔二十一〕（《北堂書鈔》卷一百二十二。又見《藝文類聚》卷六十、《太平御覽》卷三百四十四。此條，《北堂書鈔》各版本徵引差異較大。此條所依底本爲明萬曆二十八年虞山陳禹謨刻本。）

〔校記〕

〔一〕時，《藝文類聚》、《太平御覽》無。

〔二〕此二句，《藝文類聚》無。

〔三〕此二句，《藝文類聚》無；及吳平，《太平御覽》作「及平」。

〔四〕將來吉凶，《藝文類聚》無。

〔五〕此句，《藝文類聚》無。

〔六〕此句，《藝文類聚》作「是寶物也」。

〔七〕「此氣」數句，《藝文類聚》無；乃與吾同，《太平御覽》作「乃玄與吾同」。

〔八〕此句，《藝文類聚》作「精在豫章豐城」。

〔九〕張，《藝文類聚》作「張華」。

〔十〕移獄，《藝文類聚》無。

〔十一〕掘地，《藝文類聚》、《太平御覽》作「掘深」。

〔十二〕石匣，《藝文類聚》、《太平御覽》作「玉匣」。

〔十三〕九，《藝文類聚》無。

〔十四〕一龍淵，一太阿，《太平御覽》作「一龍淵，二即太阿」；《藝文類聚》無此句。

〔十五〕牛斗，《藝文類聚》作「斗牛」。

〔十六〕龍淵，《藝文類聚》無。

〔十七〕此句，《藝文類聚》無。

〔十八〕光焰曄曄，《藝文類聚》作「光曜煒曄」，《太平御覽》作「光焰韓韓」。

〔十九〕張，《藝文類聚》作「張華」。

〔二十〕誡其子爽曰：「恒以劍自隨」，《藝文類聚》作「戒其子，恒以劍自隨」；《太平御覽》作「誡其子恒以劍自隨」。

〔二一〕「初出」數句，《藝文類聚》作「遂視，見二龍相隨焉。」《太平御覽》後有「孔章曾孫穆之猶有張公與其祖書反復，桑根紙，古字。縣後有掘劍窟，方廣七八尺。」

吳未亡，恒有紫氣見牛斗之間，雷孔章曰是寶物之精上徹於天耳。在豫章、豐城。張華遂以孔章爲豐城令，至縣，移獄，掘深二丈，得玉匣，長八九尺。開之，得二劍，一即龍淵，二即太阿。其夕牛斗氣不復見。（《北堂書鈔》卷一百二十二。此條，爲光緒十四年南海孔廣陶三十三萬卷堂影鈔本所錄。其與陳本差異較大，茲列於此。）

　　吳未（亡）時，恒於此有小赤氣，見於斗牛之間。占者以爲吳方興，惟張茂先以爲不然。雷孔章謂爲寶物精在豫章之城，遂以煥爲令，至縣，掘獄地，深四丈，得玉匣，長八尺，得二劍，並有刻題，一龍泉，二太阿。其日，斗牛間氣不復見矣。煥留一，其一進與張華，華歎曰：「莫邪何復不至！雖然天生神物，似不相離。終當會合。」華遇害，劍飛入襄城水中。煥死，其子常以自隨。後爲建安從事，經淺瀨溪，劍忽於匣中躍出，入水則爲龍。遣視之，二龍相隨而遊焉。（《太平寰宇記》卷一百零六。）

　　初，吳之未滅，斗牛之間，常有紫氣。吳平之後，紫氣愈明，豫章雷煥曰：「寶劍之精，上徹於天。」華曰：「有相者言，吾年出六十，位登三事，當得寶劍佩之。斯言豈效歟？」因問在何郡。煥曰：「在豫章豐城。」即補煥豐城令。煥到縣，掘獄基，入地四尺餘，得一石函，光氣非常，中有雙劍，並刻題，一曰「龍泉」，二曰「太阿」。其夕，斗牛間不復見焉。送一劍與華，留一自佩。華曰：「詳觀劍文，乃干將也。莫邪不至。」（《玉海》卷一百五十一。）

　　吳未亡，恒有紫氣見牛斗之間。占者以爲吳興，唯張華以爲不然，及吳平，此氣愈明，華曰：「此寶劍氣。」（《初學記》卷二十二（一引）。）

　　吳未亡，恒有紫氣見於斗牛之間。張華聞雷孔章妙達緯象，乃邀宿，屏人問孔章曰：「唯斗牛之間有異氣，是寶物之精，上徹於天耳。」孔章具言，遂以孔章爲酆城令，掘得二劍。（《初學記》卷二十二（二引）。）

　　吳未亡，常有紫氣見牛斗之間，張華問雷孔章，孔章曰：「惟斗牛之間有異氣，是寶物也，精在豫章豐城。」張華遂以孔章爲豐城令，至縣，掘深二丈，得玉匣，長八尺，開之，得二劍，其夕，牛斗氣不復見。（《九家集注杜詩》卷十五。）

　　雷煥見赤氣於斗牛之間，謂寶物之精，掘縣獄基，得龍泉、太阿劍。（《輿地紀勝》卷二十六（一引）。）

　　赤氣見於牛斗之間。（《輿地紀勝》卷二十六（二引）。）

人尚黃、老

　　人多尚黃老清淨之教，重於隱遁，蓋洪崖先生〔一〕、徐孺子之遺〔二〕風。（《輿地紀勝》卷二十六。又見《方輿勝覽》卷十九。）

　　〔校記〕

　　〔一〕先生，《方輿勝覽》無。

　　〔二〕遺，《方輿勝覽》無。

石室

望蔡〔一〕縣有一石室。入室十餘里，得水〔二〕，廣數十步，清深不測〔三〕，邊有筏竹。〔四〕遊者伐竹爲筏過水〔五〕，莫能究其源。出好鍾乳。（《太平御覽》卷七百七十一。又見《藝文類聚》卷六十四。）

〔校記〕

〔一〕望蔡，《藝文類聚》作「望秦」。

〔二〕得水，《藝文類聚》作「有水」。

〔三〕清深不測，《藝文類聚》作「清淺」。

〔四〕此句，《藝文類聚》無。

〔五〕過水，《藝文類聚》作「以過水」。

鶴嶺

西山中峰最高頂名鶴嶺，即子喬控鶴經過之所，壇在鶴嶺之側。雲景鮮美，草木秀潤，異於它山。山側有土，名控鶴鄉。（《太平御覽》卷五十四。）

西山中峰最高，頂名鶴嶺，即王子喬控鶴經過之所。（《太平寰宇記》卷一百零六。）

鶯岡西有鶴嶺。（《輿地紀勝》卷二十六。）

（鶴嶺）在鶯岡之西，王子喬控鶴所降，經過於此。（《輿地紀勝》卷二十六。）

仙人王子喬常駕白象遊此山。（《輿地紀勝》卷二十七。）

劉遵

靈帝末〔一〕，揚州刺史劉遵上書，請置廬陵、鄱陽〔二〕二郡。獻帝初平二年，始立郡。〔三〕（《太平御覽》卷一百七十。又見《太平寰宇記》卷一百零九、《輿地紀勝》卷三十一。）

〔校記〕

〔一〕靈帝末，《輿地紀勝》作「東漢靈帝末」。

〔二〕廬陵、鄱陽，《輿地紀勝》作「鄱陽、廬陵」。

〔三〕此二句，《輿地紀勝》無。初平二年，《太平寰宇記》作「興平元年」。

樂平縣

漢永元中置縣在銀城。（《太平寰宇記》卷一百零七。）

建昌縣

後漢永元中分海昏立建昌縣，以其戶口昌盛，因以爲名。又中分海昏、

建昌立新吳、永修二縣。建安中又分立西安縣。晉太康元年改西安爲豫寧縣，宋〔晉〕永嘉二年廢海昏，移建昌居焉。(《太平寰宇記》卷一百一十一。)

後漢和帝永元中，分海昏立建昌縣；晉永嘉二年，並海昏於建昌，皆屬豫章郡。(《輿地紀勝》卷二十五。)

石姥宮

上遼西五里有石姥宮，昌邑王所建也。(《輿地紀勝》卷二十五。)

豫章

南接五嶺，北帶九江。(《輿地紀勝》卷二十六。)

咽扼荊淮，翼蔽吳越。(《輿地紀勝》卷二十六。)

奧區神皋，處處有之。(《輿地紀勝》卷二十六。)

地方千里，水陸四通，風土爽塏，山川特秀。(《輿地紀勝》卷二十六。)

郡城灌嬰所築。(《輿地紀勝》卷二十六。)

南楚水清至潔，而眾鱗肥美。(《輿地紀勝》卷二十六。)

龍沙

北有龍沙〔一〕，堆阜逶迤，潔白高峻而似龍形〔二〕，連亙五六里。〔三〕舊俗九月九日登高之處。(《太平寰宇記》卷一百零六。又見《輿地紀勝》卷二十六。)

〔校記〕

〔一〕此句，《輿地紀勝》作「龍沙在郡北」。

〔二〕似龍形，《輿地紀勝》作「形似龍」。

〔三〕此句，《輿地紀勝》無。

龍沙在郡北帶江，沙甚潔白高峻，而峙陂陁有龍形〔一〕，舊俗九月九日登高上處也〔二〕。(《太平御覽》卷七十四。又見《北堂書鈔》卷一百五十五、《太平御覽》卷三十二。)

〔校記〕

〔一〕此句，《北堂書鈔》作「有似龍形」，《太平御覽》卷三十二作「而陂有龍形」。

〔二〕此句，《北堂書鈔》作「舊俗九月九日登高處」，《太平御覽》卷三十二作「俗爲九日登高處」。

郡北龍沙，九月九日所遊宴處，其俗皆然也。(《太平御覽》卷三十二。此條，出《太平御覽》，位置與上條「龍沙在郡比」條並列，二條均未言作者，但考「龍沙在郡北」條爲雷次宗《豫章記》，此條亦爲雷次宗《豫章記》無疑。)

昌邑城

昌邑王賀既廢之後，宣帝封爲海昏侯，〔一〕東〔二〕就國，築城於此。(《太平寰宇記》卷一百零六。又見《輿地紀勝》卷二十六。)

〔校記〕

〔一〕此二句，《輿地紀勝》作「昌邑王賀封海昏侯」。

〔二〕東，《輿地紀勝》無。

椒丘城

建安四年，孫策起兵，破劉勳於尋陽，軍欲謀取豫章，太守華歆所筑也。(《太平寰宇記》卷一百零六。)

（椒邱城）刺史華歆所築。(《輿地紀勝》卷二十六。)

高安縣

漢高帝六年置，隸豫章，以其創建城邑，故曰建城。(《太平寰宇記》卷一百零六。)

建成縣

漢高帝六年置建成縣。(《輿地紀勝》卷二十七。)

劉邵

邵就劉繇於曲阿，繇敗，隨繇奔豫章，中途疾卒，因焚屍柩。吳天紀中，太守吳興沈法秀招魂，葬邵於此。(《太平寰宇記》卷一百零六。)

大蛇

永嘉末，有大虵長十餘丈斷道，經過者輒以氣吸引取之。吞噬已百數，行旅斷道。道士吳猛與弟子數人往欲殺虵，虵藏深穴不肯出。猛符南昌社公，虵乃出穴，頭高數丈。猛於尾緣背，而以足案虵頭著地，弟子於後以斧殺之。(《太平御覽》卷九百三十四。)

永嘉末，有大蛇長十餘丈斷道。經過者蛇輒吸取，吞噬已百數。道士吳猛與弟子殺蛇，蛇死，而蜀賊杜弢滅。(《太平御覽》卷八百八十六。)

東湖

州城東有大湖，北與城齊，隨城廻曲至南塘，水通章江，增減與江水同。後漢永平中，太守張躬築塘，以通南路。宋少帝景平元年，太守蔡興宗於大

塘之上，更築小塘，以防昏墊，兼遏此水，今冬夏不復增減，水清至潔，而眾鱗肥美。（《太平寰宇記》卷一百零六。）

丹陽郭

郡東南二十里有一大冢，號「丹陽郭」。長老云是郡人丹陽太守聶友冢也。外形甚高大，內一大冢居中，兩邊各有四小冢，橫首大冢，外作徹道，周匝皆通。冢裏高二丈餘，小者半之，徹道又半之。此冢相通一埏，似是殉葬者。不聞聶友奢僭，以人從死也。且今新塗縣南十里見聶友墓。（《太平御覽》卷五百五十九。）

吉州

獻帝初平二年始立郡。（《錦繡萬花谷》卷五。）

陶侃母墓

諶氏，豫章〔一〕新淦人，墓在臨川南五十里抱岡山村。侃至孝，感得仙人來吊，化爲雙鶴而去。（《太平寰宇記》卷一百一十。）

贛水出豫章南

雷次宗云：似因此水爲其地名。雖十川均流，而此源最遠，故獨受名焉。（《水經注》卷三十九。按，此條，《水經注》僅言爲「雷次宗云」，未言書名，但考其所言贛水、豫章，當屬豫章郡，其應爲雷次宗《豫章記》。）

盱水

有二崖，號曰「大蕭」、「小蕭」，言蕭史所遊萃處也。雷次宗云：此乃繫風捕影之論，據實本所未辯，聊記奇聞，以廣井魚之聽矣。（《水經注》卷三十九。此條，《水經注》僅言爲雷次宗言。此條所注爲盱水，盱水所出之南城，劉宋時屬江州之臨川郡，不知是否爲雷次宗《豫章記》。）

《豫章記》 佚名

除雷次宗《豫章記》、張僧鑒《豫章記》外，諸書所引又有佚名《豫章記》一種，除部分條目與雷、張《豫章記》合外，其他條目皆不可考知作

者，茲將其單列，另作一種。此外，唐宋各類書所引又有隋以後《豫章記》
一種，如《三洞群仙錄》卷七所引「隋開皇改爲洪州，以先生所居山名而
名之」條，當爲隋以後所作。另外，南唐徐鍇又撰《豫章記》三卷，諸書
所引又有董愼《續豫章記》。此處所輯佚名《豫章記》，僅將朝代屬於六朝
者算入，條目可考不屬於六朝時期《豫章記》者，不錄入。

豫章

新吳、上蔡、永脩縣，並中平中立。豫章縣，建安立。上蔡民分徙此地，
立名上蔡。(《後漢書・郡國志四》劉昭注補。)

南昌

江、淮唯此縣及吳、臨湘三縣是令。(《後漢書・郡國志四》劉昭注補。)

葛鄉

豐城縣葛鄉〔一〕，有石炭二百〔二〕頃，可燃以炊〔三〕爨。(《太平御覽》卷
八百七十一。又見《後漢書・郡國志四》劉昭注補。)

　〔校記〕
　〔一〕豐城縣葛鄉，《後漢書》注補作「縣有葛鄉」。
　〔二〕二百，《後漢書》注補作「二」。
　〔三〕炊，《後漢書》注補無。

慨口

城東十三里，縣列江邊，名慨口，出豫章大江之口也。昌邑王每乘流東
望，輒憤慨而還，故謂之慨口。(《後漢書・郡國志四》劉昭注補。)

海昏侯國在昌邑，今建昌縣城東十三里，縣列江邊，名慨口，出豫章大
江之口也。(《能改齋漫錄》卷九。)

吳猛

吳猛坐郭璞事被收，載〔一〕往南，令船弗〔二〕開戶，船主聞船下有聲，
如在木杪〔三〕，試竊〔四〕觀之，有二龍負舫〔五〕，一夕〔六〕至宮亭湖，還豫
章〔七〕。(《編珠》卷四。又見《北堂書鈔》卷一百三十八、《太平御覽》卷九百三十、
《事類賦注》卷二十八。)

　〔校記〕

〔一〕載，《太平御覽》、《事類賦注》作「寄載」。
〔二〕弗，《北堂書鈔》、《太平御覽》、《事類賦注》作「勿」。
〔三〕此二句，《事類賦注》作「船主聞船下有如樹杪聲」。
〔四〕竊，《太平御覽》、《事類賦注》無。
〔五〕舫，《太平御覽》、《事類賦注》作「船」。
〔六〕夕，《太平御覽》、《事類賦注》作「宿」。
〔七〕此句，《事類賦注》無。

廬

以廬爲姓，因廬以氏，周氏遠師，或託廬慕爲辭，假憑廬以託稱。二證既違，二情互爽。（《水經注》卷三十九。）

宋宇種蔬

宋宇種蔬〔一〕三十品，時雨之後，按〔二〕行園〔三〕圃，日「天〔四〕茁此徒，助予〔五〕鼎俎，家復何患〔六〕？」（《雲仙雜記》卷三。又見《全芳備祖》後集卷二十四、《事類備要》別集卷五十九、《記纂淵海》卷九十、《韻府群玉》卷十四。）

〔校記〕
〔一〕蔬，《韻府群玉》作「荣」。
〔二〕按，《記纂淵海》作「案」。
〔三〕園，《全芳備祖》作「困」。
〔四〕天，《全芳備祖》作「夭」。
〔五〕予，《韻府群玉》作「吾」，《記纂淵海》作「於」。
〔六〕此句，《全芳備祖》、《事類備要》、《記纂淵海》、《韻府群玉》皆無。

大梓樹

松陽門內有大梓樹，大四十五圍，舉樹盡枯死〔一〕，永嘉中，一旦忽更榮茂〔二〕，太興中，元皇帝〔三〕果繼大業。（《藝文類聚》卷十。又見《太平御覽》卷九百五十八。）

〔校記〕
〔一〕此句，《太平御覽》作「樹先枯」。
〔二〕榮茂，《太平御覽》作「榮華」。
〔三〕元皇帝，《太平御覽》作「玄帝」。

昔松陽門有大樟樹，高十七丈，四十五圍，枝葉扶疏，庇蔭數畝，先是樟樹並枯，永嘉中，一旦華茂，晉以爲中興之祥。（《太平寰宇記》卷一百零六。）

在松陽門內，高十七丈，大四十五圍，樹常枯，晉永嘉中忽更華茂，晉以爲中興之祥。(《輿地紀勝》卷二十六。)

松陽門內有大梓樹，先枯，永嘉中忽更榮花，元帝果繼大業。(《記纂淵海》卷九十五。)

徐孺子墓

徐孺子墓在郡南，時杜牧守徐興，於墓邊種松〔一〕，太守謝景立碑，太守夏侯嵩於碑邊立思賢頌碑〔二〕，今並在，松大合抱〔三〕。(《太平御覽》卷九百五十三。又見《事類備要》前集卷六十七、《事文類聚》前集卷五十八。)

〔校記〕

〔一〕此句，《事類備要》、《事文類聚》作「白社牧守除興於墓隧種松」。

〔二〕思賢頌碑，《事類備要》作「思賢碑」，《事文類聚》作「思賢亭」。

〔三〕此二句，《事類備要》、《事文類聚》無。

徐孺子墓在郡東，時杜牧爲守，於墓前種松。(《全芳備祖》後集卷十四、《事類備要》別集卷四十九、《事文類聚》後集卷二十三。)

黎孺子墓在南郡，永安中，太守夏侯嵩於墓邊立思賢碑，今存。(《北堂書鈔》卷一百零二。)

徐孺子墓在郡南十四里，曰白杜亭。吳嘉禾中，太守長沙徐熙於墓隧種松，太守南陽謝景於墓側立碑，永安中，太守梁郡夏侯嵩於碑邊立思賢亭，松、碑、亭今並在，松大合抱，亭世世脩治，至今謂之謝君亭。(《太平御覽》卷一百九十四。)

封溪

聶支夜射白虎，尋蹤不見鹿，乃見箭著一梓樹支，即伐木，便有血出，遂斷，斫以二枝，還繫著渚下，以樟木爲牂牁，後有船行遇風，同侶皆沒，惟支船獨全，尋看，乃向梓板夾船。(《北堂書鈔》卷一百三十七。)

新塗縣北二十五里曰封溪，今有聶支所用梓木爲牂柯者，遂生爲樹，其木合抱，今猶存。始倒植之，枝條皆下垂。(《北堂書鈔》卷一百三十八。)

新塗縣封谿，有聶友所用樟木牂柯者，遂生爲樹，今猶存，其木合抱，始倒植之，今枝條皆垂下。(《太平御覽》卷九百五十七。)

新淦縣北二十五里曰封溪，今有聶友所伐梓繫著牂柯處。昔聶友於此左右夜照射，遇一白鹿，友遂射之，鹿帶箭走，友即躡跡追尋，不得見，向箭著一梓樹，友即伐樹，數斧便有血出而落之。梯隨復故創，不可得斷，友更

多將手刀復伐之，輦其梯而焚之，樹遂斷，斫以二板，以還繫著渚下，以樟木爲舼柯，後友船行遇風，船皆沒，唯友船獨全，尋看乃向梓板夾扶其船，友大異之。後友在京都，此板於豫樟來至，友許輒有大喜，中更異梓板，至輒有憂，所用樟木爲舼柯者遂生爲樹，今猶存，其木合抱，始到植之，今枚條皆向下，板門中亦述其事。（《太平御覽》卷七百七十一。）

舸州

句鹿州在城之西南，去城百步，可二里，是作句鹿大艑之處也。（《北堂書鈔》卷一百三十八。）

西山

西山周迴三百里。此山時有夜光，遠望如火氣。（《初學記》卷八。）

幸靈

晉幸靈者，豫章建昌人也。立性少言，與人群居，被人侵辱，而無慍色，邑里皆號爲癡，父兄亦以爲癡。常使守稻，有牛食稻，靈見而不驅，待牛去，乃整理其殘亂者。父見而怒之，靈曰：「夫萬物生天地之間，各得其意，牛方食禾，奈何驅之？」父愈怒曰：「即如汝言，復用理壞者何爲？」靈曰：「此稻又得終其性矣。」時順陽樊長賓爲建昌令，發百姓作官船，令人作楫一雙，靈作訖而未輸，俄而被人竊，竊者心痛欲死，靈曰：「爾無竊吾楫子乎。」竊者不應，須臾痛甚，靈曰：「爾不以情告我者死。」竊者急，乃首應，靈於是以水飲之，病乃愈。船成，以數十人引一艘，不動，靈助之，船乃行，從此人皆畏之，或稱其神。有龔仲儒女，病積年，氣息纔屬，靈以水噀之，應時大愈。又呂猗母黃氏，痿痺一十餘年，靈去黃氏數尺而坐，瞑目寂然，有頃，謂猗曰：「扶夫人起。」猗曰：「得疾累年，不可卒起。」靈曰：「試扶起。」於是兩人扶以立，又令去扶人，即能自行，乃留水一器令飲之。高悝家內有鬼怪言語，器物自行，大以巫祝厭之，而不能絕，靈至門，見符甚多，曰：「以邪救邪，豈得已乎？」並使焚之，其鬼怪遂絕，從爾已後，百姓奔赴如雲，靈救愈者，多不敢報謝。立性至柔，見人即先拜，輒自稱名，凡草木之夭傷於山林者必起埋之，器物傾覆於途路者，必舉正之。（《太平廣記》卷八十一。）

擔石湖

擔石湖在州東北，其湖水中有兩石山，有孔如人穿擔狀，古老云，壯士擔此兩石置湖中，因以爲名。(《太平御覽》卷六十六。)

楊柳塚

艾縣有一塚，鑿青石以爲槨，制度非常，號曰「楊柳塚」，歷代久遠，莫知其誰。(《太平御覽》卷五百五十二。)

磐石

郡江之西岸有磐石，下多良田，極膏腴者，一畝二十斛。稻米之精者，如玉映澈於器中。(《太平御覽》卷八百二十一。)

米山

生禾香茂，爲米精美。(《新定九域志》卷六、《輿地紀勝》卷二十七。)

荷山

荷山中多紅蓮。(《新定九域志》卷六。)

奧區神皋

奧區神皋，處處有之。(《輿地紀勝》卷二十六。)

嘉蔬精稻

嘉蔬精稻，擅味於八方；金鐵篠簜，資給於四境。(《輿地紀勝》卷二十六。)

龍崗

龍崗，在州西一里。(《輿地紀勝》卷二十七。)

飛霞山

吳眞君每齋醮於此山，常有鶴數百棲息，旬日復去，多彩霞覆山上。(《輿地紀勝》卷二十七。)

鍾乳

昔有人于此水濱獲古鍾九乳，形制奇甚，時人相傳，以此水出鍾，故名之。(《輿地紀勝》卷二十七。)

菊水

南陽有菊水，居其側者多壽，劉寬月致三十斛，水源芳菊被崖，故以名。（《紺珠集》卷五。）

許子將墓

許子將墓在郡南四里。昔子將以中國大亂，遠來渡江，隨劉繇而卒，藏於昌門裏，於時漢興平二年也。吳天紀中，太守吳興沈季白日於廳事上坐，忽然如夢，見一人著黃單，衣黃巾，稱汝南羊與許子將求改葬，因忽不見，即求其喪，不知處所，遂招魂葬之，命文學施逞爲《招魂文》。（《太平御覽》卷五百五十六。）

存疑

豫章

太康中，望氣者云豫章、廣陵有天子氣，故封滉懷太子爲廣陵王，領鎮軍以鎮豫章。後永興中，懷帝遂以豫章王登天位。隋平陳，罷郡爲洪州。（《太平御覽》卷一百七十。此條所言有隋平陳時事，其應作於隋後。）

青石

唐顯慶四年，漁人於江中網得一青石，長四尺，濶九寸，其色光潤，異於眾石，懸而擊之，鳴聲清越，行者聞之，莫不駐足。都督滕王表送，納瑞府。（《太平廣記》卷三百九十八。此條所言，有唐時事，或爲後人所補《豫章記》。）

《征齊道里記》　　宋丘淵之

丘淵之，字思玄，劉宋時吳興烏程（今浙江湖州）人。太祖從高祖北伐，留彭城爲冠軍將軍，徐州刺史，淵之爲長史。太祖即位，以舊恩歷顯官，爲侍中都官尚書、吳郡太守，卒於太常，追贈光祿大夫。各書徵引有丘淵之《征齊道里記》，卷亡，史志不著錄。丘淵之《征齊道里記》記其安帝義熙五年至六年（409-410）從劉裕伐慕容超之經見《征齊道里記》，諸書所徵引名稱不一，有稱《齊道里記》者，有稱《齊道記》者，有稱《齊記》者。李德輝《晉唐兩宋行記輯校》輯是書六則。

湯泉

曲城縣有湯泉，鳥墜輒爛。(《編珠》卷一。)

鸑鷟峴

營〔一〕丘北十里有鸑鷟〔二〕峴，下帶長澗〔三〕。(《編珠》卷一。又見《北堂書鈔》卷一百五十七。)

〔校記〕

〔一〕營，《北堂書鈔》作「黃」。

〔二〕《北堂書鈔》此處有「之」字。

〔三〕此句，《北堂書鈔》無。

黃丘北十里有鸑鷟峴，下帶長澗，東北流經牛山，山去此水八十餘里，今號曰牛頭水，是齊景公所登而歎處。(《太平御覽》卷五十六。此條，《御覽》言出白淵之《齊道記》，「白淵之」，當爲「丘淵之」之誤。)

東武山

東武縣本有東武山，忽因三日晝昏，山移在會稽山陰縣，今猶有東武里。(《太平寰宇記》卷二十四。)

柳泉

城北十五里有柳泉，注巨珠水，秦州刺史符朗嘗以爲解禊處。(《北堂書鈔》卷一百五十五。)

城北十五里有柳泉，符朗常以爲解禊處。(《太平御覽》卷三十。)

泰山

泰山，東嶽也。瀛、博二縣共界。漢武封禪，割此縣以供祀泰山，故曰奉高。三十里有延陵兒塚。(《太平御覽》卷三十九。)

先是嬴、博二縣共界，漢武帝封禪，合作此縣以供祀，故曰奉高。東南三十里有延陵兒塚，本云其高可隱，今乃二丈餘，似是後人陪之。(《太平御覽》卷五百六十。)

管寧舊宅

朱靈城東有管寧舊宅，宅前有水，是寧常所澡浴處。(《太平御覽》卷三百九十五。)

瑯琊城

瑯琊城,始皇東遊至此立碑銘,紀秦功德,云是李斯所刻。(《北堂書鈔》卷一百零二、《太平御覽》卷五百八十九。此條,《北堂書鈔》、《太平御覽》均不著作者,言出《齊道記》,應爲丘淵之《征齊道里記》。)

存疑

王莽河

王莽元城人,居近河側,祖父墳墓爲水所沖,引河入深川,此王莽河因枯也。(《史記·高祖本紀》張守節正義。此條,《史記》正義言出《深丘道里記》。不知與丘淵之《征齊道里記》是否爲一種。)

《遊行外國傳》　宋釋智猛

釋智猛《遊行外國傳》,《隋書·經籍志》言一卷,《舊唐書》同。釋智猛(?-約453),雍州京兆郡新豐縣(今屬陝西)人,晉宋時沙門。後秦弘始六年(404),與同志沙門十五人從長安出發,西行求法。歷時二十四年。宋元嘉二十四年入蜀,元嘉十六年(439),《遊行外國傳》成書。元嘉末(453),釋智猛卒於成都。其事跡見《高僧傳》卷三以及《出三藏記集》等。《高僧傳》及《出三藏記集》記其遊歷外國事,但未標明是否即其《遊行外國傳》,李德輝《晉唐兩宋行記輯校》將其事跡中遊歷外國事者輯入其《遊行外國傳》,今從。

出自陽關,西入流沙,凌危履險,有過前傳。遂歷鄯鄯、龜茲、于闐諸國,備矚風化。

從于闐西南行二千里,始登葱嶺,而九人退還,猛與餘伴進行千七百里,至波倫國。同侶竺道嵩又復無常,將欲闍毗,忽失屍所在。猛悲歎驚異,於是自力而前。與餘四人共度雪山,渡辛頭河,至罽賓國。國有五百羅漢,常往返阿耨達池,有大德羅漢,見猛至歡喜。猛諮問方土,爲說四天子事,具在猛《傳》。猛於奇沙國,見佛文石唾壺,又於此國見佛鉢。光色紫紺,四際

盡然。猛香華供養，頂戴發願：鉢若有應，能輕能重，既而轉重，力遂不堪，及下案時，復不覺重，其道心所應如此。

復西南行千三百里，至迦維羅衛國，見佛髮佛牙，及肉髻骨，佛影佛跡，炳然具存。又覩泥洹堅固之林，降魔菩提之樹，猛喜心內充，設供一日，兼以寶蓋大衣覆降魔像。其所遊踐，究觀靈變，天梯龍池之事，不可勝數。

後至華氏國阿育王舊都，有大智婆羅門，名羅閱宗，舉族弘法，王所欽重，造純銀塔高三丈。既見猛至，乃問：「秦地有大乘學不。」猛答：「悉大乘學。」羅閱驚歎曰：「希有希有，將非菩薩往化耶。」猛於其家得《大泥洹》梵本一部，又得《僧祇律》一部，及餘經梵本，誓願流通，於是便反。

以甲子歲發天竺，同行三伴，於路無常，唯猛與曇纂俱還。於涼州出《泥洹》本，得二十卷。以元嘉十四年入蜀，十六年七月造《傳》，記所遊歷。元嘉末卒於成都。（《高僧傳》卷三。《出三藏記集》卷十五文字與此稍異。）

《歷國傳》　十六國釋法盛

釋法盛《歷國傳》，《隋書・經籍志》言二卷，新、舊《唐書》同，唯《新唐書》「釋法盛」作「僧法盛」。釋法盛，生卒不詳，北涼時高昌（今新疆吐魯番東）人。嘗譯《投身餓虎經》一卷，法盛亦經往外國，有《傳》四卷。

其國（波羅奈國）有稍割牛，其牛〔一〕黑色，角細長，可四尺餘。十日一割，不割便困病或致死〔二〕。人服牛血皆老壽。國人皆壽五百歲，牛壽亦等於人，亦天竺屬國。（《通典》卷一百九十三。又見《太平寰宇記》卷一百八十三。）

〔校記〕
〔一〕其牛，《太平寰宇記》無。
〔二〕此句，《太平寰宇記》作「不割便或致死」。

《外國傳》　宋曇勇

　　曇勇，樊名曇無竭，俗姓李，幽州黃龍（今遼寧朝陽）人。《高僧傳》卷三、《出三藏記集》卷十五載其事跡。曇勇幼爲沙彌，便修苦行。嘗聞法顯等躬踐佛國，乃慨然有忘身之誓。遂以宋永初元年（420）招集同志沙門僧猛、曇朗之徒二十五人，發跡北土，遠適西方。歸來後嘗譯出《觀世音受記經》，南北朝時傳於京師。《隋書·經籍志》載釋曇景《外國傳》五卷，新、舊《唐書》不載。《通志》亦載釋曇景《外國傳》五卷。「景」，當爲「勇」之形訛。《高僧傳》、《出三藏記集》所記曇勇遊歷外國事並未直言出曇勇《外國傳》，李德輝《晉唐兩宋行記輯校》將其遊歷外國事輯入其《外國傳》，今從。

　　初至河南國，仍出海西郡，進入流沙，到高昌郡。經歷龜茲、沙勒諸國，登葱嶺，度雪山，障氣千重，層冰萬里，下有大江，流急若箭。於東西兩山之脅，繫索爲橋。十人一過，到彼岸已，舉煙爲幟，後人見煙，知前已度，方得更進。若久不見煙，則知暴風吹索，人墮江中。行經三日，復過大雪山，懸崖壁立，無安足處。石壁皆有故杙孔，處處相對，人各執四杙，先拔下杙，手攀上杙，展轉相攀，經三日方過。及到平地相待，料檢同侶，失十二人。

　　進至罽賓國，禮拜佛鉢。停歲餘，學梵書梵語，求得《觀世音受記經》梵文一部。復西行至辛頭那提河，漢言師子口。緣河西入月氏國，禮拜佛肉髻骨，及觀自沸水舫。後至檀特山南石留寺，住僧三百餘人，雜三乘學，無竭停此寺受大戒。天竺禪師佛馱多羅，此云覺救，彼土咸云已證聖果。無竭請爲和上，漢沙門志定爲阿闍梨，停夏坐三月日，復行向中天竺界。路既空曠，唯齎石蜜爲糧，同侶尚有十三人，八人於路並死，餘五人同行。無竭雖屢經危棘，而繫念所齎《觀世音經》，未嘗暫廢。將至舍衛國，野中逢山象一群，無竭稱名歸命，即有師子從林中出，象驚惶奔走。後渡恒河，復值野牛一群，鳴吼而來，將欲害人，無竭歸命如初，尋有大鷲飛來，野牛驚散，遂得免之。其誠心所感，在險剋濟，皆此類也。

　　後於南天竺隨舶汎海達廣州，所歷事跡，別有記傳。其所譯出《觀世音受記經》，今傳於京師，後不知所終。（《高僧傳》卷三。《出三藏記集》所記曇勇《外國傳》與《高僧傳》所記文字稍異。）

《荆州記》　宋盛弘之

　　盛弘之《荆州記》，《隋書·經籍志》言三卷。盛弘之，劉宋時人，嘗任臨川王侍郎，始末不詳。盛弘之《荆州記》，自其成書後徵引者不絕。酈道元《水經注》引盛弘之《荆州記》數條，且其《水經注》中部分文字直接化用盛弘之《荆州記》而不加說明。唐宋時期各類書、地理志等徵引盛弘之《荆州記》亦較多，是書或亡於宋元之交。盛弘之《荆州記》，爲諸家《荆州記》所存條目最多者。《說郛》宛委山堂本輯盛弘之《荆州記》數條。清陳運溶《麓山精舍叢書》輯得盛弘之《荆州記》三卷，其按州郡分排門類，所輯體例較爲清晰。《輿地紀勝》卷七十四所引「少農桑」條言出「《荆州記》建平郡下」，或可證明《荆州記》成書時亦是按州郡順序排列體例。馬國翰《玉函山房輯佚書》、曹元忠《箋經室叢書》皆輯盛弘之《荆州記》三卷。清黃奭《漢學堂知足齋叢書·子史鉤沉》輯盛弘之《荆州記》一卷，并言盛弘之爲晉時人。葉昌熾、繆荃孫、王仁俊各輯盛弘之《荆州記》一卷。劉緯毅《漢唐方志輯佚》亦輯錄盛弘之《荆州記》若干條。

三湖

　　南蠻府東有三湖，源同一水。蓋徙治西府也。宋元嘉中，通路白湖，下注揚水，以廣連漕。（《水經注》卷二十八。）

天井臺

　　江陵縣東北十里〔一〕天井臺〔二〕，東臨天井，井周廻〔三〕二里許，中有潛室，人時見之，輒有兵寇〔四〕。（《藝文類聚》卷九。又見《北堂書鈔》卷一百五十九、《事類賦注》卷八。）

　　〔校記〕
　　〔一〕東北十里，《北堂書鈔》、《事類賦注》無。
　　〔二〕天井臺，《北堂書鈔》、《事類賦注》作「有天井臺」。
　　〔三〕廻，《北堂書鈔》、《事類賦注》無。
　　〔四〕寇，《北堂書鈔》無。

　　東天井，在天井臺之東，井周廻二里許，深不可測。中有潛室，人時見之，則有兵寇，祈之多驗。（《太平寰宇記》卷一百四十六。）

天井，江陵城東二十里，周廻二里，莫測其深。中有潛室，人見之，輒有兵起。（《東坡先生物類相感志》卷二。）

天井浣

天井浣，在天井臺之東，周廻三里，其深不可測。（《輿地紀勝》卷六十四。）

夏侯孝若

夏侯孝若爲郡，薄其文，復刊碑陰爲銘。（《水經注》卷三十一。）

方城

葉東〔一〕界有故城，始犨縣東，至瀙水，達比〔二〕陽界，南北聯聯數百里，號爲方城，一謂之長城。（《水經注》卷三十一。又見《玉海》卷一百七十三。）

〔校記〕

〔一〕東，《玉海》作「束」，「束」，應爲「東」之形訛。

〔二〕比，《玉海》作「沘」。

稠木傍生

稠木傍生，淩空交合，危樓傾崖，恒有落勢，風泉傳響於青林之下，巖猨流聲於白雲之上，遊者常若目不周翫，情不給賞，是以林徒棲托，雲客宅心，泉側多結道士精廬焉。（《水經注》卷三十二。）

羅縣

羅〔一〕縣北帶汨水，水源〔二〕出豫章艾縣界，西流注湘，沿〔三〕汨西北，去縣三十里，名曰汨潭〔四〕，原〔五〕自沉處。（《詳注昌黎先生文集》卷二。又見《漢書·地理志》顏師古注。）

〔校記〕

〔一〕羅，《漢書》注無。

〔二〕源，《漢書》注作「原」。

〔三〕沿，《漢書》注作「沇」。

〔四〕汨潭，《漢書》注作「屈潭」。

〔五〕原，《漢書》注作「屈原」。

長沙羅縣北帶汨水。去縣四十里是原自沉處，北岸有廟也。（《史記·屈原賈生列傳》司馬貞索隱。）

羅縣，北帶汨水，故曰汨羅〔一〕。(《通鑑綱目》卷一下。又見《史記·屈原賈生列傳》司馬貞索隱。)

〔校記〕

〔一〕故曰汨羅，《史記》索隱無。

青草湖

巴陵南有青草湖，週廻數百里，日月出沒其中，湖南有青草山，因以爲名〔一〕。(《初學記》卷七。又見《太平御覽》卷六十六。此條，《杜工部草堂詩箋》亦引，言出范汪《荊州記》。)

〔校記〕

〔一〕因以爲名，《太平御覽》作「故因以爲名」。

青草湖南有青草山，湖因山名焉〔一〕。(《史記·秦始皇本紀》張守節正義。又見《通鑑綱目》卷二上。)

〔校記〕

〔一〕此句，《通鑑綱目》無。

陶朱公

荊州華容縣西有陶朱公冢，樹碑云是越范蠡。范蠡本宛三戶人，與文種俱入越，吳亡後，自適齊而終。陶朱公登仙，未聞葬此所由。(《史記·越王勾踐世家》張守節正義。)

江陵縣西有陶朱公冢，其碑云是越之范蠡而終於陶。(《文選·賦己·遊覽·登樓賦》李善注。)

女貞林

宅上山頂有玉女塚，塋墳整固，上有喬木叢生，名爲女貞林，常有白猿棲遊，哀鳴清絕。(《太平御覽》卷五十七。)

宜都有喬木，叢生，名爲女貞，葉冬不落。(《史記·司馬相如列傳》司馬貞索隱。)

石龍山

永陽縣北有石龍山，在今安州應山縣東北。又隨州隨縣東北有三鍾山。(《後漢書·李王鄧來列傳》李賢等注、《資治通鑑補》卷三十八。)

菊水（菊溪）

菊水出穰縣。芳菊被涯，水極甘香。谷中皆飲此水，上壽百二十，七八十者猶以爲夭。太尉胡廣所患風疾，休沐南歸，恒〔一〕飲此水，後疾遂瘳，年八十二薨也。（《後漢書‧鄧張徐張胡列傳》李賢等注。又見《冊府元龜》卷七百八十四。）

〔校記〕

〔一〕恒，《冊府元龜》作「嘗」。

酈縣北八〔一〕里有菊水，其源〔二〕悉芳菊被崖，水甚甘馨。太尉胡廣〔三〕久患風羸，恒汲飲水〔四〕，後〔五〕疾遂瘳，年及百歲。非唯天壽，亦菊所延也。〔六〕（《太平御覽》卷九百九十六。又見《古今合璧事類備要》別集卷三十九、《全芳備祖》前集卷十二。）

〔校記〕

〔一〕八，《全芳備祖》無。

〔二〕源，《古今合璧事類備要》作「涯」。

〔三〕太尉胡廣，《古今合璧事類備要》作「胡廣」，《全芳備祖》作「湖廣」。

〔四〕恒汲飲水，《古今合璧事類備要》作「常飲水」；《全芳備祖》作「常汲水飲」。

〔五〕後，《古今合璧事類備要》作「飲後」。

〔六〕此二句，《古今合璧事類備要》、《全芳備祖》皆無。

菊水出穰縣南〔一〕，芳菊被岸，水極甘香，谷中人飲此水者多壽。（《通鑒綱目》卷三十八。又見《資治通鑒釋文》卷二十。）

〔校記〕

〔一〕南，《資治通鑒釋文》無。

縣北八里有菊水，其源旁悉芳菊，水極甘馨。又中有三十家，不復穿井，仰飲此水，上壽百二十三十，中壽百餘，七十者猶以爲夭。漢司空王暢、太傅袁隗爲南陽令，縣月送三十餘石，飲食澡浴悉用之。太尉胡廣父患風羸，南陽恒汲飲此水，疾遂瘳。此菊莖短花大，食之甘美，異於餘菊。廣又收其實，種之京師，遂處處傳植之。（《後漢書‧郡國志四》劉昭注補。）

菊水，源旁悉生芳菊，被涯浸潭〔一〕，澗流〔二〕滋液，其〔三〕水極甘馨，谷中有三十餘家。不穿井，仰飲此水。上壽百二十歲〔四〕，中壽百餘，其七十八十〔五〕者猶以爲夭〔六〕。〔七〕菊能輕身益氣，令人久壽，於此有徵矣。〔八〕後漢胡廣，字伯始，爲侍中，久患風羸，南歸，飲此水，疾遂瘳〔九〕。（《太平

寰宇記》卷一百四十二。又見《太平御覽》卷六十三。）

〔校記〕

〔一〕此句，《太平御覽》作「被徑浸潭」。

〔二〕澗流，《太平御覽》作「流其」。

〔三〕其，《太平御覽》無。

〔四〕百二十歲，《太平御覽》作「二三百」。

〔五〕七十八十，《太平御覽》作「七八十」。

〔六〕猶以爲夭，《太平御覽》作「猶不爲壽」。

〔七〕《太平御覽》此處有「夫」字。

〔八〕《太平御覽》此處有「又」字。

〔九〕疾遂瘳，《太平御覽》作「遂瘳焉」。

酈縣北八里有菊水，其源悉芳菊被崖，水甚甘馨，胡廣久患風羸，恒汲〔一〕飲水，後〔二〕疾遂瘳，年及百歲。（《記纂淵海》卷九十三。又見《古今合璧事類備要》別集卷三十九。）

〔校記〕

〔一〕恒汲，《古今合璧事類備要》作「常」。

〔二〕後，《古今合璧事類備要》作「飲後」。

酈縣菊水，太尉胡廣，久患風羸，恒汲飲此水，後疾遂瘳，年近百歲，非唯天壽，亦菊延之。此菊甘美，廣後收此菊實，播之京師，處處傳植。（《藝文類聚》卷八十一。）

菊水，其源旁有芳菊浸潤，流其滋液，水極芳馨，飲之者皆壽考。（《太平御覽》卷一百六十八。）

酈縣北五十里有菊溪，源出石澗，山有甘菊，村人食此水多壽。（《太平御覽》卷六十七。）

菊水出穰縣，芳菊被涯，水極甘香，谷中皆飲此水，壽百二十。七八十者猶以爲夭。胡廣患風，飲之愈，年八十二。（《諸史提要》卷四。）

秭歸縣室

秭歸縣室多幽閒〔一〕，其女盡織布，至〔二〕數十升〔三〕。（《後漢書·王充王符仲長統列傳》李賢等注。又見《通鑑綱目》卷十一、《輿地紀勝》卷七十四。）

〔校記〕

〔一〕閒，《通鑑綱目》作「閉」。

〔二〕至，《通鑑綱目》無。

〔三〕此句,《輿地紀勝》無。

南正重黎墓

衡山南〔一〕有南正重黎墓。楚靈王時山崩,毀其墳,得營丘九頭圖焉。〔二〕(《後漢書‧張衡列傳》李賢等注。又見《路史》卷八。)

〔校記〕

〔一〕南,《路史》作「之南」。

〔二〕「楚靈王」數句,《路史》無。

浮夷水

昔廩君浮夷水〔一〕,射鹽神於陽石之上。(《後漢書‧南蠻西南夷列傳》李賢等注。又見《太平御覽》卷七百八十五、《冊府元龜》卷九百五十六。)

〔校記〕

〔一〕水,《冊府元龜》無。

鹽水,即夷水也。又有鹽石,即陽石也。盛弘之以是推之,疑即廩君所射鹽神處也。(《水經注》卷三十六。)

神農社

隨郡北界有厲鄉村〔一〕,村南有重山,山下有一穴〔二〕,父老相傳云〔三〕神農所生林。西有兩重塹〔四〕,內有週圍〔五〕一頃二十畝地,中有九井。〔六〕神農既育,九井自穿。又云汲一井則眾井水動,即〔七〕以此〔八〕為神農社,年常祠〔九〕之。(《初學記》卷七。又見《太平御覽》卷一百八十九。)

〔校記〕

〔一〕厲鄉村,《太平御覽》作「廟鄉」。

〔二〕穴,《太平御覽》作「村」。

〔三〕云,《太平御覽》作「云是」。

〔四〕此句,《太平御覽》作「西有重塹」。

〔五〕內有周圍,《太平御覽》作「內周廻」。

〔六〕《太平御覽》此處有「相傳」二字。

〔七〕即,《太平御覽》作「則」。

〔八〕此,《太平御覽》作「地」。

〔九〕祠,《太平御覽》作「祀」。

隨郡北界,有九井,相傳神農既育,九井自穿。又云,浚一井,則眾井水皆動。(《藝文類聚》卷九。)

縣北界有重山，山有一穴，〔一〕云是〔二〕神農所生。又有周廻一頃二十
畝地，外有兩重塹〔三〕，中有九井〔四〕。相傳〔五〕神農既育，九井自穿，汲一
井則眾井動，即此地爲神農社，年常祠之。〔六〕（《後漢書·郡國志四》劉昭注補。
又見《事類賦注》卷八。）

〔校記〕

〔一〕此二句，《事類賦注》作「隨郡重山有一穴」。

〔二〕云是，《事類賦注》作「傳云」。

〔三〕此二句，《事類賦注》無。

〔四〕中有九井，《事類賦注》作「地有九井」。

〔五〕相傳，《事類賦注》作「云」。

〔六〕「汲一井」數句，《事類賦注》無。

厲鄉西有塹兩重，塹內有地，俗謂之神農宅，中有九井，汲一井則八井
震動，民多不敢觸，在縣北一百里。（《太平寰宇記》卷一百四十四。）

隨郡有巢，父老傳炎帝所生，村中有九井，云神農既育，九井自穿，於
此皆見。（《事物紀原》卷八。）

山有二穴，云是神農所生，遂即此地爲神農社，常年祀之。（《方輿勝覽》
卷三十二。）

江夏隨縣北界，厲鄉村南重山也。井在山北，重塹周之，廣一頃一十畝，
內有地，云神農宅，神農生此。神農既育，九井自穿。舊說汲一井則八井皆
動。（《路史》卷三十九。）

神農既育，九並自穿，孟子瞽叟，使舜浚井，蓋自古有井矣。（《古文苑》
卷十三。）

隨地有厲鄉村，下有一穴，是神農所生穴也。穴口方一步，容數人立，
今穴口石上有神農廟在。（《太平寰宇記》卷一百四十四。）

厲山下有厲鄉村、臨錫水。（《太平寰宇記》卷一百四十四。）

厲山下一穴，神農氏之所生，穴口神農廟存。（《輿地紀勝》卷八十三。）

隨郡有厲鄉村，有靈山、厲山。（《輿地紀勝》卷八十三。）

荊門、虎牙

郡西〔一〕泝江六十里南岸有山，名曰荊門，北岸有山，名曰虎牙，二山
相對，楚之西塞也。〔二〕虎牙，石壁紅色，間有白文，如牙齒狀。荊門上合下
開，開達〔三〕山南，有門形，故因以爲名。（《文選·賦己·江海·江賦》李善注。

又見《事類賦注》卷六、《杜工部草堂詩箋》卷十八、《杜工部草堂詩箋》卷三十五。)

〔校記〕

〔一〕《事類賦注》此處有「陵」字。

〔二〕以下數句,《事類賦注》、《杜工部草堂詩箋》卷十八皆無。

〔三〕開達,《杜工部草堂詩箋》卷三十五作「達」。

郡西沂江六十里,南岸有山,名荊門;北岸有山,名虎牙。二山相對,楚之西塞也。荊門上合下開,達山南,有門之形,故曰荊門。(《海錄碎事》卷三上。)

南荊門,北虎牙,〔一〕二山臨江,楚之西塞。(《輿地紀勝》卷七十三。又見《方輿勝覽》卷二十九。)

〔校記〕

〔一〕此二句,《方輿勝覽》作「虎牙」。

荊門,江南;虎牙,江北。虎牙有文如齒牙,荊門上合下開。(《後漢書·郡國志四》劉昭注補。)

大竹

臨賀謝休縣〔一〕東山〔二〕,有大竹,數十圍〔三〕,長數丈〔四〕。有小竹生旁〔五〕,皆四五尺圍〔六〕。下有磐石,徑四五丈,極高,方、正、青、滑,如彈棊局。〔七〕兩竹屈垂,拂掃其上〔八〕,初無塵穢。未至〔九〕數十里,聞風吹此竹,如簫管之音。(《齊民要術》卷十。又見《藝文類聚》卷八十九、《太平御覽》卷九百六十二。)

〔校記〕

〔一〕謝休縣,《藝文類聚》無。

〔二〕東山,《藝文類聚》作「冬山」。

〔三〕有大竹,數十圍,《太平御覽》無。

〔四〕長數丈,《藝文類聚》作「高亦數十丈」,《太平御覽》無。

〔五〕旁,《藝文類聚》、《太平御覽》作「其旁」。

〔六〕四五尺圍,《藝文類聚》作「四五圍」,《太平御覽》作「四五寸圍」。

〔七〕「極高」數句,《藝文類聚》作「極方正,青如彈棊局」。

〔八〕拂掃其上,《藝文類聚》作「拂埽石上」,《太平御覽》作「掃其上」。

〔九〕至,《藝文類聚》無。

臨賀山東山〔一〕中有二竹〔二〕,大〔三〕數十圍,有磐石,徑四五丈,〔四〕極方正,青如彈棋局,〔五〕兩竹屈垂,拂掃石上,絕無塵穢,未至數十里,聞風吹簫管之音〔六〕。(《太平御覽》卷四十九。又見《太平寰宇記》卷一百六十一、《輿

地紀勝》卷一百二十三。）

〔校記〕

〔一〕東山，《太平寰宇記》、《輿地紀勝》皆無。

〔二〕二竹，《輿地紀勝》作「二大竹」。

〔三〕大，《輿地紀勝》無。

〔四〕此二句，《輿地紀勝》作「有石，四百丈」。

〔五〕此二句，《太平寰宇記》作「方正青滑，如彈碁局」。

〔六〕簫管之音，《太平寰宇記》作「笙簫之音」，《輿地紀勝》作「簫管之聲」。

臨賀山，中有大竹數十圍，高數十丈，小竹生於旁，皆四五圍，未數十里，風吹此竹，如簫管之音。（《箋注簡齋詩集》卷十三。）

娑羅

巴陵縣南，有寺。僧房〔一〕床下，忽生一木。隨生〔二〕旬日，勢凌軒棟。道人移房〔三〕避之，木長便遲〔四〕，但極晚秀〔五〕。有外國沙門〔六〕見之，名爲「娑羅」也〔七〕，彼僧所憩之蔭。常著花，細白如雪〔八〕。元嘉〔九〕十一年忽生一花，狀如芙蓉。（《齊民要術》卷十。又見《太平御覽》卷九百六十一。）

〔校記〕

〔一〕南有寺，僧房，《太平御覽》作「僧寺」。

〔二〕隨生，《太平御覽》作「不」。

〔三〕房，《太平御覽》作「居」。

〔四〕木長便遲，《太平御覽》作「木即長遲」。

〔五〕晚秀，《太平御覽》作「晚香」。

〔六〕外國沙門，《太平御覽》作「西域僧」。

〔七〕名爲娑羅，《太平御覽》作「曰娑羅樹」。

〔八〕細白如雪，《太平御覽》無。

〔九〕元嘉，《太平御覽》作「至元嘉」。

平石

臨賀〔一〕興安縣東去郡八十里，縣〔二〕水邊有平石，其上有石櫛〔三〕，俗〔四〕云越王渡江〔五〕而墮於此〔六〕。（《北堂書鈔》卷一百三十六「梳」。又見《水經注》卷三十六、《北堂書鈔》卷一百三十六「屨」。）

〔校記〕

〔一〕臨賀，《水經注》無。

〔二〕「東去郡八十里縣」數字，《水經注》、《北堂書鈔》卷一百三十六「屨」無。

〔三〕其上有石櫛，《水經注》作「上有石履」，《北堂書鈔》卷一百三十六「屨」作「上有

石履一具」。

〔四〕俗，《水經注》、《北堂書鈔》卷一百三十六「屩」無。

〔五〕江，《水經注》作「溪」，《北堂書鈔》卷一百三十六「屩」作「漢」。

〔六〕而墮於此，《水經注》、《北堂書鈔》卷一百三十六「屩」作「脫履於此」。

興安縣水邊〔一〕有平石，其上有石櫛、石履〔二〕各一具〔三〕，俗云越王渡溪，脫履墮櫛於此。〔四〕（《初學記》卷五。又見《太平御覽》卷五十一、《太平御覽》卷七百一十四、《海錄碎事》卷三下、《事類賦注》卷七。）

〔校記〕

〔一〕水邊，《太平御覽》卷七百一十四作「東邊」，《海錄碎事》作「水上」。

〔二〕石櫛、石履，《太平御覽》卷七百一十四作「櫛、履」。

〔三〕具，《事類賦注》無。

〔四〕此二句，《海錄碎事》無。

賀水邊石上有石櫛、石履，俗云，昔越王渡水〔一〕，脫履墮櫛於此。（《太平寰宇記》卷一百六十一。又見《輿地紀勝》卷一百二十三。）

〔校記〕

〔一〕渡水，《輿地紀勝》無。

興安水邊平石上有石履。（《太平御覽》卷六百九十七。）

湯谷

南陽郡城北有紫山，紫山〔一〕東有一水，無所會通〔二〕，冬夏常溫，因名湯谷。（《文選·賦乙·京都中·南都賦》李善注。又見《文選·賦庚·物色·雪賦》李善注。）

〔校記〕

〔一〕紫山，《文選·雪賦》注無。

〔二〕無所會通，《文選·雪賦》注無。

新野城北有紫山，山東有溫水，名曰湯谷。《南都賦》云：湯谷湧其後。（《編珠》卷一。）

南陽郡城北有一水，冬夏常溫，名曰湯谷。（《海錄碎事》卷三下。）

梅溪

新野郡西七里，有梅溪，源出紫山，南流注〔一〕淯，故老傳〔二〕溪西有百里奚宅。（《藝文類聚》卷六十四。又見《太平御覽》卷一百八十。）

〔校記〕

〔一〕注，《太平御覽》作「入」。

〔二〕故老傳，《太平御覽》作「故耆老傳云」。

大澨、馬骨

雲杜縣左右有大澨、馬骨等湖，夏水來則渺瀰若海，及冬涸則平林曠澤，四眺煙日。（《初學記》卷七。）

鴉

巫縣有鳥如雌雞，其名〔一〕爲鴉，楚人謂之「服」。〔二〕（《藝文類聚》卷九十二。又見《史記·屈原賈生列傳》司馬貞索隱、《太平御覽》卷九百二十七。）

〔校記〕

〔一〕名，《史記》索隱作「雄」。

〔二〕此句，《太平御覽》無。

臨江王

荊州城臨漢江，臨江王所治。王被征，出城北門而車軸折，父老泣曰：「吾王去不還矣！」從此不開北門。（《世說新語·言語》劉孝標注。）

當陽城樓

當陽〔一〕縣城樓，王仲宣登之而作賦。（《文選·賦己·遊覽·登樓賦》李善注。又見《輿地紀勝》卷七十八、《海錄碎事》卷四下。）

〔校記〕

〔一〕當陽，《海錄碎事》作「富陽」。

巫峽

信陵縣西二十里有巫峽。（《文選·賦己·江海·江賦》李善注、《杜工部草堂詩箋》補遺卷七、《通鑒地理通釋》卷五。）

三峽

〔一〕舊云自二峽取蜀，數千里中恒是一山，此蓋好大之言也。〔二〕唯三峽七百里中，〔三〕兩岸連山，略無闕處。重巖疊嶂，隱天蔽日，自非停午夜分，不見日月。〔四〕至於夏水襄陵，沿泝〔五〕阻絕，或王命急宣〔六〕，有時云〔七〕朝發白帝，暮至江陵。其間一千二百里，雖乘奔御風〔八〕，不爲疾也。

春冬之時〔九〕，則素湍淥潭，廻清到影〔十〕，絕巘多生檉栢，懸泉〔十一〕瀑布，飛〔十二〕其間，清榮峻茂，良多雅趣。每晴初霜旦，林寒澗肅，常〔十三〕有高猿長嘯，屬引淒異。空岫傳向〔十四〕，哀轉久絕〔十五〕。故漁者歌曰：「巴東三峽巫峽長，猿鳴三聲淚沾裳。」（《太平御覽》卷五十三。又見《太平寰宇記》卷一百四十八、《方輿勝覽》卷五十七。）

〔校記〕

〔一〕《太平寰宇記》此處有「洝江峽三十里有新奔灘至巫峽，因山名也，首尾一百六十里」數句。

〔二〕此三句，《方輿勝覽》無。

〔三〕此句，《方輿勝覽》作「巫峽七百里中」。

〔四〕《太平寰宇記》此數句後以「所謂高山尋雲，怒湍流水，絕非人境」結。「疊」，《太平寰宇記》作「疊」。

〔五〕洝洑，《方輿勝覽》作「洑巖」。

〔六〕急宣，《方輿勝覽》作「宣急」。

〔七〕云，《方輿勝覽》無。

〔八〕御風，《方輿勝覽》作「馳風」。

〔九〕時，《方輿勝覽》作「間」。

〔十〕回清到影，《方輿勝覽》作「回波平迤」。

〔十一〕懸泉，《方輿勝覽》作「懸崖」。

〔十二〕飛，《方輿勝覽》作「飛灑」。

〔十三〕常，《方輿勝覽》無。

〔十四〕向，《方輿勝覽》作「響」。

〔十五〕此句，《方輿勝覽》無。

宜都宜昌縣三峽七百里，〔一〕兩岸連山，略無絕〔二〕處。朝發白帝，暮宿江陵，其間一千二百里。〔三〕漁者歌曰：巴東三峽巫峽長，猿鳴三聲淚霑裳。〔四〕三峽兩岸，〔五〕重巖疊〔六〕嶂，隱蔽天日〔七〕，非亭午夜半〔八〕，不見日月。（《杜工部草堂詩箋》卷二十六。又見《藝文類聚》卷七、《通鑒綱目》卷二十七。）

〔校記〕

〔一〕此句，《通鑒綱目》作「三峽七百里中」。

〔二〕絕，《通鑒綱目》作「闕」。

〔三〕此數句，《藝文類聚》、《通鑒綱目》皆無。

〔四〕此數句，《通鑒綱目》無。《藝文類聚》作「漁者歌曰：巴東三峽巫峽長。」並以此結。

〔五〕此句，《通鑒綱目》無。

〔六〕疊，《通鑒綱目》作「迭」。

〔七〕隱蔽天日，《通鑒綱目》作「隱天蔽日」。

〔八〕此句，《通鑒綱目》作「自非亭午及夜分」。

古歌曰：巴東三峽巫峽長，猿鳴三聲淚沾裳。（《文選·賦己·江海·江賦》李善注、《九家集注杜詩》卷七。）

灩澦

灩澦如馬瞿塘，莫下；灩澦如象瞿塘，莫上。蓋舟人以爲水則。〔一〕（《杜工部草堂詩箋》卷十八。又見《五百家注昌黎文集》卷二。）

〔校記〕

〔一〕此句，《五百家注昌黎文集》無。

淫預

巴東江中有孤石，名爲淫預。冬出水，夏沒水。（《杜工部草堂詩箋》補遺卷七。）

風井

宜都佷山縣有山，山有風穴，〔一〕口大數尺〔二〕，名爲〔三〕風井。夏則風出，冬則風入。樵人有冬過者，置笠穴口，風吸〔四〕之，經月〔五〕還。涉〔六〕長陽溪，而得其〔七〕笠。則後之溪穴潛通。〔八〕（《北堂書鈔》卷一百五十八。又見《太平御覽》卷二十二、《太平御覽》卷二十六、《太平御覽》卷五十四。）

〔校記〕

〔一〕此二句，《太平御覽》卷二十二作「宜都銀山縣有風穴」，《太平御覽》卷二十六作「宜都銀山有風穴」。

〔二〕口，《太平御覽》卷二十二作「穴口」，《太平御覽》卷二十六無。

〔三〕爲，《太平御覽》卷二十六無。

〔四〕吸，《太平御覽》卷二十二作「吹」。

〔五〕月，《太平御覽》卷二十二、卷二十六皆作「日」。

〔六〕涉，《太平御覽》卷二十六無。

〔七〕其，《太平御覽》卷二十六無。

〔八〕此句，《太平御覽》卷二十二、卷二十六皆無。《太平御覽》卷五十四作「則知溪穴潛通」。

宜都佷山縣山有風穴，張〔一〕口大數尺，名曰風井。夏則風出，冬則風入。風出之時，吹拂左右，常淨如掃〔二〕。暑月經之，凜然有衣裳想。（《太平御覽》卷九。又見《事類賦注》卷二。）

〔校記〕

〔一〕張，《事類賦注》無。

〔二〕如掃，《事類賦注》無。

風井，夏則風出，冬則風入。（《編珠》卷一、《初學記》卷七、《太平御覽》卷一百八十九。）

宜都佷山縣有山，山有石穴，大數尺，名曰風井，夏出冬入。風出之時，拂石降也。（《北堂書鈔》卷一百五十一。）

宜都佷山縣有山，山有穴，口大數尺，爲風井。土囊，當此之類也。（《文選·賦庚·物色·風賦》李善注。）

宜都有風穴。樵人有冬過者，置笠穴口，風吹吸之。經日還涉長陽溪而得其笠，則知溪穴潛通矣。（《太平御覽》卷七百六十五。）

宜都銀山縣有風穴，大數尺，一名風井。夏則風出，寒則風入。有寒者笠子吸入，經日出，在長陽溪也。（《東坡先生物類相感志》卷三。）

唐

零陵東接作唐。然此三縣連延相接。唐林，即唐地之林也。（《文選·詩丙·贈答一·贈士孫文始》李善注。）

湘水

湘水北流二千里，入於洞庭。（《文選·詩戊·行旅下·始安郡還都與張湘州登巴陵城樓作》李善注。）

魯陽縣

魯陽縣，其地重險，楚之北塞也。（《文選·詩戊·行旅下·望荊山》李善注、《杜工部草堂詩箋》卷三十五。）

赤壁

薄（蒲）沂縣，沿江一百〔一〕里，南岸名赤壁，〔二〕周瑜、黃蓋此乘大艦上破魏武兵於烏林。烏林赤壁其東西一百六十里。（《文選·詩庚·雜擬上·應瑒》李善注。又見《杜工部草堂詩箋》卷三十六、《通鑒綱目》卷十五。）

〔校記〕

〔一〕一百，《通鑑綱目》作「百」。

〔二〕此句，《杜工部草堂詩箋》作「對岸爲赤壁」，《通鑑綱目》作「南岸地名赤壁」。

莨谷

縣〔一〕東三里餘有三湖，湖東有水，名莨谷〔二〕，又西北有小城名曰冶父。《左傳》曰：「莫敖縊於荒谷，群帥囚於冶父。」縣北十餘里有紀南城，楚王所都。東南有郢城，子囊所城。〔三〕（《後漢書・郡國志四》劉昭注補。又見《春秋分記》卷三十。）

〔校記〕

〔一〕縣，《春秋分記》作「江陵縣」。

〔二〕名莨谷，《春秋分記》作「名曰荒谷」。

〔三〕此數句，《春秋分記》無。

荒谷西北有苑，號曰王園。北有小城，名曰冶父城。傳謂莫敖縊於荒谷，群帥囚於冶父，即此。（《春秋分記》卷三十。）

荒國西北有城，曰冶父城。（《輿地紀勝》卷六十五。）

淥酒

淥水出豫章康樂縣，其間烏程鄉有酒官，取水爲酒，極香美〔一〕，與湘東酃湖酒侔〔二〕。獻之，〔三〕世稱酃淥酒。（《王荆公詩注》卷九。又見《文選・七下・七命》李善注、《輿地紀勝》卷二十七、《海錄碎事》卷六。）

〔校記〕

〔一〕極香美，《文選》注作「酒極甘美」，《海錄碎事》作「極甘美」，《輿地紀勝》作「極美」。

〔二〕侔，《輿地紀勝》作「同」，《文選》注、《海錄碎事》無。

〔三〕此句，《文選》注、《海錄碎事》作「年常獻之」，《輿地紀勝》無。

淥溪源

桂陽郡東界俠公山下淥溪源，官常取此水爲酒。（《北堂書鈔》卷一百四十八。）

徐元直、王仲宣宅

襄陽城西南有徐元直宅，其西北八里方山，山北際河水，山下有王仲宣宅。故東阿王誄云：振冠南嶽，濯纓清川。（《文選・誄上・王仲宣誄》李善注。）

衡山

衡山者，五嶽之南嶽也。其來尚矣。至於軒轅，乃以灊霍之山爲其副焉。故《爾雅》云：霍山爲南嶽，蓋因其副焉。至漢武南巡，又以衡山南遠，道隔江漢，於是乃徙南嶽之祭於廬江灊山，此亦承軒轅副義也。故南嶽衡山，朱陵之靈臺，太虛之寶洞，上承冥宿，銓德鈞物，故名衡山；下踞離宮，攝位火鄉，赤帝館其嶺，祝融託其陽，故號南嶽。周旋數百里，高四千一十丈。東南臨湘川，自湘川至長沙七百里，九向九背，然後不見。禹治水，登而祭之，因夢遇玄夷使者，遂獲金簡玉字之書，得治水之要。山有三峰，其一名紫蓋；天景明澈，有一雙白鶴徊翔其上；一峰名石囷，下有石室，中常聞諷誦聲；一峰名芙蓉，上有泉水飛流，如舒一幅練。(《初學記》卷五。按，此條，《初學記》所引最爲完備，後世引此條者，各有所重，僅將條目相類者出校。此條，又見徐靈期《南嶽記》。)

衡山有三峰，其一名〔一〕紫蓋，每見有雙白鶴徊翔其上；一峰名〔二〕石囷，下有石室，尋山徑，聞室中有諷誦聲；〔三〕一〔四〕曰芙蓉，上有泉水，飛流如舒一幅白練〔五〕。(《太平御覽》卷三十九。又見《古今合璧事類備要》前集卷五。)

〔校記〕

〔一〕其一名，《事類備要》作「一曰」。

〔二〕一峰名，《事類備要》作「二曰」。

〔三〕此二句，《事類備要》無。

〔四〕一，《事類備要》作「三」。

〔五〕此句，《事類備要》作「飛泉如練帶」。

衡山有三〔一〕峰極秀，一峰名芙蓉峰，最爲竦桀〔二〕，自非清霄素朝〔三〕，不可望見，峰上有泉，飛派，如一幅絹，分映青林，直注山下。(《藝文類聚》卷七。又見《事文類聚》前集卷十三、《古今合璧事類備要》前集卷五。《事類備要》此條前有「六帖」二字，或是其引自《白孔六帖》也。)

〔校記〕

〔一〕三，《事文類聚》作「二」。

〔二〕桀，《事文類聚》、《事類備要》作「傑」。

〔三〕素朝，《事文類聚》、《事類備要》作「之朝」。

〔四〕絹，《事類備要》作「綃」。

衡山有三峰極秀〔一〕，一名紫蓋〔二〕，澄天明景〔三〕，輒有一雙白鶴，廻

翔其上，清響亮徹。(《初學記》卷三十。又見《太平御覽》卷九百一十六、《海錄碎事》卷二十二上。)

〔校記〕

〔一〕極秀，《海錄碎事》無。

〔二〕此句，《太平御覽》作「一峰名紫蓋峰」。

〔三〕澄天明景，《太平御覽》作「清天明景」，《海錄碎事》作「天明」。

衡山有三峰極秀，一峰名芙蓉峰〔一〕，最爲竦傑。自非清霄素朝，不可望見。又云紫蓋峰者，天明輒有一隻白鶴回翔其上，則望日之如渴也。〔二〕(《九家集注杜詩》卷十六。又見《詳注昌黎先生文集》卷三。)

〔校記〕

〔一〕峰，《詳注昌黎先生文集》無。

〔二〕「又云紫蓋峰」數句，《詳注昌黎先生文集》無，代之以「頂謂之芙蓉峰」。

衡山有三峰極秀〔一〕，一峰〔二〕名紫蓋。(《藝文類聚》卷七。又見《事類賦注》卷七。)

〔校記〕

〔一〕極秀，《事類賦注》無。

〔二〕一峰，《事類賦注》作「其一」。

南嶽衡山，朱陵之靈臺，太虛之寶洞。上〔一〕承冥宿，銓德鈞物，故名衡山。下踞離宮〔二〕，攝位火向〔三〕。赤帝館其嶺，祝融託其陽，故號南嶽。周旋數百里，高四千一十丈。東南臨湘川，自湘川至長沙七百里，九向九背，然後不見。〔四〕(《北堂書鈔》卷一百六十。又見《杜工部草堂詩箋》卷三十九、《能改齋漫錄》卷九地理。)

〔校記〕

〔一〕上，《杜工部草堂詩箋》作「山」。

〔二〕宮，《能改齋漫錄》作「官」。

〔三〕向，《杜工部草堂詩箋》、《能改齋漫錄》作「鄉」。

〔四〕「周旋數百里」數句，《杜工部草堂詩箋》無，《能改齋漫錄》代之以「以此推之，南嶽當玉衡分野可知矣。」

衡山者，五嶽之南嶽也。下踞離宮，攝位火鄉。赤帝館其巔，祝融託其陽，故號曰南嶽。今云配朱鳥者。朱鳥，南方之宿故也。(《九家集注杜詩》卷十六。)

南嶽周迴數百里。昔禹登而祭之，因夢玄夷使者，遂獲金簡玉字之書。(《五

百家注昌黎文集》卷三。）

禹登南嶽而祭之，獲金簡玉字之書。（《玉海》卷八十七。）

衡山紫蓋峰，清天明景，輒有雙鶴廻翔其上。（《記纂淵海》卷九十七。）

臥石

臨賀界有臥石一枚〔一〕，其形〔二〕似人而色青黃，隱起此鄉，若旱便祭之，小祭小雨，此之謂應也〔三〕。（《北堂書鈔》卷一百五十一。又見《編珠》卷一。）

〔校記〕

〔一〕一枚，《編珠》無。

〔二〕其形，《編珠》無。

〔三〕此三句，《編珠》作「若旱，祭之必雨」。

樊重

湖〔一〕陽縣，春秋蓼國，樊重之邑也。重母畏雷，爲石室避之，悉以文石爲堦砌。〔二〕（《編珠》卷一。又見《藝文類聚》卷二。）

〔校記〕

〔一〕湖，《藝文類聚》作「胡」。

〔二〕《藝文類聚》此句後有「今猶存」句。

南陽〔一〕樊重母畏雷，爲石室避之，悉以文石爲堦砌，〔二〕今猶在焉。〔三〕（《北堂書鈔》卷一百五十二。又見《北堂書鈔》卷一百六十、《初學記》卷一、《後漢書·郡國志四》劉昭注補、《太平御覽》卷五十二、《事類賦注》卷七。）

〔校記〕

〔一〕南陽，《初學記》作「湖陽縣」，《北堂書鈔》卷一百六十、《後漢書》注補、《太平御覽》、《事類賦注》無。

〔二〕此句，《北堂書鈔》卷一百六十、《事類賦注》無。《初學記》作「悉以石爲階」，《後漢書》注補作「悉以文石爲階」，《太平御覽》作「悉以石爲階砌」。

〔三〕此句，《北堂書鈔》卷一百六十、《初學記》、《事類賦注》無。《後漢書》注補作「今存」。

朝陽縣樊重母畏雷，爲母立石室以避之，悉以文石爲階砌，至今猶存。（《太平御覽》卷十三、《事類賦注》卷三。）

黃牛山

西陵峽有黃牛江，其途難進，語曰：朝發黃牛，暮宿黃牛。三朝三暮，黃牛如故。又夷陵縣有黃牛灘。（《編珠》卷一。）

宜都西陵峽中有黃牛山，江湍紆廻，途經信宿，猶望見之，行者語曰：

朝發黃牛，暮宿黃牛，三日三暮，黃牛如故。(《藝文類聚》卷七、《九家集注杜詩》卷二十二。)

南崖〔一〕有〔二〕重嶺疊〔三〕起，〔四〕最大高崖〔五〕間有石，色〔六〕如人負刀〔七〕牽牛，人黑牛黃，成就分明。〔八〕此崖既大，〔九〕加以江湍縈紆廻，〔十〕途經宿，猶望見之。〔十一〕行者歌曰：「朝發黃牛，暮宿〔十二〕黃牛，三日三夜，黃牛如故。」(《太平御覽》卷五十三。又見《太平寰宇記》卷一百四十七、《杜工部草堂詩箋》卷三十二、《方輿勝覽》卷二十九。)

〔校記〕

〔一〕南崖，《杜工部草堂詩箋》作「黃牛山」，《寰宇記》作「南岸」。

〔二〕有，《寰宇記》無。

〔三〕疊，《方輿勝覽》作「迭」。

〔四〕《寰宇記》此處有「其」字。

〔五〕最大高崖，《寰宇記》作「最大高岸」，《方輿勝覽》作「崖間」。

〔六〕色，《寰宇記》作「邑」。

〔七〕負刀，《方輿勝覽》無。

〔八〕人黑牛黃，《寰宇記》無。

〔九〕此句，《方輿勝覽》無。《寰宇記》作「此巖既高」，《杜工部草堂詩箋》作「此崖」。

〔十〕此句，《寰宇記》作「加以汗湍紆廻」，《杜工部草堂詩箋》作「江湍迂回」，《方輿勝覽》作「加以江湍紆回」。

〔十一〕此二句，《寰宇記》作「雖塗經宿信，猶望見之」；《杜工部草堂詩箋》作「行信猶望見」；《方輿勝覽》作「行途經宿，猶望見之。」

〔十二〕宿，《方輿勝覽》作「發」，《杜工部草堂詩箋》無。

宮亭湖

宮亭湖廟〔一〕神甚有靈驗〔二〕，塗旅經過，無不祈禱。〔三〕能使湖中〔四〕分風，而帆南〔五〕。(《初學記》卷七。又見《編珠》卷一、《太平御覽》卷六十六、《海錄碎事》卷三下。)

〔校記〕

〔一〕廟，《海錄碎事》無。

〔二〕甚有靈驗，《編珠》作「有靈驗」，《海錄碎事》無。

〔三〕此二句，《編珠》作「塗旅祈禱」，《海錄碎事》無。

〔四〕湖中，《海錄碎事》作「中湖」。

〔五〕帆南，《海錄碎事》作「上」。

南康仁空山上有平湖，中艑底浮在湖中，動便起風雨。(《初學記》卷七。)

瞿塘灘

魚復縣瞿塘〔一〕灘上有神廟，極〔二〕靈驗。刺史二千石〔三〕經過者〔四〕，皆〔五〕不得〔六〕鳴鼓角。商旅恐觸石有聲，〔七〕以布裹篙頭。〔八〕(《編珠》卷四。又見《北堂書鈔》卷一百二十一、《北堂書鈔》卷一百三十八、《太平御覽》卷七百七十一。)

〔校記〕

〔一〕塘，《北堂書鈔》卷一百二十一、卷一百三十八、《太平御覽》皆作「唐」。

〔二〕極，《北堂書鈔》卷一百二十一作「先人」，《太平御覽》作「先極」。

〔三〕此數字，《北堂書鈔》卷一百三十八無。

〔四〕者，《北堂書鈔》卷一百二十一、《太平御覽》無。

〔五〕皆，《北堂書鈔》卷一百二十一無。

〔六〕得，《太平御覽》無。

〔七〕此句，《北堂書鈔》卷一百二十一無。商旅，《太平御覽》作「篙旅」。

〔八〕此句，《北堂書鈔》卷一百二十一無。《北堂書鈔》卷一百三十八作「乃以布裹篙足」，《太平御覽》作「乃以布裹篙頭」。

公孫樓柱

巴東城西有一栢柱〔一〕，孤植〔二〕，大可數圍，高三丈餘。〔三〕相傳〔四〕是公孫述時〔五〕樓柱。乃云：〔六〕斫之血出，〔七〕枯而不朽。歷代彌固，將恐有物憑焉。〔八〕(《太平御覽》卷一百八十七。又見《白氏六帖事類集》卷三、《輿地紀勝》卷七十四、《方輿勝覽》卷五十八。)

〔校記〕

〔一〕城西有一栢柱，《白氏六帖事類集》、《輿地紀勝》、《方輿勝覽》作「有一折柱」。

〔二〕植，《白氏六帖事類集》、《輿地紀勝》、《方輿勝覽》作「直」。

〔三〕此二句，《白氏六帖事類集》、《輿地紀勝》作「高三丈，大可十圍。」《方輿勝覽》作「高三丈，可十圍」。

〔四〕相傳，《白氏六帖事類集》、《輿地紀勝》作「云是」；《方輿勝覽》作「相傳云」。

〔五〕時，《白氏六帖事類集》、《輿地紀勝》、《方輿勝覽》皆無。

〔六〕此句，《白氏六帖事類集》、《輿地紀勝》、《方輿勝覽》皆無。

〔七〕此句，《白氏六帖事類集》、《輿地紀勝》皆作「破之血出」；《方輿勝覽》無。

〔八〕此二句，《白氏六帖事類集》、《輿地紀勝》、《方輿勝覽》皆無。

豫章木

始興郡山陽〔一〕縣有豫木，本徑可二丈，〔二〕名爲聖木。秦時伐此木爲鼓額。〔三〕鼓〔四〕額成，忽自〔五〕奔逸，北至山陽〔六〕。(《初學記》卷十六。

又見《太平御覽》卷五百八十二、《事類賦注》卷十二、《錦繡萬花谷》後集卷三十二。）

〔校記〕

〔一〕山陽，《太平御覽》、《事類賦注》作「陽山」。

〔二〕此句，《事類賦注》作「木徑可二丈」；《錦繡萬花谷》作「徑可長二丈」。

〔三〕《錦繡萬花谷》僅引至此。

〔四〕鼓，《太平御覽》、《事類賦注》無。

〔五〕自，《事類賦注》無。

〔六〕山陽，《太平御覽》、《事類賦注》作「桂陽」。

山陽縣豫章木，徑〔一〕可伐作鼓額，額成，便取奔去。（《藝文類聚》卷八十九。又見《古今合璧事類備要》別集卷五十。）

〔校記〕

〔一〕徑，《事類備要》無。

陽山縣有豫章木，可二丈。號爲聖木，秦人伐爲鼓額，額成，忽奔逸至桂陽。（《文獻通考》卷一百三十七、《樂書》卷一百四十一。）

始興郡桂陽縣有豫章木，徑可長二丈，作鼓名聖鼓。秦時伐此未果，忽自奔洛陽。（《白氏六帖事類集》卷十八。）

故郢城

江陵東北七里有故郢城之周廻九里是。（《渚宮舊事》卷二。）

鵝羊山

鵝羊山，石皆成鵝羊形。云昔有威少卿者，年十四五，兄令牧羊，見一老人，謂曰：「汝有仙骨，可相隨去。」市人報其兄，兄至山，見少卿。送兄出，問羊在否，指謂石，使令隨兄去。（《杜工部草堂詩箋》卷二。）

羅公洲

城西百餘里，有樓俯臨川上。羅君章居之，因名爲羅公洲。樓下洲上，果竹交蔭，長楊傍映，交梧前踈。雖近城隍，處同丘壑。（《杜工部草堂詩箋》卷三十三。）

賈誼宅

湘州南寺之東有賈誼宅，宅之中有井，井旁有局脚石床〔一〕，可容一人坐，

形制甚古〔二〕，相傳曰誼所坐也〔三〕。(《北堂書鈔》卷一百三十三。又見《太平御覽》卷七百零六。)

〔校記〕

〔一〕此三句，《太平御覽》作「長沙郡有賈誼所穿井，扁脚石床」。

〔二〕形制甚古，《太平御覽》作「其形古制」。

〔三〕此句，《太平御覽》作「傳云，誼所坐床也。」

湘州有南寺，東有賈誼宅，宅有井〔一〕，小而深〔二〕，上斂下大，狀似壺，即誼所穿。井傍局脚食床，容一人坐，即誼所坐也〔三〕。(《續談助》卷四。又見《事文類聚》續集卷十。)

〔校記〕

〔一〕此三句，《事文類聚》作「湘州南寺之東賈誼有井」。

〔二〕小而深，《事文類聚》作「水極深」。

〔三〕「傍局脚食床」數句，《事文類聚》無，代之以「誼宅今為陶侃廟」。

湘川南寺之東賈誼宅有井，即誼所穿。宅今為陶侃廟，種柑猶有存者。(《杜工部草堂詩箋》卷三十七。)

白雉山

武陵舞陽縣，有淳于、白雉二山，在寧州武陵二界畔，絕壑之半，有一石雉，遠望首尾，可長二丈，申足翔翼，若虛中翻飛，頸綴著石。(《藝文類聚》卷七。)

望州山

宜都夷道縣西南九十里，有望州山，四面壁立，登此見一州內。東有涌泉，欲雨，輒有赤氣，故名丹水。(《藝文類聚》卷七。)

麓山

長沙西岸有麓山，蓋衡山之足。又名靈麓峰，乃嶽山七十二峰之數。自湘西古渡登岸，夾徑喬松，泉澗盤繞，諸峰疊秀，下瞰湘江。(《方輿勝覽》卷二十三、《資治通鑒》卷二百八十九。)

長沙之〔一〕西岸有麓山，其中〔二〕有精舍，左右林嶺，環廻泉澗〔三〕，精舍〔四〕旁有白礜石〔五〕，每至嚴冬，其上〔六〕不停霜雪。(《太平寰宇記》卷一百一十四。又見《太平御覽》卷四十九、《杜工部草堂詩箋》卷三十七。)

〔校記〕

〔一〕之，《太平御覽》、《杜工部草堂詩箋》無。

〔二〕中，《太平御覽》、《杜工部草堂詩箋》作「下」。

〔三〕澗，《杜工部草堂詩箋》作「間」。

〔四〕精舍，《杜工部草堂詩箋》無。

〔五〕白礬石，《太平御覽》作「礬石」，《杜工部草堂詩箋》作「樊石」。

〔六〕上，《杜工部草堂詩箋》作「水」。

長沙西岸有麓山，蓋衡山之足，又名靈山。麓山，嶽山，七十二峰之數。（《群書通要》癸集。）

湖縣鹿山舍旁多礬石。每至嚴冬，其上不得停霜雪。（《太平御覽》卷九百八十七。）

魚復縣岸崩，特多礬石。（《太平御覽》卷九百八十七。）

長沙西岸有麓山，其下有精舍。左右林嶺，環回泉澗，旁有礬石，每至嚴冬，其水不停霜雪，山足曰麓，蓋衡山足也。（《九家集注杜詩》卷十六。）

九疑山

九疑山盤基數郡之界，連峰接岫，競遠爭高，含霞卷霧，分天隔日。（《太平御覽》卷四十一、《杜工部草堂詩箋》補遺卷十。）

獨樂山

鄧城西七里有獨樂山，諸葛亮〔一〕常登此山，作《梁父吟》。（《輿地紀勝》卷八十二。又見《九家集注杜詩》卷一。）

作樂山

作樂山，諸葛亮嘗登所，居山作樂。（《輿地紀勝》卷八十二。）

作樂山，習鑿齒隱遁之所。（《輿地紀勝》卷八十二。）

雁塞

雁塞北接梁州汶陽郡，其間東西嶺〔一〕，屬天〔二〕無際，雲飛風翥，望崖廻翼，唯〔三〕一處爲下，朔雁達塞〔四〕，矯翮〔五〕裁度，故名雁塞，同於雁門也。（《藝文類聚》卷九十一。又見《初學記》卷三十、《太平御覽》卷九百一十七、《錦繡萬花谷》後集卷四十、《九家集注杜詩》卷十四。）

〔校記〕

〔一〕嶺，《錦繡萬花谷》作「岑屬」。

〔二〕屬天，《錦繡萬花谷》作「大巖」。

〔三〕唯，《太平御覽》、《錦繡萬花谷》作「惟」。

〔四〕朔雁達塞，《太平御覽》、《九家集注杜詩》作「翔雁達塞」；《錦繡萬花谷》作「翔雁

違塞」。

〔五〕翩，《太平御覽》、《錦繡萬花谷》作「翼」。

岑州界，上接梁州汝陽郡，其間果（東）西岑屬，大巖無際，雲飛鳳翥，望崖深絕，有一處爲下，翔雁傳塞，矯翼裁度，故名雁塞。（《杜工部草堂詩箋》補遺卷三。）

雁塞北接梁汶陽郡。雁至，矯翩而度，同於雁門也。（《海錄碎事》卷四上。）

景山

景山，在上洛縣西南二百里，東與荊山連接，有沮水源出焉。其山一名雁浮山，荊山之首曰景山，雁南翔北歸，偏經其上，土人由茲改名爲雁山，又爲雁塞山。（《太平御覽》卷四十九。）

景山，雁南翔北歸，偏經其上，人謂之雁塞山。（《事類賦注》卷七。）

李衡

李衡字叔平，仕吳爲丹陽太守。每欲理產業，妻習氏輒不聽從。衡密遣人於武陵龍陽縣汎洲種甘橘千株，臨死語其子曰：「汝母惡吾營家，故貧如此。然吾於武陵汎洲種千頭木奴，不匱汝衣食。後當得千匹絹，亦足用耳。」衡亡後，其子以白其母，母曰：「此當是種甘橘也。汝父嘗稱太史，言江陵千林橘，其人與千戶侯等，殆謂此矣。然人患無德義，不患於貧，苟能守道，茲何爲？」吳末甚盛茂，果獲千縑縑。晉咸熙中，猶有存者。今此洲上居民數十家，亦多有橘株，故呼爲橘洲。（《九家集注杜詩》卷十六。）

李衡，字平叔。仕吳，爲丹陽太守。每欲理產業，妻習氏不許。衡密遣人於武陵龍場汎洲種橘千株。臨終，謂其子曰：「汝母惡吾榮家，故貧如此。吾於汎洲種橘，乃千頭木奴，不費汝衣食。」太史言「江陵千株橘，其人與千戶侯等」，蓋謂此也。今洲上民數百家，橘不存矣。（《方輿勝覽》卷三十。此條，《方輿勝覽》言出盛弘之《經》。）

橘洲

橘洲在郡南四里，對南津，常看如下，及至夏水懷山，諸洲皆沒，橘洲獨在。（《太平御覽》卷二十二。）

三泉

夷道縣句將山下有三泉，傳云，本無此泉，居者皆苦遠汲，人人多賣水

與之。有一女子，孤貧襤褸，無以貿易，有一乞人，衣襤貌醜，瘡痍竟體，村人見之，無不穢惡，唯女子獨加哀矜，割飯飴之，乞人食畢曰：「我感嫗行善，欲思相報，爲何所須？」女答曰：「何恩可報，且今所須之物，非君能得。」因問所須，女子曰：「正願此山下有水可汲。」乞人乃取腰中書刀，刺山下三處，即飛泉涌出，因便辭去，忽然不見。（《藝文類聚》卷九。）

宜都夷陸縣南勾將山下有三泉，傳云，本無此泉，居者苦於汲水，有一女子孤貧，忽有一乞人瘡痍竟體，村人無不稱惡，此女哀矜，飴之。乞人乃腰中出刀，刺山下三處，即飛泉湧出。（《太平御覽》卷七十。）

夷道縣乞人謂女子曰：「爲何所須？」女子曰：「所須之物，願此山下有水。」（《九家集注杜詩》卷二十一。）

神女峰

巫山有神女峰。（《杜工部草堂詩箋》卷三十五。）

洱水

固城臨洱水，洱水之北岸有五女墩。西漢時有人葬洱北，墓將爲水所壞。其人有五女，共創此墩，以防其墓。又云：一女嫁陰縣佷子，子家貲萬金，自少及長，不從父言。臨死，意欲葬山上，恐子不從，乃言：「必葬我於渚下磧上。」佷子曰：「我由來不聽父教，今當從此一語。」遂盡散家財，作石塚，以土繞之，遂成一洲，長數步。元康中，始爲水所壞。今餘石成半榻許，數百枚，聚在水中。（《酉陽雜俎》續集卷四。）

東塘神

臨賀馮乘縣東五里，有故縣廟，相傳漢淮南王安被誅，其子奔迸來至，一夜忽化爲石人，當縣門而立。百姓怪而觀之，其迫察者，手足無不瘡爛。（《太平御覽》卷五十二。）

淮南王安被誅，其子奔至此城門，化爲石，今名東塘神。（《元和郡縣志》卷三十。）

稅氏

建平信陵縣有稅氏，昔蜀王欒君王巴蜀〔一〕，王〔二〕見廩君兵彊，結好飲晏，以稅氏五千人遺巴蜀〔三〕，廩君望出河間〔四〕。（《通志》卷二十九。又見《元和姓纂》卷八。）

〔校記〕

〔一〕此句，《元和姓纂》作「昔君王巴蜀」。

〔二〕王，《元和姓纂》作「蜀王」。

〔三〕巴蜀，《元和姓纂》作「廩君」。

〔四〕此句，《元和姓纂》無。

建平信陵縣〔一〕有稅氏。（《重修廣韻》卷四。又見《路史》卷三十。）

〔校記〕

〔一〕縣，《路史》作「今」。

目巖

平樂縣有山臨水〔一〕，巖間有兩〔二〕目，如人眼，極大，瞳子白黑分明，名爲〔三〕目巖。（《藝文類聚》卷六。又見《太平御覽》卷五十四、《太平廣記》卷三百九十八。）

〔校記〕

〔一〕臨水，《太平廣記》作「林石」。

〔二〕兩，《太平廣記》無。

〔三〕爲，《太平廣記》作「曰」。

平樂縣西南數十里有山〔一〕，其巖〔二〕間有兩目，如人眼極大，瞳子黑白分明，因名爲目巖山〔三〕。（《太平寰宇記》卷一百六十三。又見《太平御覽》卷一百七十二、《輿地紀勝》卷一百零七。）

〔校記〕

〔一〕此句，《輿地紀勝》作「目巖山」。

〔二〕其巖，《太平御覽》無。

〔三〕此句，《太平御覽》無。

石帆山

武陵舞陽縣有石帆山，若數百幅〔一〕帆。（《北堂書鈔》卷一百六十。又見《藝文類聚》卷八。）

〔校記〕

〔一〕幅，《藝文類聚》無。

石鼓

建平郡南陵縣有石鼓，南有五龍山，山峰嶕嶢，凌雲濟竦，狀若龍形，故因爲名。（《藝文類聚》卷八。）

新都溫泉

新陽縣惠澤中有溫泉〔一〕，冬月，未至數里，遙望白氣，浮蒸如煙〔二〕，上下采映〔三〕，狀若綺疏〔四〕。又有車輪雙轅形，世傳〔五〕，昔有玉女乘車，自投此泉，今人〔六〕時見女子，姿儀光麗，往來倏忽。〔七〕（《藝文類聚》卷九。又見《太平御覽》卷七十一。）

〔校記〕

〔一〕此句，《太平御覽》作「新都縣有溫泉」。

〔二〕此句，《太平御覽》作「遙見白氣如煙」。

〔三〕采映，《太平御覽》作「交映」。

〔四〕狀若綺疏，《太平御覽》作「狀如綺疏」。

〔五〕世傳，《太平御覽》作「世人傳」。

〔六〕今人，《太平御覽》作「人」。

〔七〕《太平御覽》此後有「人造泉有一聲則沸從下出，而不可止也」句。

貪泉、靈壽木

眾山水出注於大溪，號曰橫流溪。溪水甚小，冬夏不乾，俗亦謂之爲貪泉〔一〕，飲者輒昌〔二〕於財賄，同於廣州石門貪流〔三〕矣。廉介爲二千石，則不飲之。〔四〕（《水經注》卷三十九。又見《太平寰宇記》卷一百一十七。）

〔校記〕

〔一〕此句，《太平寰宇記》作「亦謂之貪泉」。

〔二〕昌，《太平寰宇記》作「冒」。

〔三〕流，《太平寰宇記》作「泉」。

〔四〕此句，《太平寰宇記》無。

桂陽郡西南宿山，水出注大谿，號曰橫谿，水甚深，冬夏不乾，俗謂之貪泉，飲者輒冒於財賄。（《藝文類聚》卷九、《北堂書鈔》卷一百五十九。）

桂陽郡桂橫溪，溪水甚深，冬夏不乾，俗謂之爲貪泉也。郡西南五十里有萬歲山，有石室出鍾乳，山上悉生靈壽木，下有一溪，名爲千秋水，其傍有居民，即號萬歲村。（《太平御覽》卷六十七。）

桂陽郡西南五十里，有萬歲山，有石室鍾乳，山上悉生靈壽木。（《藝文類聚》卷七。）

桂陽郡有橫溪，名貪泉。（《編珠》卷一。）

萬歲山

桂陽萬歲山，出靈壽草仙方，云〔一〕服之不死。又有話石山，石有聲，如人共語。（《事類賦注》卷七。又見《太平御覽》卷四十九。）

〔校記〕

〔一〕云，《太平御覽》無。

呂蒙冢

長沙蒲圻〔一〕縣，有呂蒙冢，冢〔二〕中有一〔三〕髑髏，極大，蒙形既長偉，疑即蒙髑髏也。（《藝文類聚》卷十七。又見《太平御覽》卷三百七十四。）

〔校記〕

〔一〕蒲圻，《太平御覽》作「浦圻」。

〔二〕冢，《太平御覽》無。

〔三〕一，《太平御覽》無。

張詹墓

冠軍縣有張詹墓，七世孝廉，刻其碑背曰：「白楸〔一〕之棺，易朽之衣〔二〕，銅鐵不入，瓦器不藏。嗟矣〔三〕後人，幸勿見傷〔四〕。」及胡石之亂，舊墓莫不夷毀，而此墓儼然。至元嘉六年，民饑始發。說者云，初開，金銀銅錫之器，朱裝雕刻之飾，爛然畢備。〔五〕（《太平御覽》卷五百八十九。又見《北堂書鈔》卷一百零二。）

〔校記〕

〔一〕楸，《北堂書鈔》作「愀」。

〔二〕衣，《北堂書鈔》作「裳」。

〔三〕矣，《北堂書鈔》作「爾」。

〔四〕幸勿見傷，《北堂書鈔》作「幸勿我傷」。

〔五〕「及胡石之亂」數句，《北堂書鈔》無。

冠軍縣東一里有縣人張詹，七世孝廉，其人征南軍司，魏太和時人也。（《北堂書鈔》卷七十九。）

冠軍縣東，有魏征南軍司張詹墓，刻其碑背曰：「白楸之棺，易朽之裳，銅鐵不入，瓦器不藏，嗟矣後人，幸勿我傷。」至元嘉六年，民饑，始被發，金銀朱漆之器，雕刻爛然。（《藝文類聚》卷四十。）

冠軍縣東一里有張詹墓，魏太和時人也。刻碑背曰：「白楸之棺，易朽之裳。銅錢不入，瓦器不藏。嗟爾後人，幸勿我傷。」自胡石之亂，墳墓莫不

夷毀。此墓元嘉初猶儼然，六年大水，民饑，始被發。初開，金銀錫銅之器爛然畢備。有二朱漆棺，棺前垂竹薄簾，金釘釘之。（《太平御覽》卷五百五十一。）

鼓城

樊城西北有鄾城，即《春秋》所稱鄾子之國。光武云宛最強，鄾次之，即謂此。鄾城西北行十餘里，鄧侯吳離之國，爲楚文王所滅，今爲鄧縣。〔一〕鄧城〔二〕西百餘里有穀城，伯綏〔三〕之國，城門有石人焉。刊其腹云「摩鞭〔四〕愼莫言」。疑此亦周太廟〔五〕金人緘口，銘背之流也。（《太平御覽》卷一百九十二。又見《藝文類聚》卷六十三。）

〔校記〕

〔一〕「即《春秋》所稱鄾子之國」至此數句，《藝文類聚》無。

〔二〕鄧城，《藝文類聚》無。

〔三〕伯綏，《藝文類聚》作「谷伯綏」。

〔四〕摩鞭，《藝文類聚》作「摩兜鞭，摩兜鞭」。

〔五〕周太廟，《藝文類聚》作「周太史廟」。

始興機山

始興機山東，有兩巖相向〔一〕，如〔二〕鴟尾，石室數十所，經過〔三〕皆〔四〕聞有金石絲竹之聲。（《藝文類聚》卷六。又見《藝文類聚》卷六十四、《太平御覽》卷五十四。此條，《搜神後記》亦載。）

〔校記〕

〔一〕相向，《太平御覽》作「回向」。

〔二〕如，《太平御覽》無。

〔三〕經過，《太平御覽》作「行過者」。

〔四〕皆，《藝文類聚》卷六十四作「時」。

細柳

緣城堤邊，悉植細柳，綠〔一〕條散風，清陰交陌。（《藝文類聚》卷八十九。又見《太平御覽》卷九百五十七。）

〔校記〕

〔一〕綠，《太平御覽》作「絲」。

蚌城

馬牧城東三里，有蚌〔一〕城，相傳〔二〕云，饑年民結侶採蚌，止憩其中，

故因爲名〔三〕。又云城隨洲〔四〕勢，上大尖〔五〕，其形似蚌，故有蚌號。（《藝文類聚》卷九十七。又見《太平御覽》卷一百九十二。）

〔校記〕

〔一〕蚌，《太平御覽》作「蜂」，下同。品其意，「蚌」應對，「蜂」當爲「蚌」之形訛。

〔二〕相傳，《太平御覽》作「故老相傳」。

〔三〕名，《太平御覽》作「城」。

〔四〕洲，《太平御覽》作「門」。

〔五〕此句，《太平御覽》作「上大下尖」。

都梁

都梁縣有小山，山上水極淺〔一〕。其中悉〔二〕生蘭草，綠葉紫莖，芳風藻谷〔三〕。俗謂蘭爲都梁，即以號縣〔四〕。（《太平御覽》卷九百八十三。又見《太平御覽》卷九百八十二、《緯略》卷九。）

〔校記〕

〔一〕此句，《太平御覽》卷九百八十二作「山水清淺」。

〔二〕悉，《太平御覽》卷九百八十二、《緯略》無。

〔三〕此二句，《太平御覽》卷九百八十二、《緯略》無。

〔四〕此句，《緯略》無。

都梁縣有山，山下有水清淺〔一〕，其中生蘭草，因以爲名〔二〕。（《通志》卷七十五。又見《陳氏香譜》卷一、《香譜》卷上。）

〔校記〕

〔一〕清淺，《陳氏香譜》、《香譜》無。

〔二〕此句，《陳氏香譜》作「因名都梁香」；《香譜》作「因名都梁」，其後有「香形如霍香」句。

都梁縣有山，山下有水清淺，其中生蘭草，因名都梁，因山爲號。其物可殺蟲毒，除不祥，故鄭人方春之月於溱洧之上，士女相與秉蘭而祓除，因與滛泆。〔一〕（《樹藝篇》草部卷三。又見《爾雅翼》卷二。）

〔校記〕

〔一〕「故鄭人方春之月」數句，《爾雅翼》無。

都梁縣〔一〕有小山，山上清水淺，中生蘭草〔二〕，俗謂之都梁〔三〕，即以縣名焉。（《北戶錄》卷三。又見《一切經音義》卷五十二。）

〔校記〕

〔一〕《一切經音義》此處有「名」字。

〔二〕此二句，《一切經音義》作「山上悉生蘭」。

〔三〕此句，《一切經音義》作「俗謂蘭爲都梁」。

都梁縣山下有水，生蘭草，名爲都梁，因山爲號也。（《離騷草木疏》卷一。）

都梁香殺蟲，除不祥，鄭人正月溱洧之上秉蕳而祓除，都梁，縣名。（《古今韻會舉要》卷五。）

都梁山下生蘭草，因以爲名。（《古今韻會舉要》卷八。）

麥城

麥城東有驢城，沮水之西〔一〕有磨城，犄角麥城〔二〕。昔〔三〕伍子胥造此二城，以攻麥城〔四〕，假驢磨立名〔五〕，俗〔六〕諺云，東驢西磨，麥自破。（《太平寰宇記》卷一百四十六。又見《輿地紀勝》卷七十八、《蜀鑒》卷二。）

〔校記〕

〔一〕沮水之西，《蜀鑒》作「西」。

〔二〕此句，《輿地紀勝》、《蜀鑒》無。

〔三〕昔，《輿地紀勝》作「傳言」，《蜀鑒》無。

〔四〕以攻麥城，《輿地紀勝》作「以功麥城」，《蜀鑒》作「攻麥城」。

〔五〕此句，《輿地紀勝》、《蜀鑒》無。

〔六〕俗，《輿地紀勝》無。

當陽縣東南有麥城〔一〕，城東有驢磨城、犄角城。傳云伍員造此二城以攻麥城，故假驢磨之名。（《太平御覽》卷一百九十二。又見《資治通鑒補》卷六十八。）

〔校記〕

〔一〕《資治通鑒補》僅有此句。

縣東南有麥城，城東有驢城，沮水西有磨城，伍子胥造此二城以攻麥城。（《後漢書·郡國志四》劉昭注補。）

參山

參山周迴數百里，聳狀若香爐，至於雲霄，天明景徹，在襄陽北望見此山。（《初學記》卷二。）

衡山

初有採藥衡山，見一老翁，四五年少，對坐執書。（《白氏六帖事類集》卷二、《初學記》卷五。）

粉水

　　陽縣〔一〕西有粉水，源出房陵縣，取其水爲粉，鮮潔異於餘〔二〕水，故因粉爲名〔三〕也。巴郡臨江縣有此水，舊常獻之也〔四〕。(《太平御覽》卷五十九。又見《初學記》卷六。)

　　〔校記〕

　　〔一〕陽縣，《初學記》作「築陽縣」。

　　〔二〕餘，《初學記》作「錦」。

　　〔三〕因粉爲名，《初學記》作「因名粉水」。

　　〔四〕此二句，《初學記》無。

　　陽縣粉水，源出房陵，取其水爲粉，鮮潔異於餘水。(《事類賦注》卷七。)

　　范陽縣西有粉水，取其水以爲粉，今謂之粉水口。(《北堂書鈔》卷一百三十五。)

築陽粉水口

　　築陽粉水口有一石，下不測，出地尺餘，圍可三尺，色極青，其上如斫，明可以鑒人，相傳以爲隕星。縣西有孤石挺出，其下臨潭，曠有見根者如竹根。(《太平御覽》卷五十二。)

東北二江

　　始安郡有東北二江〔一〕，北江〔二〕發源於桂陽之臨武黃岑山，東江發源於南康大庾嶠〔三〕下，經始興縣界，南流西轉，與北江合於郡東，注於南海。〔四〕(《初學記》卷六。又見《事類賦注》卷六。)

　　〔校記〕

　　〔一〕二江，《事類賦注》作「三江」。

　　〔二〕北江，《事類賦注》無。

　　〔三〕南康大庾嶠下，《事類賦注》作「南康之庾嶺下」。

　　〔四〕《事類賦注》無「下經始興縣界」以下數句。

鄧遐斬蛟

　　沔水隈潭極深，先有蛟爲害，鄧遐爲襄陽太守，拔劍入水，蛟遶其足，遐自揮劍截蛟數段，流血丹水〔一〕，勇冠當時〔二〕，於後遂無蛟患〔三〕。(《初學記》卷七。又見《太平御覽》卷六十二、《事文類聚》前集卷十六、《古今合璧事類備要》卷七。)

〔校記〕

〔一〕丹水，《事文類聚》、《事類備要》作「水丹」。

〔二〕此句，《事文類聚》、《事類備要》無。

〔三〕此句，《事文類聚》作「蛟患自息」，《事類備要》作「蛟患遂息」。

城北沔水溵潭極深〔一〕，先有蛟龍〔二〕，年爲人害〔三〕，鄧遐爲襄陽太守〔四〕，氣果兼人，拔劍入水，蛟繞其足，遐因揮劍截蛟被傷〔五〕，流血丹水，勇冠當時〔六〕，自後無復蛟患矣〔七〕。(《太平寰宇記》卷一百四十五。又見《太平御覽》卷四百三十七。)

〔校記〕

〔一〕此句，《太平御覽》作「襄陽城北，河水極深」。

〔二〕蛟龍，《太平御覽》作「蛟」。

〔三〕年爲人害，《太平御覽》作「年常爲害」。

〔四〕此句，《太平御覽》作「太守鄧遐」。

〔五〕截蛟被傷，《太平御覽》作「截蛟數段」。

〔六〕此句，《太平御覽》無。

〔七〕此句，《太平御覽》作「自此無復蛟患」。

襄城北沔水極深，有蛟爲害。太守鄧遐勇果，時人方樊噲，拔劍入水，蛟繞其足，遐自揮劍截蛟數段，流血丹水，自此無害。(《太平御覽》卷九百三十。)

沔水有蛟爲害，鄧遐守襄陽，拔劍入水，截蛟數段，流血水丹，蛟患遂息。(《記纂淵海》卷七。)

荊蘊玉

荊〔一〕蘊玉以潤其區，漢含珠而清其域。(《初學記》卷七。又見《北堂書鈔》卷一百五十八、《太平御覽》卷六十二、《太平御覽》卷八百零三。)

〔校記〕

〔一〕荊，《太平御覽》卷八百零三作「石」。

歌父山

馬（馮）乘縣有老人山居不娶，善於謳歌，聲甚悲。聞者皆灑涕，年八十餘而聲愈妙。及病將困，鄰人往探之，及辭歸，老人歌而送之，聲振林木，響過行雲，餘音傳谷，數日不絕。(《北堂書鈔》卷一百零六。此條，《北堂書鈔》各版本所引差異較大，不便出校，皆單列。)

臨賀馮乘縣有老父，不娶室而謳歌，聲甚悲，聞者皆洒涕。（《北堂書鈔》卷一百零六。清光緒十四年萬卷堂刻本。）

憑乘縣有歌父山，相傳云老父少不娶妻，而善於謳歌，年八十餘，病將終，命鄉里六七人轝上穴中，鄰人辭歸，老父歌而送之，聲振林蒲，響過行雲。（《北堂書鈔》卷一百五十八。）

臨賀馮乘縣有歌父山，傳云有老人不娶室而善歌，聞者莫不灑泣。年八十餘而聲逾妙，及病將困，命鄉里六七人與上山穴中。鄰人辭歸，老人歌而送之。聲振林木，響過行雲，餘音傳林，數日不絕。（《太平御覽》卷五百七十二。）

臨賀馬乘縣有老姥善歌，餘音傳谷數日。（《初學記》卷十五、《錦繡萬花谷》後集卷三十二。）

蔡倫宅

棗陽縣百許步〔一〕蔡倫宅，其中具存〔二〕，其〔三〕傍有池，即〔四〕名「蔡子池」。倫，漢順帝時人，始以魚網造紙。縣人今猶多能作紙，蓋倫之遺業也。（《初學記》卷二十一。又見《北堂書鈔》卷一百零四、《太平御覽》卷六百零五、《王荊公詩注》卷十六。）

〔校記〕

〔一〕百許步，《太平御覽》作「一百許步」，《王荊公詩注》無。
〔二〕此句，《北堂書鈔》無。
〔三〕其，《王荊公詩注》無。
〔四〕即，《王荊公詩注》無。

棗陽縣蔡倫宅，其中具存，傍有池，名蔡子池。（《輿地紀勝》卷八十八。）

漢順帝時，蔡倫始以魚網造紙。（《事物紀原》卷八。）

墨山

築陽縣有墨山，山石悉如墨。（《初學記》卷二十一、《太平御覽》卷六百零五、《古今合璧事類備要》前集卷四十六、《錦繡萬花谷》後集卷二十九。）

棲霞樓

城西〔一〕百餘步，有棲霞樓，宋臨川康王置。（《初學記》卷二十四。又見《錦繡萬花谷》後集卷二十四。）

〔校記〕

〔一〕西，《錦繡萬花谷》作「面」，蓋形訛也。

何彥輔宅

襄陽范蠡祠南〔一〕有晉河南尹樂廣宅，周廻〔二〕十餘畝。曩舊井猶未頹〔三〕，檀道濟〔四〕置邏其中，即名爲樂宅〔五〕。（《太平御覽》卷一百八十。又見《職官分紀》卷四十四。）

〔校記〕

〔一〕南，《職官分紀》作「南七十里」。

〔二〕廻，《職官分紀》作「四」。

〔三〕此句，《職官分紀》作「曩井猶未湮塞」。

〔四〕檀道濟，《職官分紀》無。

〔五〕樂宅，《職官分紀》作「樂宅戍」。

襄陽范蠡祠南七十里有晉河南尹彥輔宅，周圍十餘畝，曩舊井猶未頹，檀道濟置邏其中，即名樂宅戍。（《北堂書鈔》卷七十九。）

曹仁刻碑

平魯城南有曹仁記漢水溢碑。（《北堂書鈔》卷一百零二。）

杜預書

平魯城南有曹仁記平魯城碑，杜元凱因其伐吳事書於碑上。（《北堂書鈔》卷一百零二。）

彈丸山

始安群山坎中有彈丸，因以名彈丸山。（《北堂書鈔》卷一百二十四。）

豬鼻

有童子少居路於南陽渭水，急俛，岸邊有洞，車掣得車一脚住，可五六寸許。朱豬鼻，轂有六輻，通體青色，內黃，銳狀，如桓運。（《北堂書鈔》卷一百四十一。）

巴鄉村

南鄉峽西八十里有巴鄉村，蓋〔一〕善釀酒，故俗稱巴鄉酒也〔二〕。村傍有溪，溪中多靈壽木〔三〕。（《太平寰宇記》卷一百四十八。又見《方輿勝覽》卷五十七。）

〔校記〕

〔一〕蓋，《方輿勝覽》無。

〔二〕此句，《方輿勝覽》無。

〔三〕此二句，《方輿勝覽》作「村旁有溪曰龍門，多靈壽木」。

永安宮西有巴鄉村，村善釀酒。（《北堂書鈔》卷一百四十八。）

石鼓

河東郡有石鼓一所，高五尺，鼓邊作七家，云上郡太守石姓，河有時自鳴，則有兵。（《北堂書鈔》卷一百二十一。）

秦山

昔孫權時，此山夜雷暴震，開爲六洞，有石鼓、石壇〔一〕。（《輿地紀勝》卷一百二十三。又見《方輿勝覽》卷四十一。）

〔校記〕

〔一〕此句，《方輿勝覽》無。

憑乘縣有秦山，孫雄未稱尊號之日，北山夜忽有聲如雷，因發穴洞，其間可六七里，其中有石，探之文有石柱、石鼓、石彈丸，郡言上之，權以爲祥瑞。（《北堂書鈔》卷一百五十八。）

斟溪水

如雨陽山縣有斟溪水，出巖穴百十，溢十，皆信若湖流。（《北堂書鈔》卷一百五十八。）

甘巖

始安有甘巖，巖林峻茂，下有穴達南北，其間可二百許步，口高二丈五尺，廣十九尺。其西北有三溪，殊源別澗，合注其下。（《北堂書鈔》卷一百五十八。）

陰陽石

很山縣有一〔一〕山，獨立峻絕，西北有〔二〕石穴，北行〔三〕百步許，二大石其間〔四〕，相去一丈許，俗名其一爲陽石，一爲陰石。水旱爲災，鞭陽石則雨，鞭陰石則晴〔五〕。（《太平御覽》卷十一。又見《北堂書鈔》卷一百五十八、《事類賦注》卷三。）

〔校記〕

〔一〕一，《北堂書鈔》無。

〔二〕有，《北堂書鈔》無。

〔三〕北行，《北堂書鈔》、《事類賦注》作「以燭行」。

〔四〕二大石其間，《北堂書鈔》作「有二大石其間」。

〔五〕此二句，《事類賦注》作「鞭陰石則雨，鞭陽石則晴」。

　　佷山側有石穴，穴出清泉，中有潛龍，每旱，民人穢其穴，輒湧水蕩之，因得灌溉田。（《北堂書鈔》卷一百五十八。）

難留城

　　難留北有石室可容數百人，人常入此室避難，嶮不可攻，因名爲難留城。西北有石穴，把火行百餘步，有二大石相去可丈餘，名爲陰陽石。陰石常濕，陽石常煬，旱則鞭陰石，應時而雨，雨則鞭陽石，俄時而晴，但鞭者不壽，復不得稱名，人頗憚之。（《太平寰宇記》卷一百四十七。）

馬穿穴

　　佷山縣北陸行三十里有石穴〔一〕，云昔有馬從穴出，因復還入，潛行乃出漢中。漢中人失馬，亦入此穴，因名馬穿穴〔二〕。（《北堂書鈔》卷一百五十八。又見《編珠》卷一。）

　　〔校記〕

　　〔一〕此句，《編珠》作「佷山縣北有石穴」。

　　〔二〕此二句，《編珠》作「亦嘗出此穴，因名」。

羊門

　　自遊溪南行五十里有一泉，傳云南平江安縣有牧羊者，見羊入此岸穴，當失之時，後乃聞出，泉口潛行可四百餘里，因名爲羊門。（《北堂書鈔》卷一百五十八。）

　　始興有扶容岡，有石室，狀穴，自西山潛通江，下通東岸，漢末道士康容卜居於此，因名爲容江。（《北堂書鈔》卷一百五十八。）

蒲圻縣

　　長沙郡有蒲圻縣。（《太平寰宇記》卷一百一十二。）

沅州

　　武陽縣北拒天門漢中縣，南極邵陽武岡縣，西接寧州牂牁，在舞水之陰。（《太平寰宇記》卷一百一十五。）

熊耳山

南縣修縣北，有熊耳山，山東西各一峰傍竦，南北望之若熊耳。山多漆，下多棕，浮豪之水出焉，西流注於洛。（《太平御覽》卷四十二。）

耒陽、益陽二縣東北有熊耳，東西各一峰，狀如熊耳，因以爲名。齊桓公并登之。（《史記·封禪書》司馬貞索隱。）

熊耳東西各一峰，南北望之，狀如熊耳。（《太平寰宇記》卷一百四十一。）

商城

武關西北百二十里〔一〕，商城是也。（《詩傳旁通》卷十四。又見《路史》卷二十七。）

〔校記〕

〔一〕里，《路史》無。

武關西北一百二十里有商城。（《太平寰宇記》卷一百四十一。）

商山

上洛有商山。（《太平寰宇記》卷一百四十一、《太平御覽》卷四十三。）

白石山

武延城北有白石山，山悉白，自遠望之，狀如層冰積雪，耀奕天日。（《太平寰宇記》卷一百四十二。）

白馬山

孟達爲新城太守，登白馬山〔一〕而嘆曰：「劉封、申耽據金城千里而不能守，豈丈夫也哉！」爲《上堵〔二〕吟》，今人猶傳此聲〔三〕，音韻〔四〕憤激，其哀思之音乎！遊者云重山疊嶂，亦信然〔五〕。（《太平寰宇記》卷一百四十三。又見《太平御覽》卷四十三。）

〔校記〕

〔一〕白馬山，《太平御覽》作「白馬塞山」。

〔二〕堵，《太平御覽》作「渚」。

〔三〕今人猶傳此聲，《太平御覽》作「方土今猶傳此」。

〔四〕音韻，《太平御覽》作「聲韻」。

〔五〕亦信然，《太平御覽》作「事亦信然」。

竹山縣有白馬塞。〔一〕孟達爲新城太守，登白馬〔二〕而歎曰：「劉封、申耽據金城千里而不能守，豈丈夫哉！」(《太平御覽》卷一百六十八。又見《方輿勝覽》卷三十三。)

〔校記〕

〔一〕此句，《方輿勝覽》無。

〔二〕白馬，《方輿勝覽》作「白馬寨」。

新城郡瀷水別有一溪，其傍有白馬塞，孟達登之歎曰：「金城千里！」遂爲《上瀷吟》，彼方人猶傳此，聲韻悽激，其哀思之音乎。(《太平御覽》卷三百九十二。)

江夏郡

晉元康九年分江夏郡置竟陵郡，而縣屬焉。(《太平寰宇記》卷一百四十四。)

冠蓋里

襄陽郡峴首山南至宜城百餘里，其間雕墻峻宇，閭閻塡列〔一〕。漢宣帝〔二〕末，其中〔三〕有卿士、刺史二千石數十家。朱〔四〕軒駢輝，華蓋連延，掩映於太山廟下。荆州刺史行部見之，欽〔五〕嘆其盛，勒號太山廟〔六〕，道〔七〕爲冠蓋里。(《太平寰宇記》卷一百四十五。又見《太平御覽》卷一百六十八、《輿地紀勝》卷八十二。)

〔校記〕

〔一〕此句，《輿地紀勝》無。

〔二〕帝，《輿地紀勝》無。

〔三〕其中，《輿地紀勝》無。

〔四〕朱，《太平御覽》作「珠」。

〔五〕欽，《太平御覽》、《輿地紀勝》作「雅」。

〔六〕此句，《輿地紀勝》無，太山，《太平御覽》作「太上」。

〔七〕道，《輿地紀勝》作「號」。

自〔一〕峴山南至宜城百餘里，舊說其間雕牆峻宇〔二〕，閭閻塡列〔三〕。漢靈帝末〔四〕，其中有卿士及〔五〕刺史二千石數十人，朱軒〔六〕駢耀，華蓋接陰。〔七〕荆州刺史行部見之，雅歎其盛，勒縣刻石銘之〔八〕。(《太平御覽》卷四百七十。又見《太平御覽》卷一百五十七。)

〔校記〕

〔一〕自，《太平御覽》卷一百五十七無。

〔二〕峻宇，《太平御覽》卷一百五十七作「崇峻」。

〔三〕此句，《太平御覽》卷一百五十七無。

〔四〕此句，《太平御覽》卷一百五十七作「漢靈」。

〔五〕及，《太平御覽》卷一百五十七無。

〔六〕軒，《太平御覽》卷一百五十七作「轅」。

〔七〕《太平御覽》卷一百五十七此後有「同會於帝末，太山廟下」句。

〔八〕此句，《太平御覽》卷一百五十七作「敕縣號爲冠蓋里」。

峴首山南至宜城百餘里，其間雕牆峻宇，漢宣末有刺史、二千石數十家，朱軒華蓋晻映於太山下，號冠蓋里。（《方輿勝覽》卷三十二。）

西陝

元嘉十四年，荆州所隸三十郡。〔一〕自晉室東遷，王居建業，則〔二〕以荆揚爲京師根本之所寄。荆楚爲重鎮，上流之所總，擬周之分陝，〔三〕故有「西陝」之號焉。自後桓沖爲大將軍，屯上明，使劉波守江陵是也。〔四〕（《太平寰宇記》卷一百四十六。又見《輿地紀勝》卷六十四。）

〔校記〕

〔一〕此二句，《輿地紀勝》無。

〔二〕則，《輿地紀勝》無。

〔三〕此二句，《輿地紀勝》作「上流之所同之分陝」。

〔四〕此二句，《輿地紀勝》無。

元嘉中，以京師根本之所寄，荆楚爲重鎮，上流之所總，擬周之分陝；晉、宋以降，此爲西陝。（《太平御覽》卷一百六十七。）

龍洲、寵洲

南江上有龍洲，下有寵洲〔一〕，二洲之間，舊云多魚〔二〕，而投罟揮網，輒便掛〔三〕絕，乃有客沒而視之〔四〕，中水有牛二頭〔五〕，常爲破網〔六〕，故漁者患之〔七〕。（《太平御覽》卷六十九。又見《太平御覽》卷九百。）

〔校記〕

〔一〕此句，《御覽》卷九百作「鸜尾洲南有龍、龐二洲」。

〔二〕多魚，《御覽》卷九百作「多異魚」。

〔三〕掛，《御覽》卷九百作「桂」。

〔四〕此句，《御覽》卷九百作「有水客沉而視之」。

〔五〕此句，《御覽》卷九百作「見有石牛二頭」。

〔六〕破網，《御覽》卷九百作「網害」。

〔七〕漁者患之，《御覽》卷九百作「故網絕焉」。

　　龍、寵二洲之間，舊云多魚，而漁者投罟揮網輒絓絕，乃有水客汩而視之，見水下有石牛二頭，嘗爲網礙，故漁者懲之，皆鼓柮而去。(《太平寰宇記》卷一百四十六。)

　　龍、寵二洲之間，舊云多魚，而漁者揮網輒掛水下，有二石牛，頭嘗爲網礙。(《輿地紀勝》卷六十四。)

夏洲

　　夏首又東二十餘里有滑口，〔一〕二水之間謂之夏洲，首尾七百里，華容、監利二縣在其中矣。〔二〕(《太平寰宇記》卷一百四十六。又見《春秋分記》卷三十三。此條，《春秋分記》言爲盛洪之《山川記》，《山川記》，當爲《荊州記》之誤。)

　　〔校記〕

　　〔一〕此句，《春秋分記》無。

　　〔二〕《春秋分記》後有「此水冬塞夏通，謂之夏水」句。

　　江津東十餘里有中夏洲，洲之首，江之汜也。故屈原云「經夏首而西浮」。又二十餘里有湧口，所謂闔敖遊湧而逸。二水之間，謂之夏洲，首尾七百里。(《太平御覽》卷六十九。)

　　夏首，名夏口。(《輿地紀勝》卷六十四(一引)。)

　　夏首，《楚辭》曰過夏首而西浮。(《輿地紀勝》卷六十四(二引)。)

荒谷水

　　《左傳》〔一〕曰：「莫敖縊於荒谷」，今竹林是也〔二〕。(《太平御覽》卷五十四。又見《太平寰宇記》卷一百四十六。)

　　〔校記〕

　　〔一〕《左傳》，《太平寰宇記》作「《春秋》」。

　　〔二〕此句，《太平寰宇記》作「此也」。

漳水

　　昭王十年，吳通漳水，灌紀南〔一〕，入赤湖。〔二〕進灌郢城，遂破楚。則是前攻紀南，而後破郢也。〔三〕(《太平寰宇記》卷一百四十六。又見《輿地紀勝》卷六十四、《輿地紀勝》卷六十五、《通鑑綱目》卷三十四。)

　　〔校記〕

　　〔一〕紀南，《通鑑綱目》作「紀南城」。

　　〔二〕《輿地紀勝》卷六十四無此後數句。

　　〔三〕此二句，《通鑑綱目》作「則郢與紀南爲二城」。

九十九洲

枝江縣〔一〕西至〔二〕上明，東及江津，其中有九十九洲。楚諺曰：洲不滿百，故不出王者。桓玄有問鼎之志，乃增一爲兩〔三〕，以充〔四〕百數，僭號旬時，身屠宗滅，及其傾覆，洲亦消毀。至宋文帝在藩，忽生一洲，果龍飛江表，斯有驗矣。（《太平御覽》卷六十九。又見《太平寰宇記》卷一百四十六。）

〔校記〕

〔一〕枝江縣，《太平寰宇記》作「縣」。

〔二〕西至，《太平寰宇記》作「南自」。

〔三〕兩，《太平寰宇記》作「百」。

〔四〕充，《太平寰宇記》作「克」。

縣舊治沮中，後移出百里洲西，去郡百六十里，縣左右有數十洲，檠布江中，其百里洲最爲大也。中有桑田甘果，映江依洲，自縣西至上明，東及江津，其中有九十九洲。楚諺云：「洲不百，故不出王者」。桓玄有問鼎之志，乃增一洲以充百數，僭號數旬，宗滅身屠，及其傾敗，洲亦銷毀。（《水經注》卷三十四。）

縣有九十九洲，洲不滿百，故不出天子。乃宋文帝在藩，忽生一洲，果龍飛江表。（《輿地紀勝》卷六十四。）

百里洲在枝江縣，縣左右有數十洲，盤布川中，百里洲最爲大。（《資治通鑒補》卷一百六十四。）

自枝江縣西至上明，東及江津，其中有九十九洲。楚諺云：「洲不百，故不出王者。」（《資治通鑒補》卷一百六十五。）

馬頭戍

灌羊湖西三十里有馬頭戍，吳大司馬陸抗所屯，以對江津口。與晉太傅羊祜相拒，大弘信義，抗有疾，祜饋之藥，抗即推心服之。於時，談者以爲華元、子反復見於今。（《太平寰宇記》卷一百四十六。）

櫟林長阪

當陽東有櫟林長阪〔一〕，昔時武寧至樂鄉八十里中，拱樹修竹〔二〕，隱天蔽日，長林蓋取名於此。（《太平寰宇記》卷一百四十六。又見《輿地紀勝》卷七十八、《資治通鑒補》卷六十五。）

〔校記〕

〔一〕《資治通鑑》僅有此句。

〔二〕拱樹修竹，《輿地紀勝》作「拱木修林」。

綠林山

江陵縣東一百里有綠林山，茂林蓊鬱，襄陽大路經由其西，所謂當陽之綠林也。(《太平御覽》卷五十七。)

龍淵

魚復縣有神淵，北有白鹽崖，天旱，火燃崖上，推其灰燼下降淵中，尋則降雨。西有龍淵，清深不測，傳云漢祖伐秦經途於此，見淵中白壁赤柱，狀若官府，因名龍淵。(《太平御覽》卷七十。)

沮漳

登羊腸，望見南平沮漳，自巴陵左右數百里皆見此山。(《太平寰宇記》卷一百四十七。)

一山孤峙

巴東郡峽上北岸，有一山孤峙甚峭，巴東郡據以爲城。(《太平寰宇記》卷一百四十八。)

堯山

堯山赭巖迭起，冠以青林。(《太平寰宇記》卷一百五十七、《輿地紀勝》卷八十九、《方輿勝覽》卷三十四。)

孔子泉

城東北三百步有孔子泉，其水甘馨，雖帝漿無以過也。(《太平御覽》卷七十。)

雨母山

耒陽縣有雨瀨，此縣時旱，百姓共壅塞之，則甘雨普降。若一鄉獨壅，雨亦偏〔一〕應，隨方所祈，信若符刻。(《太平御覽》卷十一。又見《太平廣記》卷三百七十四。)

〔校記〕

〔一〕偏，《太平廣記》作「徧」。

湘東有雨母山，山有祠壇，每祈禱，無不降澤，以是名之。（《太平御覽》卷十一。）

桂陽耒陽縣有兩瀨，每縣旱，百姓共壅之，甘雨普降，若一鄉獨壅，雨亦偏應。東有博望灘，張騫使外國，經此船沒，因以名灘。灘下接魚復縣界，有羊腸虎臂瀨，陽亮爲益州，至此覆沒，人至今猶名爲使君灘。（《太平御覽》卷六十九。）

張騫奉使西域，於此覆舟，亦曰使君灘。（《輿地紀勝》卷一百八十二。）

雨瀨灘在耒陽西南耒水中。歲旱，百姓壅塞之則雨，若一鄉獨壅，雨亦偏應。（《輿地紀勝》卷五十五。）

武當縣

武當縣有一溪，岸土色鮮黃，乃可噉。（《太平御覽》卷三十七。）

小酉山

小酉山，山上〔一〕石穴中有書千卷，相傳秦人於此而〔二〕學，因留之。故梁湘東王云「訪酉陽之逸典」是也〔三〕。（《太平御覽》卷四十九。又見《事類賦注》卷七、《海錄碎事》卷十八。）

〔校記〕
〔一〕山上，《事類賦注》、《海錄碎事》作「上」。
〔二〕而，《事類賦注》、《海錄碎事》皆無。
〔三〕此句，《海錄碎事》無。

芋山

芋山有蹲鴟，如兩斛大，食之終身能不饑，今民取食之。（《太平御覽》卷四十九。）

嵩梁山

嵩梁山，在澧水之陽，望之如香爐之狀，今名石門。吳永安六年，自然洞開，玄朗如門三百丈，門角上各生一竹，倒垂下拂，謂之天帚。孫休以爲嘉祥，置縣因山爲名。（《太平御覽》卷四十九。）

天門角上各生一竹，倒垂下拂，謂之天箒。（《海錄碎事》卷二十二下。）

崇山

崇山，《書》云：「放歡兜於崇山」，崇山在澧陽縣南七十五里。（《太平御覽》卷四十九。）

黃箱山

黃箱山，一名黃岑山，在東南三十里。其山郴水所出，即是五嶺之一，從東第二騎田嶺是也。又有浪井，井三日一湧。(《太平御覽》卷四十九。)

青石

臨賀郡〔一〕有青石，上有磨刀斧跡，春夏明淨，秋冬蕪穢，云是雷磨石〔二〕。(《太平御覽》卷五十二。又見《北堂書鈔》卷一百六十、《事類賦注》卷七。)

〔校記〕

〔一〕郡，《事類賦》無。

〔二〕雷磨石，《北堂書鈔》、《事類賦》作「雷公磨刀」。

　　皋亭屯有〔一〕青石，方三〔二〕丈許，石上有磨刀斧跡，春夏明淨，有新磨處〔三〕，秋冬漸生苔穢，傳云是雷公磨霹靂〔四〕。(《太平寰宇記》卷一百六十一。又見《輿地紀勝》卷一百二十三。唐封演《封氏聞見記》卷九有「盛宏之《荊州記》亦載南中雷神有洪五之事，然則俗傳霹靂之石，其信然乎」句，不知其所言「雷神」事，是否即此處「雷公磨霹靂」事。)

〔校記〕

〔一〕有，《輿地紀勝》無。

〔二〕三，《輿地紀勝》作「二」。

〔三〕此句，《輿地紀勝》無。

〔四〕是雷公磨霹靂，《輿地紀勝》作「爲雷公磨斧」。

圓水

桂陽郡有圓水，水一邊冷，一邊暖；冷處清且綠，暖處白且濁。(《太平御覽》卷五十九。)

柴山

新野城北有柴山，山上有清冷之淵，耕父楊光之處。(《太平御覽》卷七十。)

朝夕塘

始安熙平縣東南有山，山西其形長狹，水從下注塘，一日再減盈縮，因名爲朝夕塘。(《太平御覽》卷七十四。)

八陣圖

魚復縣鹽井以西，石磧平曠，聘望四遠，〔一〕諸葛孔明積細石爲壘，方可

數百步，壘西〔二〕郭又聚石爲八行，相去二丈許，謂之八陣圖。曰八陣既成，自今行師，庶不復〔三〕敗。自後深識見者並〔四〕莫能了。桓宣武伐蜀經〔五〕之，以爲常山虵勢。（《太平御覽》卷三百零一。又見《北堂書鈔》卷一百一十七。）

〔校記〕

〔一〕此數句，《北堂書鈔》無。

〔二〕西，《北堂書鈔》作「四」。

〔三〕復，《北堂書鈔》作「覆」。

〔四〕並，《北堂書鈔》無。

〔五〕經，《北堂書鈔》作「望」。

壘西聚石爲八行，行八聚，聚間相去二丈許〔一〕，謂之八陣圖〔二〕。因曰八陣既成，自今行師更不復敗〔三〕。八陣及壘，皆圖兵勢行藏之權，自後深識者所不能了。〔四〕桓溫伐蜀經〔五〕之，以爲常山蛇勢〔六〕，此蓋意言之〔七〕。（《太平寰宇記》卷一百四十八。又見《太平御覽》卷一百六十七、《通鑒地理通釋》卷十一。）

〔校記〕

〔一〕此句，《太平御覽》無；《通鑒地理通釋》無「許」字。

〔二〕此句，《通鑒地理通釋》無。

〔三〕更不復敗，《太平御覽》作「不覆敗」，《通鑒地理通釋》作「庶不覆敗」。

〔四〕此二句，《通鑒地理通釋》無。

〔五〕經，《太平御覽》作「見」。

〔六〕此句，《太平御覽》作「曰：『此常山蛇勢也』」。

〔七〕此句，《太平御覽》無。

魚復縣西聚細石爲壘，方可數百步，壘西聚石爲八行，行聚，八聚，二間相去二丈，因曰八陣。既成，自令行師，更不覆敗，八陣及壘皆圖兵勢行藏之權，自後深識者所不能了。桓溫伐蜀經之，以爲常山蛇勢，此蓋意言之。（《玉海》卷一百四十二。）

九渡溪

零陵郡西有九渡溪，山獸從數十里往飲之，經越他水皆不飲，傍有半石坑，上石形極方峭，名爲仙人樓。（《太平御覽》卷六十七。）

三女樓

西鄂城東有三女稚，歿三女，造此樓於墓所。（《太平御覽》卷一百七十六。）

丹霞樓

荆州城西百餘步有丹霞樓，臨川康王之置。(《太平御覽》卷一百七十六。)

范蠡祠

新野郡南有越相范蠡祠，蠡宅三戶。人傳云祠處即是宅。(《太平御覽》卷一百八十。)

諸葛孔明宅

襄陽西北十餘〔一〕里名爲隆中，有諸葛〔二〕孔明宅。(《太平御覽》卷一百八十。又見《玉海》卷一百七十五。)

〔校記〕

〔一〕餘，《玉海》作「許」。

〔二〕諸葛，《玉海》無。

伍子胥宅

宛城有伍子胥宅。(《太平御覽》卷一百八十。此條，《初學記》卷二十四亦引，言出范汪《荆州記》。)

楊城

秭歸縣〔一〕西有楊城，周廻十餘里〔二〕，即熊繹所居〔三〕。(《太平御覽》卷一百九十二。又見《路史》卷二十六。)

〔校記〕

〔一〕縣，《路史》無。

〔二〕此句，《路史》無。

〔三〕熊繹所居，《路史》作「繹孫所屋」。

夸父跡

零陵縣上石有夸父跡。(《太平御覽》卷三百八十八。)

武陽、龍麇

湘東陰山縣北數十里有武陽、龍麇二山，上悉生松柏美木。龍麇山有磐石，石上有仙人跡及龍跡。傳云，昔仙人遊此二山，常稅駕此石。又於其所得仙人遺詠。(《太平御覽》卷三百八十八。)

隨侯珠

隨侯曾得大虵，不殺而遣之。虵後銜明月〔一〕珠以報隨侯，一名隨侯珠〔二〕。（《太平御覽》卷四百七十九。又見《記纂淵海》卷七十二。此條，《世說新語·言語》劉孝標注亦引，言出「舊説」。）

〔校記〕
〔一〕月，《記纂淵海》無。
〔二〕此句，《記纂淵海》無。

龍石山

隋郡永陽縣有龍石山，山上多石斛，精好，如金環也。（《太平御覽》卷九百九十二。）

單龍塚

霄城東南有單龍村，村外有單龍塚，甚高大。舊傳單龍能仰觀俯察，少公之儔也。數稱劉氏當王，聖公應其符。聖公潛嘉之，固此起兵。後稱號於宛而龍卒，故厚爲其葬。（《太平御覽》卷五百五十九。）

鄭鄉

鄭鄉即鄭城地也。崗南有劉長沙墓，益州牧焉之父。其南又有漢魏郡太守黃香塚。（《太平御覽》卷五百五十九。）

青鳥

始安郡有鳥焉，其形似鵲，白尾，名爲青鳥。常以三月自蒼梧而度，群飛不可勝數，山人見其來，多苦疫氣。（《太平御覽》卷七百四十二。）

聖鼓

始興含淮縣有翁水下流，有聖鼓橫在川側，上下船人刺篙有撞之者，皆得瘧疾。（《太平御覽》卷七百四十三。）

鬲口溪

湘東陰山縣西有鬲口溪。昔有大鬲，容百斛，出於此水，故因爲名。（《太平御覽》卷七百五十七。）

溫泉

桂陽郡西北接耒陽縣，有溫泉，其下流百里，恒資以溉灌〔一〕。常十二月一日種，至明年三月新穀便〔二〕登。重種，一年三熟〔三〕。〔四〕（《太平御覽》卷八百三十七。又見《太平寰宇記》卷一百一十七。）

〔校記〕

〔一〕此數句，《太平寰宇記》作「郴縣溫泉下流有田，資以溉灌」。

〔二〕便，《太平寰宇記》無。

〔三〕此句，《太平寰宇記》作「可一年二熟」。

〔四〕《太平寰宇記》此後有「其源出縣北留岡」句。

城南六里縣西北〔一〕有溫泉，其下流有數十畝田〔二〕，常十二月下種，明年三月新穀便〔三〕登，一年三熟。（《後漢書·郡國志四》劉昭注補。又見《海錄碎事》卷十七。）

〔校記〕

〔一〕縣西北，《海錄碎事》無。

〔二〕有數十畝田，《海錄碎事》作「數千畝」。

〔三〕便，《海錄碎事》無。

郴縣溫泉下流，有田資以溉灌，常十二月下種，至明年三月新穀便登。（《初學記》卷八、《錦繡萬花谷》後集卷六。）

棗陽縣界有溫泉，其下有田，資以浸灌，一年二熟。（《太平御覽》卷七十一。）

桂陽郡界有溫泉，其下流有田，恒資以浸灌。常十二月種，至明年三月新穀便登。溫液所周，正可數畝。過此，水氣輒冷，不復生苗。（《太平御覽》卷八百二十一。）

童子群浴

義熙十二年，有童子群浴南陽淯水。忽岸邊有錢出如流沙，因競取之，手滿放地，尋復行去。乃以衫衣裏縛，各有所得。（《太平御覽》卷八百三十六。）

兩頭獸

武陵郡西有陽山，山有獸如鹿，前後有頭。常以一頭食，一頭行。山中時有見之者。（《太平御覽》卷九百一十三。）

吐綬鳥

魚復縣南山有鳥，時吐物，長數寸，丹朱彪炳，形色類綬，因名吐綬鳥。（《太平御覽》卷九百二十八。）

銅鐶鳥

晉太玄中，營道令何諧之於縣內得一鳥，大如白鷺，膝上及髀有銅環貫之，環大小刻鏤如橄欖子，妙絕人工。於時京師皆觀之。（《太平御覽》卷九百二十八。）

營道縣得鳥，大如由鷺，脈上脾下，自然有銅鐶貫之。（《東坡先生物類相感志》卷八。）

石魚

長沙湖鄉連水邊有石魚，形若鯉，相重沓如雲母，炙之作魚腥。（《太平御覽》卷九百三十六。）

美鮒

荊州有美鮒，踰於洞庭、溫湖。（《太平御覽》卷九百三十七。）

駁鹿山

始安郡駁鹿山，山上有石室，鑿內輒得骨，並獲蚶。（《太平御覽》卷九百四十二。）

始安駁鹿山室，鑿室內，輒得龍骨。（《太平御覽》卷九百八十八。）

木瓜樹

魚復縣有固陵村，地多木瓜樹，其子大者如瓴。（《太平御覽》卷九百七十三。）

石鍾乳

天門郡出石鍾乳。（《太平御覽》卷九百八十七。）

礜石

魚復縣岸崩，將出礜石。（《太平御覽》卷九百八十七。）

麥門冬

魚復縣巖崖內，生麥門冬。（《太平御覽》卷九百八十九。）

礬石

建平出礬石。(《太平御覽》卷九百八十八。)

大黃

建平出大黃。(《太平御覽》卷九百九十二。)

巴豆

朐䏰縣有巴子城，地多巴豆。(《太平御覽》卷九百九十三。)

香茅

零陵郡有香茅，桓公所以責楚。(《太平御覽》卷九百九十六。)

層步山

此山外望，只如一山，入裏乃有二重，因號層山也。(《太平寰宇記》卷一百一十八、《輿地紀勝》卷七十。)

避暑臺

宅西有三間屋，基跡極高，云是孔明避水（暑）臺。(《太平御覽》卷一百七十七。)

存疑

龐德公

龐德公居漢之陰，司馬德操居漢之陽，望衡對宇，歡情自接。(按，此條，最早見於《水經注·沔水》，但酈道元並未注此條出處，明陳全之《蓬窗日錄》卷五言此條出盛弘之《記》，其言「盛弘之記荊州載鹿門事云…」，明董斯張《廣博物志》僅言此條出《荊州記》，不言作者。按，盛弘之《荊州記》元時已亡佚，陶宗儀《說郛》已輯此書。陳全之《蓬窗日錄》此條，明前書不見引，不知陳氏從何處輯得此條，茲存疑。)

楚昭王墓

富陽東南七十里有楚昭王墓，登樓則見所謂昭丘。(《說郛》宛委山堂本卷六十一。此條，元前書未有言出盛弘之《荊州記》者，《說郛》言出盛弘之《荊州記》，不言所據。《文選·登樓賦》注則言此條出《荊州圖記》，不著作者。)

三公城

郭仲產言：宛城南三十里有一城，甚卑小，相承名三公城，漢時鄧禹等歸鄉餞離處也。盛弘之著《荊州記》，以爲三公置。（此條，見《水經注》卷三十一，酈氏所引僅有此句。今見各書所引《荊州記》各條目無此條，不知其原目爲何。）

杜北山

酈善長又云：平樂村五六里至東亭杜北山甚高峻，上合下空，東西廣二丈許，高起如屋，中有石床，傍生野韭，人往乞者，神許則風必偃之，方可揃也。如過越不偃而揃者有咎。盛弘之《荊州記》亦具文，小異。（《北戶錄》卷二。此條，《北戶錄》言爲酈道元《水經注》文，並言盛弘之《荊州記》文與其小異，但今所見盛弘之《荊州記》各條目並無與此條內容相類者，不知其原目爲何。）

回洲

在江陵西南六十里。《荊州志》云「自籍州次東，大州有三名城，首曰枚廻。盛弘之《記》以爲村名，舊云是梅、槐合生成樹，故謂之梅槐。中名景里，下名燕尾。（《太平寰宇記》卷一百四十六。《寰宇記》此處所引僅有「盛弘之《記》以爲村名」句，今所見盛弘之《荊州記》各條目無與此條相類者，不知其完整句式爲何。）

郢南門

郢南門二門，一名龍門，一名脩門。（《補注東坡編年詩》卷二。此條，清前書不見載，唯查慎行此書言出盛弘之《荊州記》。）

空泠峽

江水自建平至東界峽，盛弘之謂之空泠峽，峽甚高峻，即宜都、建平二郡界也。（《水經注》卷三十四。酈道元所引盛弘之此條較爲簡略，今他書所引盛弘之《荊州記》亦無與此條近者，不知其完整句式爲何。）

山脅漫衍

山脅漫衍，無垤凹，湖面平滿無高下。（《秇林伐山》卷十八。此條，明前各書不見載，楊慎此書言出《荊州記》，不知所據。）

標的

晉簡文云漢世人物當推子房爲標的，神明之功，玄勝之要，莫之與二接。

俗而不虧其道，應世而事不嬰，玄識遠奧，超然獨邁。(《天中記》卷二十五。此條，《天中記》言出盛弘之《荊州記》，然宋晁載之《續談助》言此條出《簡文談疏》。《續談助》所引此條後有盛弘之《荊州記》「湘州有南寺，東有賈誼宅」條，或是《天中記》作者從《續談助》中抄錄此條，以此二條並列，其漏看「標的」條出處(即《簡文談疏》)，而誤認爲二者皆出自盛弘之《荊州記》所致。)

公師隅

公師隅者，粵人也，越王無彊爲楚所敗，其子孫避處江南海上，周赧王時，有自立爲王者，隅以無彊，初避楚，居東武，有怪山浮來，鎮壓其地，因名東武山。乃往相度南海，將依山築南武城以擬之，而越王不果遷。時三晉惟魏最強，越王與魏通好，使隅復往南海求犀角象齒，以修獻久在嶠外乃得諸琛，併吳江樓船，會稽竹箭，獻之魏，魏王乃起師送越王往荊，樓之沉湘，於是南武疆土爲越貢奉，邑稱雄交廣矣。據《竹書紀年》、黃恭《交廣記》、盛弘之《荊州記》修。(《百越先賢志》卷一。此條，歐大任《百越先賢志》言據盛弘之《荊州記》等修，但今所見盛弘之《荊州記》各條並無與此條內容相類者，不知其原目爲何。)

蚶

蚶爲蚌屬，文似瓦屋，殼中有肉，紫色，滿腹縱橫，其理五味，具足。(《異魚圖贊》卷四。此條，明前書不見引，《異魚圖贊》言出盛弘之《荊州記》，《本草綱目》卷四十六言此條出《臨海異物志》，依其所述內容，《臨海異物志》說或對也。)

夏州

《史記》：蘇秦說楚威王，東有夏州，今江陵夏口城有州名夏州。(《左傳補注》卷二。此條，清前書不見引，惠棟《左傳補注》卷二言出盛弘之《荊州記》，《白華前稿》卷十八亦言出《荊州記》，不著作者，不知其所據爲何。)

《會稽記》　宋孔靈符

孔靈符，劉宋時人，生卒年不詳，會稽山陰(今浙江紹興)人，《宋書》卷五十四有傳。靈符元嘉末爲南譙王義宣司空長史，南郡太守，尚書吏部郎。世祖大明初自侍中爲輔國將軍，郢州刺史，入爲丹陽尹，有治績。自丹陽出爲會稽太守，尋加豫章王子尚撫軍長史，又爲尋陽王子房右軍長史，

太守如故。懲實有材幹，不存華飾，每所涖官，政績修理，前廢帝景和中犯忤近臣，爲所讒搆，遣鞭殺之。父孔靖，字季恭，嘗爲會稽內史。二子湛之、淵之。孔靈符《會稽記》，卷亡，史志不著錄。此書，南宋時諸書多徵引，當南宋時仍存。會稽郡，秦置，漢因之，治山陰，即今浙江紹興。清杜文瀾《曼陀羅華閣叢書・古謠諺卷二十八》存孔靈符《會稽記》一條，王仁俊《玉函山房輯佚書續編・經籍佚文》所引孔靈符《會稽記》與杜書相同。魯迅《會稽郡故書雜集》輯孔靈符《會稽記》一種。劉緯毅《漢唐方志輯佚》亦輯此書。

赤城山

　　赤城山，土色皆赤〔一〕。巖岫連還，〔二〕狀似雲霞，懸霤〔三〕千仞，謂之瀑布。飛流灑散，冬夏不竭。〔四〕山谷絕澗，崢嶸無底，長松蔓藟，幽藹其上。〔五〕（《太平御覽》卷四十一。又見《文選・賦己・遊覽・遊天台山賦》李善注、《太平寰宇記》卷九十八、《輿地紀勝》卷十二。）

　　〔校記〕
　　〔一〕土色皆赤，《文選》注作「名色皆赤」，《輿地紀勝》作「土皆赤色」。
　　〔二〕此句，《文選》注、《輿地紀勝》皆無。
　　〔三〕懸霤，《輿地紀勝》作「瀑流」。
　　〔四〕此二句，《太平寰宇記》、《輿地紀勝》無。
　　〔五〕此數句，《文選》注、《太平寰宇記》、《輿地紀勝》皆無。

　　赤城山色皆赤〔一〕。狀似晨霞〔二〕，亦謂霞城。〔三〕（《方輿勝覽》卷八。又見《施注蘇詩》卷二十三、《補注杜詩》卷三、《內簡尺牘》卷三、《三體唐詩》卷四。）

　　〔校記〕
　　〔一〕色皆赤，《施注蘇詩》、《補注杜詩》皆作「石色皆赤」，《三體唐詩》作「色赤」。
　　〔二〕晨霞，《施注蘇詩》、《補注杜詩》、《三體唐詩》皆作「雲霞」。
　　〔三〕此句，《施注蘇詩》、《補注杜詩》、《內簡尺牘》、《三體唐詩》皆無。

　　赤城山，色赤，狀似雲霞，故《天台賦》云：「赤城霞起以建標」。（《錦繡萬花谷》前集卷五。）

赤城山

　　赤城山，內則有天台靈嶽，玉室璿臺。（《藝文類聚》卷七、《白氏六帖事類集》卷二、《輿地紀勝》卷十二。）

赤城山有玉室璿臺，許邁嘗居之。因與王羲之書，云：自天台山至臨海，多有金臺玉室，仙人芝草。（《（嘉定）赤城志》卷二十一。）

石橋懸渡

赤城山有石橋，橋上有石屏風，橫絕橋上。（《編珠》卷一。）

赤城山上〔一〕，有石橋懸度，有石屏風橫絕橋上〔二〕，邊有過逕，纔容數人。〔三〕（《文選・賦己・遊覽・遊天台山賦》李善注。又見《海錄碎事》卷三下、《唐音》卷一。）

〔校記〕

〔一〕山上，《海錄碎事》作「山」。

〔二〕橋上，《唐音》作「其上」。

〔三〕此二句，《唐音》無。

射的山

射的石水數十丈，其清見底，其西有山，上參煙雲，〔一〕半嶺石室〔二〕，曰〔三〕仙人射堂。水東〔四〕高巖臨潭有石的，形〔五〕甚圓明，視之如鏡。（《太平廣記》卷三百九十七。又見《太平御覽》卷四十七。）

〔校記〕

〔一〕此數句，《太平御覽》無。

〔二〕石室，《太平御覽》作「有石室」。

〔三〕曰，《太平御覽》無。

〔四〕水東，《太平御覽》作「東有」。

〔五〕形，《太平御覽》作「岫形」。

烏帶山

諸暨縣西北〔一〕有烏帶山，其山〔二〕上多紫石，世人莫知之〔三〕，居士謝敷少時經始諸山，往往遷易，功費千計，生業將盡，後遊此境，夜〔四〕夢山神語之曰：「當以五十萬相助。」覺甚怪之，〔五〕旦見主人床下有異色〔六〕，甚明澈〔七〕，試取瑩拭，乃紫石，因問所從來，云出此山。遂往掘，果得，其〔八〕利不訾。（《太平御覽》卷四十七。又見《事類賦注》卷七。）

〔校記〕

〔一〕西北，《事類賦注》無。

〔二〕山，《事類賦注》無。

〔三〕之，《事類賦注》無。

〔四〕夜,《事類賦注》無。

〔五〕此句,《事類賦注》無。

〔六〕異色,《事類賦注》作「異石」。

〔七〕甚明澈,《事類賦注》作「色甚明徹」。

〔八〕其,《事類賦注》無。

五界

五界,五縣之界也。此〔一〕山舊名,五縣之餘地。五縣:〔二〕餘姚、鄞、句章、剡、始寧〔三〕。(《文選·賦己·遊覽·遊天台山賦》李善注。又見《(嘉定)赤城志》卷四十。)

〔校記〕

〔一〕此,《(嘉定)赤城志》無。

〔二〕此二字,《(嘉定)赤城志》無。

〔三〕此句,《(嘉定)赤城志》作「謂餘姚、句章、鄞、剡、始寧。」

餘姚江

餘姚江源出太平山,東至漢口入海。(《藝文類聚》卷八。)

會稽山

會稽山在縣東南,其上石狀似覆釜,禹夢玄夷蒼水使者却倚覆釜之上是也。今禹廟在下,秦始皇嘗配食此廟。(《太平御覽》卷四十一。)

龍頭山

上虞縣有龍頭山,上有蘭峰,峰頂盤石廣丈餘,葛洪學坐其上。(《太平御覽》卷四十七。)

宛委山

會稽山南,有宛委山,其上有〔一〕石,俗呼〔二〕石匱,壁立干〔三〕雲,有懸度之險〔四〕,升者〔五〕累梯,然後至焉。〔六〕昔禹治洪水,厥〔七〕功未就,乃躋〔八〕於此山,發石匱,得金簡玉字,以知山河體勢,於是疏〔九〕導百川,各盡其宜。(《藝文類聚》卷八。又見《太平御覽》卷六百七十九、《雲笈七籤》卷八。)

〔校記〕

〔一〕有,《太平御覽》無。

〔二〕呼,《太平御覽》、《雲笈七籤》作「呼爲」。

〔三〕干,《太平御覽》作「於」。

〔四〕此句，《太平御覽》、《雲笈七籤》無。

〔五〕升者，《太平御覽》、《雲笈七籤》無。

〔六〕此後數句，《雲笈七籤》無。

〔七〕厥，《太平御覽》作「其」。

〔八〕躋，《太平御覽》作「齋」。

〔九〕疏，《太平御覽》作「疎」。

許玄度巖

晉徵士高陽許詢幽居之所。（《太平寰宇記》卷九十六。）

許詢家於此山之陽。（《會稽三賦·會稽風俗賦》注。）

白鶴山

射的山南有白鶴山〔一〕，此鶴爲仙人取箭〔二〕。漢太尉〔三〕鄭弘當〔四〕採薪，得一遺箭，頃有人覓〔五〕，弘還之〔六〕，問何所欲，弘識其神人也〔七〕，曰〔八〕：「常患若邪溪載薪爲難，願旦〔九〕南風，暮〔十〕北風。」後果然。故若邪溪風至今猶然〔十一〕，呼爲「鄭公風」也。〔十二〕（《後漢書·朱馮虞鄭周列傳》李賢等注。又見《太平御覽》卷四百七十九、《方輿勝覽》卷六、《會稽三賦·會稽風俗賦》注。）

〔校記〕

〔一〕白鶴山，《方輿勝覽》作「白鶴」。

〔二〕此鶴，《方輿勝覽》作「嘗」。

〔三〕漢太尉，《會稽三賦》注無。

〔四〕當，《太平御覽》、《方輿勝覽》《會稽三賦》注作「嘗」。

〔五〕覓，《方輿勝覽》作「覓見」。

〔六〕弘，《方輿勝覽》作「宏」。

〔七〕此句，《太平御覽》無；《會稽三賦》注作「識其神人也」。

〔八〕曰，《太平御覽》、《事類賦注》作「弘曰」。

〔九〕旦，《方輿勝覽》、《會稽三賦》注作「朝」，

〔十〕暮，《太平御覽》作「夕」。

〔十一〕猶然，《會稽三賦》注作「猶爾」，《方輿勝覽》無。

〔十二〕此句後，《方輿勝覽》、《會稽三賦》注有「亦名『樵風』」句。

射的山西南水中有鶴山〔一〕，此鶴〔二〕常〔三〕爲仙人取箭，曾〔四〕刮壤尋索，遂成此山。〔五〕漢太尉〔六〕鄭弘，少貧賤，以〔七〕採薪爲業，嘗於山中得一遺箭，羽鏃異常，心甚〔八〕怪之，頃之，有一〔九〕人覓箭，弘以還之。〔十〕（《太平御覽》卷四十七。又見《藝文類聚》卷八、《（嘉泰）會稽志》卷九。）

〔校記〕

〔一〕鶴山，《藝文類聚》作「白鶴」，《（嘉泰）會稽志》作「白鶴山」。

〔二〕此鶴，《藝文類聚》無。

〔三〕常，《（嘉泰）會稽志》作「嘗」。

〔四〕曾，《（嘉泰）會稽志》作「會」。

〔五〕此句後數句，《藝文類聚》無。

〔六〕太尉，《（嘉泰）會稽志》無。

〔七〕以，《（嘉泰）會稽志》無。

〔八〕甚，《（嘉泰）會稽志》無。

〔九〕一，《（嘉泰）會稽志》無。

〔十〕此句後，《（嘉泰）會稽志》有「後遂得朝南風，暮北風也。」

射的山西南有白鶴，爲仙人取箭，因號箭羽山。（《會稽三賦·會稽風俗賦》注。）

存疑

白鶴山

射的山南有白鶴山，此鶴爲仙人取箭，漢太尉鄭弘嘗採薪得一箭，頃有神人至，問何所欲，弘曰：「嘗患若耶溪載薪爲難。願旦南風，暮北風。」後果然。（《事類賦注》卷十八。）

射的山南有白鶴山，漢太尉鄭宏常採薪得一箭，奇之，頃，有白鶴神至取箭，問何所欲。宏曰：「常患若耶溪載薪爲難，願旦南風，暮北風。」後果然。（《竹譜》卷八。）

若耶溪

若耶溪，因鄭弘見神人，旦東風，暮北風，至今呼「鄭公風」。（《海錄碎事》卷一。）

射的山南有白鶴山，此鶴爲仙人取箭。（《海錄碎事》卷十三上。）

按，以上幾條《會稽記》，皆不著作者，觀其條目，與上文註明作者的《會稽記》條目類，不知是否均出孔靈符《會稽記》，茲單列。

苴山

在縣東北十里，越王種苴於此。（《（萬曆）紹興府志》卷四。此條，《（萬曆）紹興府志》言出孔靈符《地志》。《（嘉泰）會稽志》言出《舊經》，不知是否即孔靈符《會稽記》。）

餘姚

北漸於海，東聯大江。（《肇域志》卷十二。按，此條，《肇域志》言出孔靈符《會稽記》，清前書不見引。）

《會稽記》　　宋孔曄

　　孔曄《會稽記》，卷亡，史志亦不著錄。南宋諸書時見徵引，或其南宋時仍存。孔曄，諸書徵引時有作「孔皋」、「孔昱」者，當即孔曄也。陶宗儀《說郛》輯得孔曄《會稽記》五條，黃奭《漢學堂知足齋叢書·子史鉤沉》所輯孔曄《會稽記》與《說郛》本同。清章宗源《隋書經籍志考證》認為孔曄《會稽記》與孔靈符《會稽記》當為一書。魯迅《會稽郡故書雜集》輯孔靈符《會稽記》，並且考證孔曄當即孔靈符〔註1〕。辛德勇《古地理書辨證三題·孔曄〈會稽記〉與孔靈符〈會稽記〉》一文則考證孔曄與孔靈符為兩人：宋趙明誠《金石錄》卷二十五有《周孔昌寓碑》：「宣尼父三十六世孫也，十四世祖潛，吳侍中，生晉豫章太守竺，竺生大尚書沖，沖生大司農侃，侃生秘書監滔，滔生江夏太守俟，俟生宋尚書左丞幼，幼生尚書左丞遙之，遙之生中書侍郎曄，曄生齊散騎常侍佩。」而孔靈符父季恭，《宋書》卷五十四載季恭「祖愉，晉車騎將軍；父誾，散騎常侍。」又《晉書》卷七十八《孔愉傳》謂孔愉「曾祖潛，太子少傅，漢末避地會稽，因家焉；祖竺，吳豫章太守；父恬，湘東太守；從兄侃，大司農。」由此二條可證孔曄與孔靈符為同族，孔竺為曄七世祖、靈符五世祖。孔靈符仕宋官至會稽太守，而孔曄雖為孔靈符族孫，但據《孔寓昌碑》，也是宋中書侍郎，時代相同，二人《會稽記》撰寫之先後殊不易斷定。〔註2〕辛德勇論證甚詳，當是。

〔註1〕此條，詳見《魯迅輯錄古籍叢編》第三卷《會稽郡故書雜集》，魯迅輯孔靈符《會稽記·序》，北京：人民文學出版社，1999年，第309頁。

〔註2〕辛德勇此文，收錄於其《古代交通與地理文獻研究》一書，其考證頗詳，可參看。北京：中華書局，1996年，第272-275頁。

射的山石室

縣東南十八里，〔一〕有〔二〕射的山，遠望的的如〔三〕射侯，謂之射的。〔四〕射的之西〔五〕，有石室，壁方二丈〔六〕，謂之射堂〔七〕。傳云，羽客之所遊憩〔八〕，土人常以此占穀食〔九〕貴賤，射的明則米賤，闇則貴。〔十〕嗟曰〔十一〕：射的白，斛一百，射的玄，斛一千〔十二〕。（《藝文類聚》卷八。又見《太平廣記》卷三百九十七。）

〔校記〕

〔一〕此句，《太平廣記》無。

〔二〕有，《太平廣記》無。

〔三〕如，《太平廣記》作「有如」；《廣記》此句後有「故曰」二字。

〔四〕此句，《太平廣記》無。

〔五〕之西，《太平廣記》作「南」。

〔六〕壁方二丈，《太平廣記》作「可方丈」。

〔七〕射堂，《太平廣記》作「射室」。

〔八〕羽客之所遊憩，《太平廣記》作「羽人所遊憩」。

〔九〕食，《太平廣記》無。

〔十〕此二句，《太平廣記》無。

〔十一〕嗟曰，《太平廣記》作「諺云」。

〔十二〕斛一百、斛一千，《太平廣記》作「米斛一百」、「米斛一千」。

射的山半有石室〔一〕，是〔二〕仙人射堂。東高巖有射的石，遠望的的如射侯，形圓，視之如鏡。土人常以占穀食貴賤，射的明則米賤，暗則米貴。諺云〔三〕：射的白，斛一百，射的玄，斛一千也。（《太平寰宇記》卷九十六。又見《太平御覽》卷四十一。）

〔校記〕

〔一〕半有石室，《太平御覽》作「山有石室」。

〔二〕是，《太平御覽》作「云是」。

〔三〕云，《太平御覽》作「曰」。

射的山半有石室，乃仙人射堂，東峰有射的，遙望山壁，有白點如射侯，土人常以占穀貴賤，〔一〕故語〔二〕云：射的白，米斛百；射的玄，米斛千。（《會稽三賦·會稽風俗賦》注。又見《方輿勝覽》卷六。）

〔校記〕

〔一〕此句，《方輿勝覽》無。

〔二〕故語，《方輿勝覽》作「諺」。

四明山

縣南有四明山，高峰軼雲，連岫蔽日。(《太平寰宇記》卷九十六。)

四明山高峰軼雲，連岫蔽日。(《初學記》卷五、《海錄碎事》卷三上、《(延祐)四明志》卷一、《補注杜詩》卷十四。)

四明山高峰軼日，雲岫蔽天。(《(嘉定)剡錄》卷二。)

〔按〕此條，《太平寰宇記》、《(嘉定)剡錄》均言出《會稽地記》。

太平山

餘姚縣南百里，有太平山，山形似㣭，四角各生一種木，木不雜糅，三陽之辰，華卉代發。(《藝文類聚》卷八。)

太平山，在餘姚縣南百里。四明山，自越跨縣接鄞奉化。山形似傘，四角各生一種，木不雜揉，三陽之辰，華卉代發。(《(延祐)四明志》卷七。)

土城山

縣東北六十里有土城山，〔一〕勾踐索美女以獻吳王，得諸暨羅山賣薪女西施、鄭旦，先教習於土城山，山邊有石，云是西施瀚〔二〕紗石。(《藝文類聚》卷八。又見《太平御覽》卷四十七。)

〔校記〕

〔一〕此句，《太平御覽》無。

〔二〕瀚，《太平御覽》作「浣」。

羅山

諸暨縣北界有羅山，越時西施、鄭旦所居〔一〕，〔二〕所在有方石，是西施曬紗處，今名紵羅山。王羲之墓在山足，有石碑，孫興公為文，王子敬所書也。(《太平御覽》卷四十七。又見《北堂書鈔》卷一百六十。)

〔校記〕

〔一〕所居，《北堂書鈔》作「本處」。

〔二〕此處，《北堂書鈔》有「名紵羅」句。

王羲之墓在諸暨縣苧羅山。墓碑孫興公文，王子敬之書也。而碑亡矣。(《(嘉泰)會稽志》卷六。)

塗山

永興縣東北九十里，有余山，傳曰：是塗山。案《越書》，禹娶於塗山。

塗山去山陰五十里，撿其里數，似其處也。(《藝文類聚》卷八。)

秦望山

東有秦望山，昔秦始皇登此，使李斯勒石，其碑見在。(《藝文類聚》卷八。)

秦望山在州城正南。(《文選·詩丁·贈答四·和謝監靈運》李善注。)

秦望爲眾峰之傑，入境便見。始皇刻石於此。(《太平寰宇記》卷九十六。)

會稽秦望山爲眾峰之傑，陟境便見。《史記》云：秦始皇登之，以望南海。自平地以取山頂，七里。縣嶝孤危，峭路險絕。《記》云：扳蘿捫葛，然後能升。山上無高木，當由地迥多風所致。山南有嶕峴，峴裏有大城，越王無餘之舊都也。(《説郛》宛委山堂本卷六十一。)

嶀山

始寧縣西南有嶀山，剡縣有嵊山。(《文選·詩庚·雜擬下·謝法曹》李善注。)

剡縣

縣治本在江東，吳賀齊爲令，始移，今縣城蓋齊所創也。(《(嘉泰)會稽志》卷十二。)

剡縣治在江東，吳賀齊令剡，始移今治。(《(嘉定)剡錄》卷一。)

陳音塚

陳音山，昔有善射者陳音，越王使簡士習射於郊外，死，因葬焉。塚今開，塚壁悉畫作騎射之像，因以名山。(《太平御覽》卷四十七。)

在山陰縣西南五里，是爲陳音山。音，善射者，其塚壁猶畫作騎射之像也。(《(嘉泰)會稽志》卷六。)

羅壁山

山有虞國墅，襟帶山溪，表裏疇苑。洛陽人來，云：「巖囿天勢，具體金谷。」郡太宰遍遊諸境，樓情此地。每至良辰，攜子弟遊憩。後以司空臨郡，遂卜居之。(《(嘉泰)會稽志》卷九。)

虞國墓

虞國，餘姚人。〔一〕爲日南太守，有惠政。行部，有雙雁隨軒翔舞〔二〕。秩滿還家〔三〕，雁亦隨歸〔四〕，遂生息成群。〔五〕國死，猶依其墓不去。〔六〕(《(寶慶)會稽續志》卷三。又見《(嘉泰)會稽志》卷六。)

〔校記〕

〔一〕此句，《（嘉泰）會稽志》無。

〔二〕此句，《（嘉泰）會稽志》作「出則雙雁隨軒」。

〔三〕此句，《（泰泰）會稽志》作「及還會稽」。

〔四〕歸，《（嘉泰）會稽志》作「焉」。

〔五〕此句，《（嘉泰）會稽志》無。

〔六〕此二句，《（嘉泰）會稽志》作「其卒也，猶棲於墓，不去。」

虞國，餘姚人。漢時爲日南太守，有惠政，行部有雙雁隨軒翔舞，及還餘姚，雁奔隨歸國。卒，雁棲於墓側，後遂成群。（《會稽三賦·會稽風俗賦》注。此條，《會稽三賦》注言出「孔曄《記》」，當即孔曄《會稽記》。）

洛思山

朱雋墓，在蕭山縣東洛思山。雋爲光祿大夫時，遭母哀，將洛下塚師歸，登山相望。塚師去鄉既遠，目極千里，北望京洛，遂縈咽而死，因葬山頂。然則洛思山者，又爲塚師墓也，今兩存之。（《（嘉泰）會稽志》卷六。）

永興縣東五十里有洛思山。漢太尉朱偉爲光祿大夫時，遭母哀，欲卜墓此山，將歸洛下，塚師歸，登山相地，因謂塚師云：「去鄉既遠，歸思常深。」忽極目千里，北望京洛，遂縈咽而死，葬山頂。故以爲名。（《太平御覽》卷四十七。）

靈緒山

山有三足白麖。昔虞翻嘗登此山，望四郭，誡子孫曰：「可留江北居，後世祿位當過於我，聲名不及爾，然相繼代興。居江南，必不昌。」今諸虞氏由此悉居江北也。山巔有葛仙翁井，及山腰有微泉，未嘗竭，名龍泉，在龍泉寺中。（《（嘉泰）會稽志》卷九。）

怪山

城西門外百餘步，有怪山。越時起靈臺於山上，又作三層樓以望雲。（《太平御覽》卷四十七。）

重山

重山，大夫種墓，語訛成「重」。〔一〕漢江夏太守宋輔於山〔二〕南立學〔三〕教授，今白樓亭處是也。〔四〕（《太平御覽》卷四十七。又見《太平御覽》卷一百九十四、《太平寰宇記》卷九十六。）

〔校記〕

〔一〕此三句,《太平御覽》卷一百九十四、《太平寰宇記》無。

〔二〕山,《太平御覽》卷一百九十四作「重山」。

〔三〕學,《太平御覽》卷一百九十四作「學校」。

〔四〕此句,《太平御覽》卷一百九十四、《太平寰宇記》無。

銅牛山

銅牛山,舊傳常有一黃牛出山巖食草,採伐人始見,猶謂是人所養,或有共驅蹙之,垂及輒失,然後知爲神異。(《太平御覽》卷四十七。)

亭山

晉司空何元忌臨郡,起亭山椒,極望巖阜,基址猶存,因號亭山。(《太平御覽》卷四十七。)

壇宴山

始寧縣有壇宴山,相傳云仙靈所宴集處,山頂有十二方石,石悉如坐席許大,皆作行列。(《太平御覽》卷四十七。)

白石山

剡縣西七十里有白石山,山上有瀑布,水懸下三十丈。巖際有蜜房,採蜜者以葛藤連結,然後得至。(《太平御覽》卷四十七。)

三足獸

葛玄得仙後,几遂化爲三足獸,至今上虞人往往於山中見此案几。蓋欲飛騰之兆也。(《太平廣記》卷七十七。按,此條,《太平廣記》言出孔懌《會稽記》,「孔懌」,當爲「孔曄」之訛也。)

昔葛玄隱於蘭苧山,後於此仙去,所隱几化爲生鹿而去。此山今有素鹿,三脚。此鹿若鳴,官必有殿黜。(《太平寰宇記》卷九十六。此條,《太平寰宇記》言出《會稽錄》,魯迅言此條爲《會稽記》之誤,並將其輯入孔靈符《會稽記》,但不言所由。其條目與上文《會稽記》類,二者或爲一書也。)

存疑

太平山

餘姚縣南百里有太平山。(《海錄碎事》卷三上。)

郯縣

縣本在江東，賀齊爲剡令，移於今所。（《太平寰宇記》卷九十六。）

陳音山

陳音山，昔有善射者陳音，越王使簡士習射於郊外，死因葬焉。冢壁悉畫作騎射之像，因以名山。（《事類賦注》卷七。）

以上三條《會稽記》，皆不著作者，其與上文孔曄《會稽記》中所引部分條目相似，不知是否出一書，茲單列。

滕公冢

城西北二十里有重山，東爲大司馬滕公冢，山下路猶謂之滕侯隧也。（《北堂書鈔》卷九十四。此條，《北堂書鈔》言出「孔《會稽記》」，不知作者爲孔曄還是孔靈符。茲列於此。）

白樓

江夏太守宋輔於重山南白樓亭立學教授。沛國桓儼避地至會稽，聞陳業賢而往候之，不見，臨去，入交州，留書繫白樓亭柱而別。（《說郛》宛委山堂本卷六十一。）

〔按〕此條，第一句爲孔曄《會稽記》，第二句實爲《郡國志》原文。此二條，《太平御覽》卷一百九十四、《太平寰宇記》卷九十六並錄，且均孔曄《記》在前，《郡國志》在後，《說郛》直接從二書摘錄此條，又將《郡國志》中的條目亦當作孔曄《記》，實誤也。

白樓亭

孫興公許元度共在白樓亭，共商略先往名達，林公既非所關，聽訖云：「二賢故自有才情。」亭在山陰，臨流映壑也。（《說郛》宛委山堂本卷六十一。）

〔按〕此條，「孫興公許元度共在白樓亭，共商略先往名達。林公既非所關，聽訖云：『二賢故自有才情。』」實爲《世說新語・賞譽》劉孝標注原文，僅「亭在山陰，臨流映壑也」出《會稽記》，劉孝標引用此條時未言作者。《說郛》不加考辨，將此二條全納入孔曄《會稽記》，實誤也。）

陳業

陳業，上虞人，爲會稽太守，潔身清行，志懷霜雪，貞亮之信，同操柳下。遭漢中微，委官棄祿，遁迹黔歙，以求其志，高邈妙蹤，天下所聞。(《水經注箋》卷四十。此條，《水經注箋》言出孔曄《會稽志》。按，此條内容，最早見於《三國志·吳志·虞翻傳》注所引《會稽典錄》，明前書徵引時未有言出孔曄《會稽志》者。此條，或是《水經注箋》作者誤將《會稽典錄》當作《會稽記》所致。)

孔愉

孔愉字敬康，會稽山陰人，累官尚書左僕射，以論議守正，爲王導所銜，出爲會稽内史，在郡三年，乃營山陰湖南侯山下數畝地爲宅，草屋數間，便棄官居之。(《水經注箋》卷四十。此條，《水經注箋》言出孔□《會稽志》。□，當爲「曄」之缺。按此條，最早見於《晉書·孔愉傳》，明前書未有言出孔曄《會稽志》者，此條或爲《水經注箋》作者誤引也。)

簟山

山遙望之，如鋪簟也。(《水經注箋》卷四十。此條，《水經注箋》言爲孔曄所言，《(嘉泰)吳興志》言出《舊經》，不知此處《舊經》是否即孔曄《會稽記》。)

會稽山水

會稽境特多名山水，峰嶠隆峻，吐納雲霧。松栝楓柏，擢幹竦條，澄壑鏡徹，清流瀉注。(《説郛》宛委山堂本卷六十一。此條，《世説新語》注言出《會稽郡記》，未著作者，《説郛》言其爲孔靈符《會稽記》，不知何據。)

顏烏

顏烏，會稽人，事親孝，父亡，負土成墳，羣鳥銜土助之，其吻皆傷，因以名縣。(《百越先賢志》卷四。此條，《百越先賢志》作者歐大任言據孔曄《會稽記》修，明前書不見徵引，姑置於此。)

《臨海記》　宋孫詵

孫詵，劉宋時人，生卒年不詳，《南史》卷七十二有傳，詵字休臺，太原中都（今山西平遙）人，愛文，尤賞泉石，大明中爲劉秀之安北諮議參軍，

泰始中兼太常丞，遷至御史中丞，並以此官卒。《臨海記》，卷亡，史志不著錄，此書北宋諸書徵引，當其北宋時仍存。南宋各書徵引孫詵《臨海記》各條目不出於北宋之書外，是書或亡於兩宋之交。臨海郡，三國吳置，治臨海縣，即浙江今縣。孫詵《臨海記》，劉緯毅《漢唐方志輯佚》有輯本。

天台山

天台山超然秀出，山有八重，視之如一帆〔一〕，高一萬八千丈，周廻八百里。又有飛泉〔二〕懸〔三〕流千丈〔四〕似布〔五〕。（《太平御覽》卷四十一。又見《太平寰宇記》卷九十八、《輿地紀勝》卷十二、《方輿勝覽》卷八、《資治通鑒補》卷二百一十、《資治通鑒補》卷二百四十。）

〔校記〕

〔一〕帆，《方輿勝覽》、《資治通鑒補》卷二百一十、《資治通鑒補》卷二百四十無。

〔二〕此句，《資治通鑒補》卷二百四十無。

〔三〕懸，《輿地紀勝》、《資治通鑒補》卷二百一十作「垂」。

〔四〕丈，《輿地紀勝》、《方輿勝覽》、《資治通鑒補》卷二百一十作「仞」。

〔五〕似布，《資治通鑒補》卷二百一十無，《方輿勝覽》作「似市」。

白雪山

郡內有白雪山，層巖皓麗如雪。（《編珠》卷一。）

白石山

郡東南有白石〔一〕山，高三百餘丈，〔二〕望之如雪，山〔三〕上有湖，古老相傳云〔四〕：金鵝所集〔五〕，八桂所植。下有溪谷〔六〕，金光煥然〔七〕。（《藝文類聚》卷九十一。又見《太平御覽》卷九百一十九、《輿地紀勝》卷十二、《（嘉定）赤城志》卷十九。）

〔校記〕

〔一〕石，《輿地紀勝》、《（嘉定）赤城志》無。

〔二〕此句，《輿地紀勝》、《（嘉定）赤城志》無。

〔三〕山，《輿地紀勝》、《（嘉定）赤城志》作「其」。

〔四〕此句，《輿地紀勝》、《（嘉定）赤城志》作「舊傳」。

〔五〕此句，《輿地紀勝》、《（嘉定）赤城志》作「金鵝於此集焉」。

〔六〕谷，《輿地紀勝》、《（嘉定）赤城志》無。

〔七〕此句，《輿地紀勝》、《（嘉定）赤城志》作「其水金色」。

石山〔一〕，望之如雪，山有湖，傳云金鵝之所集，八桂之所植。（《藝文類聚》卷八十九。又見《詳注昌黎先生文集》卷三十一、《太平御覽》卷九百五十七、《緯略》卷十一。）

〔校記〕

〔一〕石山，《太平御覽》、《緯略》作「白石之山」。

白石山下有金潭，金光煥然也。（《文選·詩庚·雜擬下·謝臨川》李善注。）

白石山去縣邑三十里，望之如雪。上有淵，相傳云金鵝之所集。（《太平御覽》卷八百一十一。）

郡東南有白石山，金鵝所築，八柱所植。（《海錄碎事》卷三上。）

白鶴山

郡西北有白鶴山，周廻六十里，高三百丈，有泄水懸注，遙望如倒掛白鶴，因以爲名。古老相傳云，此山昔有晨飛鵠〔一〕，入會稽雷門鼓中，於是雷門鼓鳴，洛陽聞之。孫恩時，斫此鼓，見白鶴飛出，翶〔二〕翔入雲，此後鼓無復遠聲。（《藝文類聚》卷九十。又見《太平御覽》卷九百一十六。）

〔校記〕

〔一〕鵠，《太平御覽》作「鶴」。

〔二〕翶，《太平御覽》作「高」。

郡西有白鵠山，山上有石鼓。〔一〕元嘉中，居人志祭祀〔二〕山神，乃推〔三〕此鼓數十里，聞〔四〕如金石之響。相傳云，此山〔五〕有鵠，飛入會稽郡雷門鼓中。打鼓聲，洛陽聞之。後逆賊孫恩斫破此鼓，見一白鵠飛出去〔六〕。（《太平御覽》卷五百八十二。又見《事類賦注》卷十一、《記纂淵海》卷七十八。）

〔校記〕

〔一〕此二句，《記纂淵海》作「白鵠山有石鼓」。

〔二〕志祭祀，《事類賦注》、《記纂淵海》作「祀」。

〔三〕推，《事類賦注》、《記纂淵海》作「椎」。

〔四〕聞，《記纂淵海》無。

〔五〕山，《記纂淵海》作「本」。

〔六〕去，《事類賦注》無。

有鶴飛入會稽雷門鼓中，於是鼓鳴，洛陽聞之。後斫破鼓〔一〕，鶴遂〔二〕飛去。〔三〕（《白氏六帖事類集》卷二十九。又見《東坡先生物類相感志》卷七。）

〔校記〕

〔一〕鼓,《東坡先生物類相感志》無。

〔二〕遂,《東坡先生物類相感志》作「還」。

〔三〕《東坡先生物類相感志》此句後有「鼓蔑聞矣。」

白鶴山有石鼓,如金〔一〕石之響。(《文獻通考》卷一百三十五。又見《樂書》卷一百三十六。)

〔校記〕

〔一〕金,《樂書》無。

郡西有白鶴山〔一〕,山上有池,泉水懸溜〔二〕,遠望如倒掛白鶴〔三〕,因名掛鶴泉〔四〕。(《太平御覽》卷四十七。又見《太平寰宇記》卷九十八、《事類賦注》卷七、《(嘉定)赤城志》卷十九。)

〔校記〕

〔一〕此句,《(嘉定)赤城志》作「白鶴山」。

〔二〕此句,《(嘉定)赤城志》作「泉垂溜」。

〔三〕白鶴,《(嘉定)赤城志》作「白鶴之狀」。

〔四〕此句,《(嘉定)赤城志》作「故有泉名掛鶴」。

白鵠山中有深湖,魚大如二百斛舟,修可二丈,疑其龍〔一〕也。(《輿地紀勝》卷十二。又見《(嘉定)赤城志》卷十九。)

〔校記〕

〔一〕龍,《(嘉定)赤城志》作「誕」。

郡西有白鵠山,山水下注,遙望如倒掛白鵠。(《編珠》卷一。)

郡西白鶴山,有石鼓石搥,世云石鼓鳴則土地寇亂。隆安初,此鼓屢鳴,果有孫恩之賊。(《藝文類聚》卷八。)

郡西北有白鵠山,山有池水懸注,遙望見如倒掛白鵠,因以名山。下有深湖,湖中又有魚,如二百斛船大,長二丈許。(《太平御覽》卷七十一。)

鶴山有池泉垂溜,遠望如倒掛白鶴,因名焉。(《輿地紀勝》卷十二。)

石舴艋

西北有白鵠山,高三百丈。上有一舟,名舴艋。前頭有石鼓、石艇。世云:石鼓鳴,則土地寇亂。隆安初,此鼓屢鳴,果有孫恩賊。此處多山精水祟,不可輕陟。山下平地,便望見舴艋。民王志祭山神,求到鼓所,遂得至。捉搥打鼓,閭里咸聞,如金玉之響,下山便病死。蓋登山召禍,擊鼓自殺也。

（《太平御覽》卷七百七十一。）

白鵠山有湖，湖中有一石舴艋。（《藝文類聚》卷七十一。）

石鼓山

黃石村有石鼓山，山上有石似鼓，兵革興則鳴。（《輿地紀勝》卷十二、《（嘉定）赤城志》卷十九。）

黃石山

黃石山泄水東南里名爲五峴，路口有鍾乳六。湖山寺，昔有僧人道人能入穴採之，三日得往反匼穴裏水深處洄過。又有伏翼，如鵝鴨大，僧人死來四十餘年，自後無能採穴者。（《北堂書鈔》卷一百五十八。）

黃石山泄水東南，五峴路口，有鍾乳穴，中伏翼大如鵝鴨。（《藝文類聚》卷九十七。）

黃石山，洩水九層，沿崖注落〔一〕如白練。東南有鍾乳穴，多水，〔二〕有伏翼如鵝大。〔三〕（《太平寰宇記》卷九十八。又見《輿地紀勝》卷十二、《（嘉定）赤城志》卷十九。）

〔校記〕

〔一〕注落，《（嘉定）赤城志》無。

〔二〕多水，《輿地紀勝》無。

〔三〕此句，《（嘉定）赤城志》無。《輿地紀勝》此句後有「其山本名黃石」句。

東刊山

山極高遠，蓋禹隨山刊木，因以爲名。晉任旭葬焉。〔一〕（《（嘉定）赤城志》卷十九。又見《輿地紀勝》卷十二。）

〔校記〕

〔一〕此句，《輿地紀勝》無。

湖山

郡北四十里〔一〕有湖山，形〔二〕平正，可容數〔三〕百人坐。民俗極重九日〔四〕，每菊酒〔五〕之辰，宴會於此山者常至三四百人。登之見邑屋悉委，江海分明。〔六〕（《太平御覽》卷三十二。又見《藝文類聚》卷四、《歲時廣記》卷三十五。）

〔校記〕

〔一〕里，《藝文類聚》、《歲時廣記》作「步」。

〔二〕形，《藝文類聚》、《歲時廣記》作「甚」。

〔三〕數，《歲時廣記》無。

〔四〕九日，《藝文類聚》、《歲時廣記》無。

〔五〕菊酒，《藝文類聚》、《歲時廣記》作「九日菊酒」。

〔六〕此二句，《藝文類聚》、《歲時廣記》無。

湖山在縣北四十里〔一〕，其上夷坦，可坐數百人。俯視江海，邑屋爛然在目，俗以重九日，多登焉。〔二〕（《（嘉定）赤城志》卷十九。又見《輿地紀勝》卷十二。）

〔校記〕

〔一〕在縣北四十里，《輿地紀勝》無。

〔二〕「俯視江海」數句，《輿地紀勝》無。

黃公客堂

仙石山有館，土人謂之黃公客堂。兩邊有石步廊，觸石雲起，崇朝必雨。有四竿筋竹，風吹自垂空，微拂石皆淨。即王方平遊處也。（《太平御覽》卷四十七。）

黃巖山

山上有石驛，三面壁立，俗傳仙人王方平居焉，號「王公客堂」，南有石步廊，又云山頂有黃石，故名。（《（嘉定）赤城志》卷二十。）

新婦山

新婦山，亦名似人山，土石悉紺色，列石參差似人形，遠望如鳥之俯仰。宋文帝遣畫工模寫山狀，時一國盛圖於白團扇焉。（《太平御覽》卷四十七。）

新婦山，上石紺色如人狀。（《（嘉定）赤城志》卷十九。）

靈山石

靈石山者，山有寺，當孫恩作叛，毀材木以爲船舸，山石即於空中自然而落，賊每有所傷，故曰靈山石。（《太平御覽》卷四十七。）

山上有寺，當孫恩叛，毀木爲船，石從空自墜，賊以傷去，故號靈石。或云此石自西北飛至，故名。（《（嘉定）赤城志》卷二十。）

石室前有立石，參差五色，遠望如綬帶，舊傳爲綬帶山，產石髓石脂。絕杪有仙人石棺，蛻骨尚存，嘗有僧就視，脛骨幾數尺。（《（嘉定）赤城志》卷二十一。）

寒山有石室，前有立石，參差如侍衛者，悉五色，遠望似綬，古今相傳爲綬帶山。（《盤洲集》卷三、《天台集》續集別編卷三。）

臨海山

臨海山，山有二水，合成溪曰臨海。一水是始豐溪，一水是東女溪，至州北兩溪相合，即名臨海溪，山因溪名。（《太平御覽》卷四十七。）

樊績嶼

去郡七里東有樊績嶼，嶼上空，塚裏猶餘敗鼓角，或呼爲樊府君墓。今郡公田在此嶼下。（《太平御覽》卷七十四。）

赤蘭橋

章安縣南門有赤蘭橋，世傳成公綏作縣此橋上製廳，縣令年常祭廳事神用生鹿。其年活得白鹿，還於廳事上，生以祭神，仍遂食之，歲時用焉。自是以後，白鹿不可復得，而必須生鹿，歷代相承，迄今不絕。（《太平御覽》卷一百八十五。）

都尉府

漢元鼎五年，立都尉府〔一〕於侯官，以鎮撫二越，所謂東南一尉者也。（《太平御覽》卷二百四十一。又見《職官分紀》卷三十六。）

〔校記〕
〔一〕立都尉府，《職官分紀》作「六郡尉府」。

芙蓉山

台州東北七十里海中有芙蓉山。（《太平寰宇記》卷九十八、《輿地紀勝》卷十二、《（嘉定）赤城志》卷十九。）

五龍山

五龍山脊有石聳立，大可百圍，上有叢木，如婦人危坐，俗號「消夫人」。父老云，昔人漁於海濱不返，其妻攜七子登此〔一〕望焉。感而成石，下有石人七軀，蓋其子也。（《輿地紀勝》卷十二。又見《（嘉定）赤城志》卷二十。）

〔校記〕
〔一〕此，《（嘉定）赤城志》作「此山」。

東鎮大山

洋山東百里有東鎮大山，去岸二百七十里，生昆布、海藻、甲香、礜等。（《輿地紀勝》卷十二、《（嘉定）赤城志》卷二十。）

甲香

甲香，一名流螺，生東鎮山。（《（嘉定）赤城志》卷三十六。）

韋羌山

此眾山之最高者，上有石壁，刊字如蝌蚪。晉義熙中，周廷尉爲郡，造飛梯，以蠟摹之，然莫識其義。俗傳，夏帝踐歷，故刻此石。其後守阮錄攜吏民往觀，雲雨晦冥，累日不見，而旋舊有綠筠庵。〔一〕（《（嘉定）赤城志》卷二十二。又見《輿地紀勝》卷十二。）

〔校記〕

〔一〕「晉義熙中」數句，《輿地紀勝》無。

三足麂

郡西北候官山有三足麂，其聲嘶嗄。二千石官長將有代謝，則嗄麂鳴矣，民以爲常占，未曾一失。（《太平御覽》卷九百零六。）

宴室山

郡東有宴室山。古老云，越王時，山上起望海館，山下有湖，湖中有金鵝、飛魚。（《太平御覽》卷九百一十九。）

宴室山在縣東一百五十里，有越王望海館，下有湖，多金鵝飛魚。（《（嘉定）赤城志》卷十九。）

岐山

舊有謝詩：「杜岐一穴占三鈞，聳筆金門玉戶新。」（《（嘉定）赤城志》卷十九。）

夷洲

在郡三十里，眾夷所居，秦始皇遣徐福將童男女入海，止此洲。山頂有越王射的白石。（《（嘉定）赤城志》卷三十九。）

沸瀆

沸瀆在城南門，中有沸水，方三尺。孫皓時，奚熙受刑於此，其後水常沸，人疑其冤。(《（嘉定）赤城志》卷三十九。)

覆釜山

東海有山，形似覆釜。山上有巨跡，是夸父逐日之所踐。〔一〕(《太平寰宇記》卷九十八。又見《（嘉定）赤城志》卷十九。)

〔校記〕

〔一〕此二句，《（嘉定）赤城志》無。

寧海縣

晉永和三年分會稽郡八百戶，於臨海郡章安地立寧海縣。(《太平寰宇記》卷九十八。)

石井

郡東北二十五里任曾逸家有一石井，自然天成，非人功所造。井深四丈，常有涌泉。大水不溢，大旱不竭。夏絕香冷，多至甜溫。長老相傳云：昔有採材人臨溪洗器，流失酒杯，後出於井中。(《法苑珠林》卷二十八。)

烏賊

烏賊，以其懷板含墨，故號小史魚也。(《一切經音義》卷七十四、《古今韻會舉要》卷二十九。)

存疑

鮔鯸

鮔鯸，即河豚之大者。(《格致鏡原》卷九十二。此條，《格致鏡原》言出《臨海記》，考之他書，當出《臨海水土記》。)

穿山

虞縣有穿山，下有洞穴，昔有在海中行者，舉帆從穴中過。(《太平御覽》卷五十四。此條，《太平御覽》言出《吳郡臨海記》，《北堂書鈔》言出《吳郡緣海四縣記》，當是。)